육효(六爻)로 풀어보는 운명예견과 특화된 점술방법

주역(64괘) 현대적 해설

편저 : 문 왕 준

법문북스

운명에 도전하는 인간의 슬기

일찌기 운명(運命)을 다스려 보겠다는
동양의 슬기가 이룩한 운명학인 주역(周易)
음양오행·팔괘·육효의 진수를 뽑아
예순 네 유형의 운명형을 간추렸다.

머릿말

물질문명이 고도로 발달된 현대라 할지라도 자신의 운명(運命)을 알고자하는 사람들의 욕구는 끊이지 않고 있다. 오히려 나날이 발전해가는 물질과학 문명은 인간성 말살과 정신가치의 몰락을 가져와 이런 정신세계의 황폐화는 점차 서양의 물질과학 사조를 버리고 정신문화의 동양사조로 돌아오고 있는 추세이다.

예로부터 인간 존재를 자연의 일부라고 믿고 자연 현상의 철리(哲理)를 탐구해온 동양사상은 모든 우주만물의 생성(生成)과 발달 및 변화원리를 음양오행(陰陽五行)의 운행(運行)으로 이해하여 이 모든 질서를 집대성하여 개인이나 국가의 과거·현재·미래 등을 읽었고 운명을 개척해 왔다.

과연 운명은 정(定)해져 있는 것인가? 정해져 있다면 그것을 미리 알 수는 없는가? 그래서 운명 그 자체를 다스릴 수 있는 방법은? 고금을 막론한 이 원초적 인간 욕구를 우리는 어떻게 이루어 왔는가.

이 근원적인 욕구를 풀기 위해 동양의 예지를 모아 이룩해 놓은 것이 역(易)이고, 이 역을 체계적으로 정리하여 오늘날까지 전해 내려오는 것이 바로 주역(周易)이다.

그러나 이 주역이라는 학문이 너무 어렵고 까다로와 현대인들이 쉽
게 이해하기에는 적잖은 거리가 있어 왔기 때문에 그 동안 많은 상담
(相談)과 강의(講義)를 통해 느낀 바를 나름대로 정리하여 오던 차,
먼저 본《현대인의 점술》을 통해 주역 중에서 실생활에 응용할 수 있
는 부분을 육십사괘(六十四卦)로 간추려 누구나 쉽게 이해할 수 있
도록 엮어 보았다.

　이 예순 네 가지의 운명형(運命形)을 통해 자기 자신을 조응하고
자신의 미래를 가늠하여 결코 운명을 거스리지 않고 순리(順理)에 의
해 운명 자체를 다스릴 수 있는 지혜를 만나서 궁극의 행복을 다듬
어나가는 계기가 될 수 있기를 간절히 바란다.

　본 편자(編者)보다 더 현철하신 분들이 많이 계실 것인데 둔한 맵
시를 뵈드려 송구스럽기 그지없으나, 모쪼록 이 자그마한 작업들이 모
여 방대하고 심오한 동양사상의 맥이 오늘에 되살려질 수 있기만을
앙망할 뿐이다. 더우기 감사한 것은 도서출판 '법문'에서 역학 총서
발간에 원대한 뜻을 펼쳐 어두운 시대의 작은 등불을 켜 주심이다.

편 저 자

차례

제1장 주역(周易)과 육효(六爻)

제2장 육효·64유형의 운세

차례

제1장 주역과 육효

바야흐로 세계는 동방(東邦)으로 돌아오고 있다.
인간의 생사(生死)까지도 자연의 일부로 인식하여온 동양의 슬기는
우주만상의 질서와 법칙을 헤아리기에 이르렀다.
역학(易学)은 이러한 이치를 통해
인간의 과거·현재·미래의 모든 길흉화복을 예견하였다.

1. 주역(周易)이란 무엇인가?

　주역(周易)이란 약 5천년 전 중국 주(周)나라의 역(易)이다.

　주역이 생기기 전에는 하나라시대의 연산역(連山易), 은나라 시대의 귀장역(歸藏易)등이 있었다.

　역(易)이란 의미는 변역(變易) 즉 바뀐다 또는 변화한다는 뜻이다. 천지만물(天地萬物)이 끊임없이 변화하는 자연현상의 원리(原理)를 이른 것이다.

　이 역에는 멈춘것 같으나 항상 변하고 움직인다는 변역(變易), 변하긴 하나 그 법칙이 평이하다는 간역(簡易), 변해도 변함이 아니라는 불역(不易)등의 세가지 의미가 있다. 즉 모든것은 항상 변화하나 그 변함은 일정한 법칙에 의해 변하고, 그 법칙 자체는 결코 변하지 않는다는 우주만상의 철리(哲理)를 담고 있으며 인간도 이 현상과 질서에 속해 있기 때문에 모든 시간과 공간의 조화를 능히 읽을 수 있음을 보이고 있다.

　주역의 생성(生成)에 대해 많은 설(説)이 있으나 간추려보면 중국 상고시대에 복희씨(伏羲氏)가 그린 괘(卦)에 대해 주(周)나라 문왕(文王)이 총설하여 괘사(卦辭)라 하고, 주공(周公)이 이것의 육효(六爻)에 대하여 세설(細説)하여 효사(爻辭)라 했는데, 공자가 여기에 심오한 원리를 붙여 십익(十翼)을 가한 것이라 한다.

　해(日)를 우러러 보고 어떤 행동은 하지 말라(勿)해서 역(易)이란는 설과, 해(日)와 달(月)을 합친 것이라는 설 등 여러 주장이 있으나 하늘의 해를 바라보듯 보다 높은 차원의 가치를 받들어 삼가할 것은 삼가하고 누릴 것은 누려 잘 살자는 원초의 인간심성이 바탕에 깔려있는 것만은 사실이다.

2. 주역의 근본사상과 육효

　우주만물이 처음 생겼을 때 태극(太極)이 있었고 이 태극에서 음양(陰陽)이 생겨나 이것이 다시 태양(太陽), 태음(太陰), 소양(小陽), 소음(小陰)의 4상(四象)이 되고 다시 건(乾)·태(兌)·이(離)· 진

(震)·손(巽)·감(坎)·간(艮)·곤(坤)의 팔괘(八卦)가 되었다.
　이 팔괘가 둘씩 모여 예순네개의 형태가 되는데 이것을　육십사괘
(六十四卦)라 한다.
　본 〈현대인의 점술〉에서는 이 육십사괘를 각 유형별로　풀어 운세
의 예순네 형태를 간추린 것이다.　이 육십사괘의 근본도 팔괘이므로
뒤에서「팔괘의 모양과 가지는 의미」표에서 살펴보도록 하자.

3.　팔괘(八卦)와 운명

　인간의 운명을 지배한다는 사주팔자(四柱八字)란 태어날 때의 네가
지 조건 즉 태어난 해(生年), 태어난 달(生月), 태어난 날(生日), 태어
난 시각(生時)를 말하며 여기에 간지(干支)가 붙어 년주(年柱), 월주
(月柱), 일주(日柱), 시주(時柱)의 여덟글자를　이루니 이것이 사주팔
자다.
　간지(干支)란 10개의 천간(天干)과 12개의　지지(地支)를 말하는데
이것은 우주만물의 운행법칙을 푸는 기호로써 앞장에서　설명한 주역
의 근본원리에서 비롯된 것이다.
　이 십간과 십이지를 두개씩 짝지어 전부 육십개로 만든 것이 육십
갑자(六十甲子)로 우리가 지금 부르는 병인(丙寅)년이니 갑신(甲申)
월이니 하는 것으로 년·월·일·시의 간지가 되는 것이다.

　십간(十干·天干)은
　　갑(甲)·을(乙)·병(丙)·정(丁)·무(戊)
　　기(己)·경(庚)·신(辛)·임(壬)·계(癸)이며

　십이지(十二支·地支)는
　　자(子)·축(丑)·인(寅)·묘(卯)·진(辰)·사(巳)·
　　오(午)·미(未)·신(申)·유(酉)·술(戌)·해(亥)이다.

　이 십간, 십이지마다 음양과 오행(五行) 그리고 숫자와 의미 등이
정해져 있어 각 성격을 형성하는데 이 형성된 성격을 들어 운명을 풀
이하는 것이다.　그럼「수리오행(數理五行)조견표」를 보고 이〈현대인
의 점술〉의 기본을 알아보자.

4. 육효점 보는 법

1. 사주(四柱)를 뽑는다. 만세력을 보면 쉽게 찾을 수 있다.

  예 : 1939년 10월 30일 술시생의 사주는
      기묘(己卯), 병자(丙子), 신사(辛巳), 무술(戊戌)이다.

2. 대정수 조견표를 보고 각 주(柱)의 고유수를 뽑는다.
  이때 시주(時柱) 부분만은 태어난 시간을 사용하지 말고 운명을 보
  는 그해 (당해·올해)로 보아 고유숫자를 사용한다.

  예 : 기묘(己卯)년의 고유수는 108
      병자(丙子)월의 고유수는 87
      신사(辛巳)일의 고유수는 152
      병인(丙寅)시의 고유수는 1473

3. 위에 나온 4가지 숫자를 합(合)한다.

  예 : 108＋87＋152＋1473＝1820

4. 이 합산된 숫자를 변동수 조견표에 의해 변동수를 찾는다.

  예 : 1820의 변동수는 7820

5. 변동수의 첫머리 숫자와 끝머리 숫자는 버리고 가운데 두자리 숫
  자만으로 팔괘도를 본다.

  예 : 7820

6. 가운데 두 자리 숫자에 팔괘가 붙는데
  ㄱ. 이중 내·외괘 순으로 끝자 한 자씩을 합하면 육효가 나온다.

  예 : 8의 팔괘는 곤지(坤地)
      2의 팔괘는 태택(兌澤) 육효는 지택림(地澤臨)

ㄴ. 이 때 가운데 두 수가 같을 때는 팔괘를 그대로 육효로 쓴다.

　예 : 가운데 두 수가 88일 때 8의 팔괘는 곤지(坤地)이다.
　　　그래서 육효를 그대로 쓰면 곤위지(坤爲地)이다.

ㄷ. 또 가운데 두 숫자 중 ‘0’가 있을 경우, ‘0’의 변동 수를 뽑
을 수 없으니까, 이 경우 바로 옆자리 수를 적용한다.

　예 : 7802
　　　‘0’니까 변동수 없으므로 바로 옆의 ‘8’를 적용한다.

● 수리오행(數理五行) 조견표 ●

오 행 (五行)	목(木)	화(火)	토(土)	금(金)	수(水)
천 간 (天干)	갑(甲) 을(乙)	병(丙) 정(丁)	무(戊) 기(己)	경(庚) 신(辛)	임(壬) 계(癸)
지 지 (地支)	인(寅) 묘(卯)	사(巳) 오(午)	진(辰) 축(丑) 술(戌) 미(未)	신(申) 유(酉)	해(亥) 자(子)
수 리 (數理)	3 · 8	2 · 7	5 · 10	4 · 9	1 · 6
방 위 (方位)	동	남	중앙	서	북
절 기 (節氣)	봄(春)	여름(夏)	사계절	가을(秋)	겨울(冬)
팔 괘 (八卦)	진(震) 뢰(雷)	리(離)	간(艮) 곤(乾)	태(兌) 건(乾)	감(坎)

5. 대정수(大定數) 조견표

간지 (干支)	년주 (年柱)	월주 (月柱)	일주 (日柱)	시주 (時柱)
갑자 (甲子)	31	49	211	1831
갑술 (甲戌)	35	49	175	1435
갑신 (甲申)	39	55	199	1639
갑오 (甲午)	37	55	217	1837
갑진 (甲辰)	35	49	175	1435
갑인 (甲寅)	33	49	193	1633
병인 (丙寅)	73	87	213	1473
병자 (丙子)	71	87	231	1671
병술 (丙戌)	75	87	195	1275
병신 (丙申)	79	93	219	1479
병오 (丙午)	77	93	237	1677
병진 (丙辰)	75	87	195	1275
무진 (戊辰)	55	65	155	1055
무인 (戊寅)	53	65	173	1253
무자 (戊子)	51	65	191	1451
무술 (戊戌)	55	65	155	1055
무신 (戊申)	59	71	179	1259
무오 (戊午)	57	71	197	1457
경오 (庚午)	97	114	267	1797
경진 (庚辰)	95	108	225	1395
경인 (庚寅)	93	108	243	1593
경자 (庚子)	91	108	261	1791
경술 (庚戌)	95	108	225	1395
경신 (庚申)	99	114	249	1599
임신 (壬申)	19	32	149	1319
임오 (壬午)	17	32	167	1517
임진 (壬辰)	15	26	125	1115
임인 (壬寅)	13	26	143	1313
임자 (壬子)	11	26	161	1511
임술 (壬戌)	15	26	125	1115

간지 (干支)	년주 (年柱)	월주 (月柱)	일주 (日柱)	시주 (時柱)
을축 (乙丑)	90	106	250	1690
을해 (乙亥)	86	98	206	1286
을유 (乙酉)	84	98	224	1484
을미 (乙未)	90	106	250	1690
을사 (乙巳)	82	94	202	1282
을묘 (乙卯)	88	102	228	1488
정묘 (丁卯)	28	40	148	1228
정축 (丁丑)	30	44	170	1430
정해 (丁亥)	26	36	126	1026
정유 (丁酉)	24	36	144	1224
정미 (丁未)	30	44	170	1430
정사 (丁巳)	22	32	122	1022
기사 (己巳)	102	115	232	1402
기묘 (己卯)	108	123	258	1608
기축 (己丑)	110	127	280	1810
기해 (己亥)	106	119	236	1406
기유 (己酉)	104	119	254	1604
기미 (己未)	110	127	280	1810
신미 (辛未)	50	65	200	1550
신사 (辛巳)	42	53	152	1142
신묘 (辛卯)	48	61	178	1348
신축 (辛丑)	50	65	200	1550
신해 (辛亥)	46	57	158	1146
신유 (辛酉)	44	57	174	1344
계유 (癸酉)	64	75	174	1164
계미 (癸未)	70	83	200	1370
계사 (癸巳)	62	71	152	962
계묘 (癸卯)	68	79	178	1168
계축 (癸丑)	70	83	200	1370
계해 (癸亥)	66	75	156	966

6. 변동수(變動數) 찾기

고유숫자	1	2	3	4	5	6	7	8	9
변 동 수	7	2	6	3	4	5	7	8	1

● 팔 괘 도(八卦圖) ●

태 주	양 의	사상(四象)	팔괘(八卦)	팔괘형 (八卦形)	변 동 수
태극(太極)	외괘 (外卦)	태양(太陽)	건천(乾天)		1
	양(陽)		태택(兌澤)		2
		소음(少陰)	이화(離火)		3
			진뢰(震雷)		4
	내괘 (內卦)	소양(少陽)	손풍(巽風)		5
			감수(坎水)		6
	음(陰)	태음(太陰)	간산(艮山)		7
			곤지(坤地)		8

7. 팔괘(八卦)의 모양과 의미

	건(乾)	태(兌)	이(離)	진(震)	손(巽)	감(坎)	간(艮)	곤(坤)
괘 형 (卦形)	☰	☱	☲	☳	☴	☵	☶	☷
자 연	하늘	못	불	천둥	바람	물	산	땅
성 질	진실	기쁨	태양	성공, 결단	출입, 냄새	지혜, 정착	근면, 완고	순종, 겸양
인 간	부	소녀	중녀	장남	장녀 (맏딸)	중남	소남	모
방 위	서북 (西北)	서 (西)	남 (南)	동 (東)	동남 (東南)	북 (北)	동북 (東北)	서남 (西南)
시 각	9시- 11시	하오 9시	정오	오전 5시	오전 7시-9시	자정	오전 1시-2시	오후 1시30분- 4시30분.
신 체	머리	입	눈	발	다리	귀	손	배
동 물	말	양	꿩	용	닭	돼지	개	소
계 절	가을 초겨울	가을	여름	봄	초여름 초가을	겨울	늦겨울 초봄	늦여름 초가을
색	백색	황· 백색	자색 적색	녹색	청색	흑색	황	황
일 기	맑고 고온	흐림	맑음	강풍	맑음	비나눈	흐림	흐리고 가랑비
숫 자	1	2	3	4	5	6	7	8
사물의 형 태	대천 금속	골짜기	편지 부뚜막	나무, 전화	초목, 종자	독, 얼음	머리, 소굴	옷감, 시골
인 간 관 계	남자, 노인	젊은 여인	미녀, 여성	아들, 형	여성, 부인	교활 한자	청년	친척, 아내

8. 육효·육십사괘도

1 곤위지 (坤爲地)
2 지산겸 (地山謙)
3 지수사 (地水師)
4 지풍승 (地風升)
5 지뢰복 (地雷復)
6 지화명이 (地火明夷)
7 지택림 (地澤臨)
8 지천태 (地天泰)
9 산지박 (山地剝)
10 간위산 (艮爲山)
11 산수몽 (山水蒙)
12 산풍고 (山風蠱)
13 산뢰이 (山雷頤)
14 산화비 (山火賁)
15 산택손 (山澤損)
16 산천대축 (山天大畜)
17 수지비 (水地比)
18 수산건 (水山蹇)
19 감위수 (坎爲水)
20 수풍정 (水風井)
21 수뢰둔 (水雷屯)
22 수화기제 (水火旣濟)
23 수택절 (水澤節)
24 수천수 (水天需)
25 풍지관 (風地觀)
26 풍산점 (風山漸)
27 풍수환 (風水渙)
28 손위풍 (巽爲風)
29 풍뢰익 (風雷益)
30 풍화가인 (風火家人)
31 풍택중부 (風澤中孚)
32 풍천소축 (風天小畜)

33 뢰지예 (雷地豫)
34 뢰산소과 (雷山小過)
35 뢰수해 (雷水解)
36 뢰풍항 (雷風恒)
37 진위뢰 (震爲雷)
38 뢰하풍 (雷火豊)
39 뢰택규매 (雷澤歸妹)
40 뢰천대장 (雷天大壯)
41 화지진 (火地晉)
42 화산려 (火山旅)
43 화수미제 (火水未濟)
44 화풍정 (火風鼎)
45 화뢰서합 (火雷噬嗑)
46 이위화 (離爲火)
47 화택규 (火澤暌)
48 화천대유 (火天大有)
49 택지췌 (澤地萃)
50 택산함 (澤山咸)
51 택수곤 (澤水困)
52 택풍대과 (澤風大過)
53 택뢰수 (澤雷隨)
54 택화혁 (澤火革)
55 태위택 (兌爲澤)
56 택천과 (澤天夬)
57 천지비 (天地否)
58 천산둔 (天山遯)
59 천수송 (天水訟)
60 천풍구 (天風姤)
61 천뢰무망 (天雷无妄)
62 천화동인 (天火同人)
63 천택이 (天澤履)
64 건위천 (乾爲天)

제2장 육효·64유형의 운세

여기 주역(周易)의 육효(六爻)사상을 정리, 그 진수만을 간추려
전부 예순네 유형의 운명으로 정리하였다.
과연 당신은 어떤 유형의 운명형인가?
무엇이 좋고 무엇이 나쁘며, 이것들을 극복하여
인생을 승리로 이끌 수 있는 방법은 무엇인가?
여기 인생승리의 첩경이 있다.

곤 위 지
坤 爲 地

곤(坤)은 대지(大地) 곧 땅이다. 땅은 가장 위대한 생성력의
근원이며 모든 만물이 생성하기 때문에 곤괘는 크고 발전함을
상징한다. 강한 건원의 대기가 변하여 유하고 약한 곤원이 되
었으나 곤은 웅장한 기상을 가지지 말고 유순한 성질을 가져
야 한다. 그러므로 선행을 쌓는 집안에는, 자손대대에 이르기
까지 경사가 있고 악행을 거듭하는 집안에는 자손대대에 이르
기까지 재앙이 온다.

● 운명을 다스리는 자세

대지와 같이 유구하고 중후하게 양성하는 게 만사가 길하고 튼튼하다.
인생의 보람과 안정을 찾는 것은 직업을 잘 선택하는 문제가 아니니
보람된 일을 하므로써 그것이 직업이 되는 것은 올바른 삶일 것이다.
때문에 어떤 직업을 선택할 것인가를 고민하기 전에 어떻게 살 것인가
를 정리해야 할 것이다. 땅은 항상 하늘의 아래에 있으면서 항상 하늘
이 하는 일에 순순히 협력한다. 이 운수는 사람에 비하면 여성의 심벌
이다. 아내는 양순하고 부지런하게 남편을 도우며 자녀를 길러 가정을
지켜가는데 보람과 행복이 약속되는 것이다. 또 사회생활에 비유하면
남의 부하의 모습이다. 웃사람을 도와 그늘에서 불평없이 일을 하고 있
노라면 노력이 인정되고 신임도 받게 될 것이다. 결론지면 이 운수(運
數)는 인내(忍耐)력을 보이며 봄을 기다리는 운수다. 겨울이 오면 봄도
멀지 않은 것이니, 앞으로 욕심 부리지 말고 묵묵히 끈기있게 노력하면
서 웃사람이나 선배의 지도에 따르면 큰 보람을 느끼게 될 것이다.

1, 2월 뜻과 같이 매사가 풀리지 않으니 겸손한 마음으로 웃사람을 섬기고, 아랫사람에게는 사랑과 포용으로 베풀자. 주색을 가까이 하면 손재를 당할 것이며, 타인과 다투면 관재가 따른다. 겸양의 미덕은 곧 본인의 주가(株價)를 올려줄 것이다. 현상 유지로 만족하게 생각하고 때를 기다려라.

3, 4월 분주 다사하지만 실속이 없고 이성관계로 스캔들을 일으키겠다. 그로 인해 돌이킬 수 없는 인생의 오점(汚點)을 남길 수 있다. 은인자중하되 적덕행선(積德行善)을 하면 금상 첨화이다. 깊이 생각하고 또 생각하는 데서 몇 갑절의 큰 것으로 돌아올 것이다. 누구를 대해도 총명으로서 대하고, 교묘한 지혜로 이끌어가야 한다.

5, 6월 가정은 평탄하고 화목하며, 성운(盛運)에 접어들어서 재물도 얻는다. 서남방(西南方)의 귀인(貴人)의 도움으로 하려던 사업을 성취할 수 있으니, 시기를 놓치지 말고 서둘러라. 웃사람의 도움을 받는 일도 있으며, 자기 능력도 인정받는다. 그러나 물질에 대한 지나친 욕심을 버린다면 좋은 결과를 얻을 수 있다. 상대방의 이익도 고려하면서 순리대로 진행시켜라.

7, 8월 뜻하지 않았던 사람의 도움으로 크게 성공한다. 훌륭한 인연도 만나겠으나, 교제비가 들겠다. 팔월 초순에 수액(水厄)이 따르니 배타는 것 또는 물가는 삼가하라. 마음 문을 열어놓으면 의논할 만한 사람을 얻을 수 있을 것이니 계획했던 사업을 추진 할 것. 풍족하지는 못해도 재물도 들어오니, 만사형통의 달이다.

9, 10월 관운이 따르는 달이니, 공직자(公職者)는 영전되고 사업가는 횡재한다.집안은 경사가 있어 혼사가 아니면 자손을 보겠다. 구름이 걷히고 달이 나오니 천지가 맑아지듯 이곳저곳에서 스카웃 하려 든다. 여성은 아름다운 인연을 만나는 달이며 성운(盛運)에 접어드니, 재물 걱정이 없겠지만 그래도 적덕(積德)하는 마음을 갖자.

11, 12 월 하던 일에 계속 전념하라. 특히 화재의 위험이 따르지만 조심하자. 급진적이고 적극적인 행동은 피하는 게 좋다. 서두르지 않고 밀고 나가면 하는 사업에 장애는 없을 것이다. 좋은 연인을 만난다는 것은 생각할 때가 아니다. 가까운 사람이 나를 해칠 염려가 있으니 금전 거래를 삼가하자.

주요운세

직 업

당신의 사업은 만물(萬物)이 소생(蘇生)하듯 불어날 것이다. 때로는 위험한 다리인 줄 알면서도 건너는 대담성이 필요하다. 그러나 곤위지괘(坤爲地卦)에서는 '웅장한 기상을 가지지 말고 유순한 성질을 가져야 한다'고 했다. 그러기에 선행을 쌓기 위해서는 성직자(聖職者)가 되어 많은 신도들의 안식처가 되었으면 한다.

건 강

일반적으로 건강하다. 외과 계통의 질병이나 상처는 회복기에 들어 생각보다 빨리 치유될 것이다. 질환이 침범하기 쉬운 나이니 49세, 58세 때 특히 과로 때문에 간장에 이상이 있을 것이다. 단, 중병일 때에는 전문의를 찾도록 하고 피로가 겹쳐 과로가 누적되지 않도록 해야 할 것이다. 또 소화기나 호흡기에도 다소의 신경을 쓸 일이다.

금 전

따 놓은 재물은 멀리 가지 않는다. 비록 여성이지만 남성에 못지않는 금전을 만지게 되니 계획했던 대로 밀고 나가라. 사업가는 사업자금에 다소의 장애가 따르겠으니 윗사람으로 하여금 차용을 하게 되면 성립된다. 그 동안 오래 끌어오던 빚을 받을 수 있겠으니 매사에 신중을 기하여 전력 분투하라.

연 애

불운한 연애를 나타내는 계시인 관계로, 마이너스적인 요소가 노출되
어 다같이 상처를 입는 결과를 맞이할 운명이다. 사교에 능한 아름다운
몸짓으로 사랑의 연금술사가 되어 기교를 마음대로 조작하는 광적인
여자. 질이 깊으면서 왼쪽으로 자리를 하고 있어 상대의 육체를 접착시
키는 데서 흥분의 변화가 온다.

궁 합

혼처를 정해 놓고 마음의 결단을 못 내리고 있다. 현재 진행 중인 혼처
는 원앙의 한 쌍이다. 이토록 훌륭한 인연을 놓고 시일을 끄는 것도 운
명의 장난이라고 할 일이다. 서둘러서 맞도록 하고 재혼도 아름다운
인연으로 부부간의 정을 나누어 보겠다. 여성은 21 세, 27 세, 30 세
에 최고의 남성 운이 있고, 29 세의 결혼은 이별수가 따르나 노력하면
면할 수도 있다.

부부궁

낭만적이면서도 까다로운 면이 있어 아무에게나 마음을 잘 주지 아니
한다. 부귀의 가문에서 출생하여 고고하게 자랐으며 사회 물정에 어둡
고 때묻지 않은 고상한 성격. 사랑은 하나일 뿐 둘이 될 수가 없을 것
이다. 그러나 슬하의 걱정으로 인해 금실이 두터울 수는 없으나 지혜롭
게 대처하면 영원한 꽃을 피울 수 있다. 초산은 딸. 산후 조심하라.

시험운

마음이 약해져서 자신의 이상을 낮추는 일은 절대로 금물이다. 커다란
희망을 갖지 않는 사람은 크게 출세할 수 없는 것을 명심해야 한다. 도
중에 좌절하지 말고 굳건히 나가면 그 노력의 보답은 받을 것이다. 최
후의 승리를 믿고 고난을 극복하는 정신이 행운으로 이루어진다. 연합
고사 예,체능계는 노력 여하에 따라 무난하겠다.

이 사

이사는 때를 만났다. 집은 하나의 희망이다. 좋은 집에서 살고 싶다는
것은 자신의 성격과 똑같은 하나의 인격을 만들고 싶은 충동이다. 번
화가의 중간쯤도 좋고 평지가 안성맞춤이며 약간 높은 자리면 더욱 좋
으며 동남간을 향하면 마음도 안정되고 운기도 따를 것이다. 이사 일
은 3의 숫자가 있는 날이 좋으므로 3 일,12 일, 21 일이다.

지 산 겸
地 山 謙

땅과 산은 겸(謙)이다. 이 괘는 겸손하면 발전하는 형태이다. 곤괘(坤卦)인 땅이 위에 있고 간괘(艮卦)인 산이 밑에 있다. 높은 산이 땅 밑에 있으니 얼마나 겸손하냐. 겸손은 남을 높이고 존중하는 것이니, 남에게서 미움을 사지 않는다. 또한 자기 스스로 남을 존중함으로 남도 자기를 존중하게 여겨 협조를 아끼지 않으니 무엇이나 성공할 수 있는 것이나, 반대로 겸손하지 못하고 교만하면, 진보와 성장이 없으며 결국엔 자기 무덤을 스스로 파게 된다.

●운명을 다스리는 자세

서두르면 안 된다. 하늘은 개였지만 아직 주위에 비구름이 있어 앞으로 나아가려 해도 발걸음이 무겁고 시간이 걸릴 것이다. 매사가 크게 어려움없이 잘 되기는 하지만 더디 진행되어 초조해지기 쉬우나 서두르면 안 된다. 믿음과 신뢰로 차근차근 풀어나가면 맑은 날씨가 있기 마련이다. 남녀 모두 머리의 회전도 좋고 조용한 성격의 소유자다. 반면 자기 주장이 약하기 때문에 주위로부터 무시를 당하기 쉬운 것이 결점이다. 신중한 것은 좋지만 의견을 분명히 밝히고 주위 사람에 대해 자기를 분명히 해둘 필요가 있다. 즉, 자신이 간직하고 있는 재능을 그대로 방치할 필요가 없다는 뜻이다. 출세 가도는 의외로 가까운 곳에 있다. 혹시 마음 속을 주저함으로 발을 떼지 못하고 있는 지도 모른다. 돌다리를 두들기고 건너는 것도 좋지만 너무 세심하면 주위 사람들이 경원을 하게 될 것이다. 즉 위험한 다리인 줄 알면서도 내딛는 대담성도 필요할 것이고 주위의 시선에 신경을 쓰지 말고 스스로 결단을 내리는 용기가 우선이다.

1, 2월 지나친 이성교제로 기혼자가 가정을 등질 수도 있다. 일월 달은 넉넉하지 못하지만 이월 중순부터 점차 복록이 열리게 되므로, 서서히 일이 풀릴 것이다. 의사·약사·교수 등은 큰 돈을 만질 것이다. 집안에 액운이 따르지만 지성으로 기원하기 때문에 액운도 우환도 사라지겠다. 급진적이고 적극적인 행동은 좋지 않으니 매사 계단 오르듯 올라가야 하는 달이다.

3, 4월 남성들은 가는 곳마다 여성이 따른다. 큰 사업은 현상 유지로 만족하며, 때를 기다리는 것이 현명하다. 공직자 외교관·무역업에 종사자는 특히 좋은 달이다. 가정도 평탄하고 화목하나, 가까운 사람이 나를 해칠 염려가 있으니 주의하라. 사월 중순이 지나면 귀인이 나타나 물질적으로 많은 도움을 줄 것이다.

5, 6월 형제간에 금전거래는 하지 않는 편이 좋겠다. 여유가 있을 경우 빌려 준다는 생각을 하지 말고 선심쓰는 편이 좋다. 어두운 길을 걷던 사람이 빛을 발견하듯 할려던 일들이 뜻대로 이루어질 것이니, 기회를 잃지 말라. 액이 사라지고 복이 온다. 공무원이나 직장인은 영전되고 사업가는 형통하겠다. 어린이들은 유월 말에 물 [水]을 조심하도록 해야 한다.

7, 8월 초순부터 재앙이 따르니, 적덕을 하면 예방할 수 있다. 모든 사업이나, 장사라도 서두르지 말고 천천히 밀고 나가도록. 특히 이 괘를 뽑은 여자들은 유원지나 해수욕장 등에서 물장사하면 예상 밖으로 큰 돈을 만지겠다. 하고자하는 일이 빠른 시일에는 힘이 들지만 팔월 초순 귀인의 도움으로 성취할 수 있다. 젊은 여성은 결혼까지 갈 수는 없지만 분주하게 혼담이 오갈 것이다.

9, 10월 모든 재앙이 사라지고 하는 일마다 재물이 들어오며, 복권 추첨 등에 당첨되는 행운도 있겠다. 그로 인해 시월 말께 이동수, 즉 이사수가 따르나 직장 이동 또는 영전도 있을 수 있다. 젊은 남녀는 웃사람에 부탁을 하면 좋은 자리가 나타나 성혼된다. 지난 해 빌려간 돈을 동북쪽의 귀인이 가지고 올 것이다. 만약 빌려간 돈이 아니라면 사업자금에 보태도록 거저 주는 돈이 될 수도 있다.

11, 12월 소송문제도 있을 수 있으니, 소송이 걸려오기 전에 사이에 사람을 넣어서 조정하면 풀린다. 사업가는 내부 단속을 잘하고 기반을 굳히는 데 힘을 쓰고 내년을 기다려라. 금년 말에는 현상유지는 되겠지만 큰 기대는 어려울 것이다. 젊은 남녀는 진실된 연애가 끝내 결혼까지 가는 기쁨을 잡을 것이며 잘하면 이세까지도 보겠다.

주요운세

직 업

기회는 아직 무르익지 않고 있으나 사업을 성공시킬 강운(強運)을 지니고 있다. 신규 사업에 도전하여도 중도에서 실패할 염려는 없지만 인생에서는 가까운 길이 먼 길 되고 먼 길이 가까운 길이 되는 경우가 있을 것이다. 대망을 기다리는 사업이 가까운 곳에 있지만 그것을 모르고 입구에서 서성대는 경우가 있으나 노력하면 이루어질 것이다.

건 강

과음과 과식에 의한 소화기의 질환에 유의하라. 보통 사람의 두 배 이상 정력을 소모하는 체질이므로 신경의 균형을 잃게 되면 결국은 신경통의 원인이 될 것이다. 특히 뇌신경계의 질병에는 정밀검사 등으로 만전을 기하자. 신경계 질환은 54 세, 62 세를 조심해야 한다.

금 전

주지 않고는 받을 수 없다는 생각으로 꾸준히 투자하면 대성할 것이다. 옥외에서의 도박성이 행운을 붙잡아 줄 것이니 경마나 증권투자 같은 데서 큰 이익을 얻겠다. 웃사람에게 부탁하는 금전 융통은 쉽게 이루어진다. 상대방을 면밀하게 파악, 거래에 응하면 큰 재물도 얻을 수 있는 괘다. 거래 면에서 사람을 중간에 두면 수입이 늘어나겠다.

연 애

두 사람의 유대는 한몸이 되어 주위로부터의 방해에도 움직이지 않을 것이다. 남편의 유도에 따라가는 참신형이면서 섹스에 궁금증이 쌓여 있다. 잘 발달된 대음순과 두드러진 음핵은 모두 핑크색이고 음모가 많은 긴 자크형으로 쾌감을 리드해가는 편. 육체가 완전히 타들어가야만 자신의 몸을 움직여보는 굳은 표정이다.

궁 합

진실성이 결여된 혼처는 중매장이가 끌고 왔다고나 할까… 시일은 걸려도 웃사람에게 부탁하는 혼처가 나설 것이니 때를 기다리도록 하고 준비나 할 일. 현재로서는 혼수감 등에도 문제가 따르는 시기라고 보여진다. 산풍고괘는 사랑의 리듬이 맞지 않는다. 이를 피하고 풍뢰익(風雷益)이나 지천태괘(地天泰卦)를 찾아볼 일이다. 남성은 23 세, 27 세, 31 세에서 인연을 찾겠고 여성은 25 세, 27 세 때 호운이다.

부부궁

성품이 날카롭고 냉정하지만 시간이 흐름에 따라 정답게 친숙 화합할 수 있다. 결혼 후 풍상과 성패와 굴곡이 따르기는 하지만 중년부터 안락한 생활을 누릴 수 있으니 억지로 바라거나 만들려고 노력해서도 안 된다. 그러나 가정엔 불화가 깃드는 법이니 한 번 앉으면 평화의 탑을 쌓는 기개를 키워야 한다. 출산 예정일을 넘기면 딸이다.

시험운

겸손한 자세로 임하면 전개도 필연적으로 바뀔 것이다. 학교나 취직시험은 자기 역량에 맞는 적성이나 희망하는 곳을 점쳐보고 다시 생각하는 여유도 바람직하다. 그 어떤 영지나 재능을 가지고 있다 해도 그 위력을 발휘할 찬스가 아직은 오지 않았으며 예, 체능계 지원도 다소 무리가 따른다. 이리저리 마음이 흔들리는 일이 많고 그것이 고조되면 노이로제에 빠지기 쉬우니 지나친 신경은 금물이다.

이 사

이사는 해도 좋고 안 해도 무방하다. 혈연적인 공통성과 같은 분위기로 집안 분위기는 형제간을 하나의 유형으로 만드는 가장 중요한 이유가 될 것이다. 호화롭지도 않고 대로변에서 좀 들어가서 상록수 등에 둘러싸여 아늑하고 독보적인 주택. 아침의 햇빛을 볼 수 있는 동향이 무난하고 행운의 숫자는 7 일이며 이사일은 7 일, 16 일, 25 일이 좋다.

지 수 사
地 水 師

땅과 물이 사(師)다. 사는 다수의 군대이다. 이 괘는 전쟁을 뜻하는 괘다. 군대를 동원함에 덕 있는 대장이 명분을 바르게 세워 잘 통솔해 나가면 곧 신임을 얻고 군사들이 허물없이 호응하여 승전한다. 땅과 바람은 승이다. 길운이다. 즉 정의는 이긴다는 진리가 여기에 있다.

● 운명을 다스리는 자세

기운이 강하며 그 어떤 방해나 경쟁에도 굴복하지 않는 역량이 있다. 건실하고 믿음직한 상태에 놓여 있다고 풀이된다. 단, 초조하거나 서두르는 것은 금물이며 자기 페이스로 가는 것이 현명하다. 전쟁에는 위험과 곤란이 많다. 오로지 정도를 지키며 무슨 일에라도 기밀을 엄수하고 행동에 옮기기 전에 결과를 생각하여 충분한 작전을 짜서 승산이 선 뒤에 기회를 노려야 한다. 남의 호감을 받을 운세가 강한 것도 특징이며, 비록 경제면에서 곤란한 일이 있어도 주위의 도움을 받을 수 있는 행운을 안고 있다. 총명한 인품인데 결단력도 뛰어나므로 비지니스 면에서도 재능을 발휘할 것이다. 품은 뜻이 적중할 것이다. 더우기 자기가 생각했던 것보다도 빨리 실현되어 그 성과는 상당히 클 것이다. 물론 라이벌 쪽에서 가만히 있지는 않을 것이다. 경쟁심으로 돌진해 올 것이다. 이름도 없고 가난하면 적은 없는 법이지만 일단 이름이 나면 친한 사람도 적이 된다는 것을 명심하라. 성격이 섬세하기 때문에 선악이나 옳고 그름에 너무나 날카로운 비판력을 지니고 있는 것이 흠이다.

1, 2월 설령, 가진 것이 있더라도 그것을 키우거나 지키기는 어렵다. 이성에 눈돌림 때문에 생업에 손실이 따른다. 심신이 피곤할 만큼 바쁜데 뜻이 서로 맞지 않으니, 다소 어려움이 있겠다. 부하 단속하고 법원 문턱과 인연을 맺겠으니, 모든 일에 신중히 하여야 한다. 특히 조심해야 할 달이다. 높은 나무는 바람도 많이 타는 법이니, 적덕행선을 잊지 말자.

3, 4월 일이 차츰 풀리고 있으니, 모든 일에 결단을 내리도록. 가정도 몸도 평안을 찾을 것이며, 재물이 들어오고 뜻하던 일도 이루어지나, 친구로 인해 다소의 근심이 따르겠다. 과부와 홀아비는 재혼이 순조롭게 성립되겠다. 귀인이 찾아와서 큰 재물을 주지 않으니, 자신이 노력하여야 한다. 마음은 편하지만 인덕은 없는 달이다. 이쪽의 준비가 필요하다.

5, 6월 작은 소원, 작은 사업은 이루어지나, 이성 문제로 큰 망신 사는 일이 있을 것이다. 즉, 여관방에서 두 남녀가 속옷도 채 입지 못한 채 길거리로 도주하는 경우라고 보면 될 것이다. 주택 문제로 근심하겠지만 이사는 해서 안 된다. 해수욕장 등의 여행의 수도 있는 달이지만 주색이 문제가 된다. 그대로 떠나지 말고 몇 번이고, 다짐을 하면서 떠나야 할 것이다.

7, 8월 많은 재물이 들어오고 뜻한 바 소원 성취한다. 귀인도 와서 도와 주니 만사가 형통하고 해외 여행도 하게 된다. 가정에는 혼사나 자손이 늘어날 것이며, 오랜 동안 끌어오던 부동산도 매매가 이루어질 것이다. 직장인은 직장에 만족하지 못한 점이 따르겠으나 곧 안정을 찾는다.

9, 10월 처음은 넉넉하지 못하지만 점차 복록이 열리게 되므로 서서히 일이 풀려간다. 그러나 작은 소송 문제가 꿈틀거리고 있으니, 화해하는 편에서 밀고 나가라. 만약 상대가 듣지 않는다면, 서남쪽에서 귀인을 찾아 간절히 간청을 하면 많은 도움이 될 것이다. 10월 초 이동수가 따르지만 주택의 이사는 하지 말고 사무실이나 식품 등을 파는 상점들은 이전해도 좋다.

11, 12월 만족한 직장은 아니지만, 실업자는 취직된다. 작은 소원도 성취되겠고, 예비고사를 보는 학생들이라면 경찰학교나 육군사관 학교를 가면 백발 백중. 건강도 재물도 보편적으로 왕성하나, 화마가 집안을 엿본다. 불을 조심하고 남과 지나친 농은 삼가하는 게 좋다. 신혼 부부들이 고뇌가 따르나, 곧 아문다.

주요운세

직 업

거센 파도에도 휩쓸리지 않는 강한 운세를 타고났다. 당신이 훌륭한 직업 군인이라면 전군을 통솔할 것이며 일찌기 의학을 공부하였더라면 의학교수로서 명성을 얻게 될 것이다.사업가라면 제약회사나 병원을 경영함에 후회가 없으리라.

건 강

감기나 설사 등 이른 바 일상적인 질병이 오래갈 염려가 있다.큰 병도 없다고는 볼 수 없으므로 문제이다. 병상을 활발화 시킨다고 볼 수 있으므로 이점에 주의하라.비대해지면 각종 병도 많이 따르는 것이다. 여자의 경우 생리기관 질환은 17세, 19세, 21세를 조심하라.

금 전

건축업이나 토건업 등에서 들어오는 재물이 많을 것을 암시한다.최고의 상승세를 보이고 있으니 부동산 증권 등을 처분하는 것이 좋겠다.그동안 오래 끌던 빚을 받아내는 운기이니 분투하면 거둬들일 수 있다. 수출품의 인기가 높아 큰 소득도 올리게 되겠고 부동산 등의 매매로 큰 돈을 얻는 계기가 따르니 매매관계에 신경을 써야……

연 애

현재 진행 중인 연애는 소박하면서도 대범한 데가 있다. 그러나 이따금 싫증을 느끼기는 하나 결국 호화로운 무대로 끌고 나갈 것이다. 달콤한 사랑을 꿈꾸며 흥분이 높아가면 고음으로 울어대는 열정을 지녔다. 성교 중에도 조심스럽고 얌전하며 곧 깊은 잠에 빠져드는데 때와 장소를 가리지 않고 발진하는 스타일이기도 하다.

궁 합

진행 중인 혼처는 하나의 소꿉장난에 불과하다. 현실은 그와 같지 않아서 냉혹한 면이 있다. 부모의 반대벽에도 부딪치겠고 동료들도 달갑게 생각하지 않는다. 좋은 혼처가 기다리고 있으니 때를 기다려라. 그러나 재혼자는 말이 난 김에 인연을 맺으면 분위기 조성이라든가 정다운 면은 없을지라도 그런대로 무난하다. 산택손(山澤損),수뢰둔괘(水雷屯卦)등은 좋은 상대다. 남성은 29 세, 여성은 26 세, 30 세가 호운이다.

부부궁

말이 적고 무게가 있으며 참을성도 있고 성실하지만 한 번 비위에 거슬려 고집을 세우면 설득하기가 힘들다. 초년에 부부궁의 결점이 따르니 서로가 화합하는 마음의 문이 열리지 않으면 불행할 수도 있다. 남편은 설령 아내를 다른 어떤 것과도 비교하거나 낮게 봐서는 재혼의 기회가 올 수 있다. 애정보다는 기교 있는 무대를 만들어 부부애를 영위하는 편이 현명한 것이다. 초산은 난산이나 아들이다.

시험운

비구름이 낮게 깔린 하늘처럼 어두운 무드가 감돌긴 하지만 한 단계 낮추는 편이 현명하겠다. 진학의 경우 인문계나 상경계는 기대가 희박하나 사관학교는 무난. 눈앞이 흐려 어찌할 수 없는 상태나 곧 회복되어 밝은 전망이 보이니 생각 외에 도전함도 무방하다. 높이 바라보지 말고 자기의 능력을 충분히 발휘할 수 있는 위치를 잡아라.

이 사

주택 문제로 근심이 많다. 꾸미고 사는 집안이나 집의 위치 등을 보아 성격을 짐작할 수 있다. 곧 집은 성격이 형상(形象)으로 나타나는 것과 같다. 콘크리트 같은 사무실 냄새가 풍기는 집은 혐오감을 느끼게 되므로 옮기고 싶은 생각만하게 되고 시골의 정적과 도시의 문명을 구비한 집을 찾게 된다. 남향의 방향은 아주 좋을 것이고 행운 숫자는 2 . 이사의 길일은 2 일과 11 일이다.

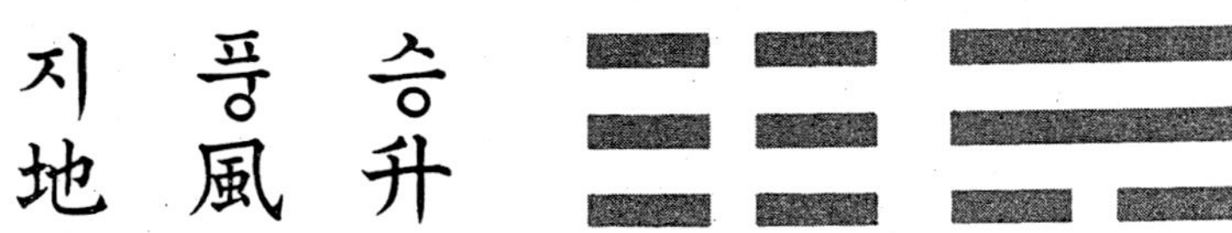

지 풍 승
地 風 升

이 지풍승괘(地風升卦)는 땅을 의미하는 곤괘를 위로, 바람을 뜻하는 손괘(巽卦)가 아래 있다. 손괘는 나무를 뜻하며 송은 제사, 승의 뜻이니, 나무가 자란다는 뜻이기도 하다. 또 크게 발전하는 것을 상징한다. 이 괘는 새싹을 의미하며 행운의 괘이기도 하다.

● 운명을 다스리는 자세

나무의 종자가 새싹을 내어 성장하는 형상이다. 스스로 당사자가 되느니보다는 고문이나 배후에서의 지휘자, 상담역이 되어 성공을 거두게 될 것이다. 또 새로운 방면을 개척하는 것보다는 조상으로부터 이어받은 사업이 장래성 또는 발전성을 기대할 수 있다. 정면으로 부딪쳐 나가야 할 일이지만 경솔한 행동을 일으킬지도 모르니 자중하여야 한다. 또 즉각적인 행동보다는 주위의 상황을 살피면서 행동법을 점쳐 본다. 점으로 나온 결과를 보고 대처하면 플러스이나 실수의 방지도 되어 손해를 상쇄하는 방법도 찾아낼 수 있을 것이다. 활발한 의견, 대담한 행동, 과감한 처리가 성공으로 이어질 것이다. 놀라울 정도로 가속도가 있는 상승 운이므로 주저하거나 멈추지말고 이 운세를 탈 일이다. 자신을 가지고 행동하면 권력이나 지휘를 마음대로 할 수 있을 것이다. 그러나 승리자가 되었다하여 패배자를 얕보는 행동은 삼가해야 한다. 당신은 특히 중요한 대목에서 대담성을 가졌다. 그러나 신용의 뒷받침이 없으면 모든 일이 마음대로 진행될 수가 없다. 사업에 관련을 떠나서라도 철저한 신용만이 무궁한 행운을 유지할 것이다. 우정도 두터워 굳은 맹세로 맺어질 것이고 사생활이나 직무상 좋은 이해자 또는 조언자가 나타날 것이다.

1, 2월 남이 먼저 나를 도와 주며, 작은 것으로 큰 것을 얻는다. 말단 직장인이 승진과 영전을 하니, 순풍에 돛 단 배와 같다. 사업상 교제 때문에 주색에 빠지면 애인도 잃고 부인까지 잃으려고 무덤을 파는 격이 된다. 사업에는 그 동안 많은 덕을 쌓아왔기에 귀인도 돕고 친구들도 도와서 일찍 큰 돈을 만질 것이다.

3, 4월 초봄부터 해외 여행할 일이 생긴다. 여행을 떠나면 마음과 뜻이 일치되어 직장인이라면 회사에 엄청난 득을 줄 것이다. 사업에 운도 따르겠고 혼사나 자손을 얻겠다. 웃사람과 친구들의 도움으로 신규 사업을 벌여도 활발해진다. 이달에는 혼담이 없는 미혼자는 혼담도 이루어지고 젊은 남자는 아리따운 연인도 만나서 사랑이 무르익겠다.

5, 6월 부부간에 다투는 일이 생길 것이니, 가정을 등한시 하지 말라. 이 달은 분주하기만 하고 수고도 많으나 큰 소득은 없다. 계획세웠던 일들이 늦어지기는 하나, 그렇다고 수심에 빠져서는 안 된다. 불굴의 투지와 노력으로 목표를 완수하고 밀고 나가면 순탄하다. 어린이들은 물을 조심함이 좋다.

7, 8월 결혼할 시기는 아니지만 남녀가 서쪽과 남쪽에서 좋은 인연을 만날 것이다. 즉 미팅을 하지 않아도 가장 좋은 배필을 만난다는 뜻이다. 주색으로 재물과 명예를 손실할 수도 있고, 지나친 과음으로 건강도 약해질 수 있으니 항시 조심하라. 부모나 자손의 일로 다소의 근심이 생기지만 금전이 들어오니 결국 거기서 거기다.

9, 10월 가정도 화목하고 혼인도 좋으며, 자식 운 또한 길한 달이다. 그러나 이같은 운은 적덕을 했기 때문일 것이다. 적은 자본 가지고 사업을 시작해도 좋은 운기가 샘솟듯하니 차근차근 밀고 나가자. 현재 살고 있는 집이 부자유스러워 이사를 하고 싶지만 살던 장소를 떠날 때가 아니다.

11 , 12 월 작은 일로 관재수가 따를 것이라고 하나, 재물과 건강이 왕성할 달이기 때문에 그 정도의 관재수는 피할 수 있으니 걱정할 일은 아니다. 불굴의 투지와 노력으로 목표를 완수해 놓고 내년도부터는 수확을 할 수 있는 운기가 연장되고 있다. 작은 사업가도 봄철에 새싹이 자라듯 차츰 발전할 것이다.

주요운세

직 업

운수가 상승하고 있는 계시다. 앞으로 모든 사업은 당신의 독무대이지만 너무 방심하지 말고 벼가 무르익을수록 머리를 숙이듯이 머리 숙이는 마음가짐으로 임하면 육영사업 등에서 한몫 잡게 될 것이다. 또는 종교를 대상으로 하는 사업도 무난하다. 만약 종교 단체, 사회사업에 열의가 있으나 큰 돈을 만지기 위해서라면 무역상도 좋을 것이다.

건 강

큰 병은 없겠으나 환절기에 지병이 악화될 염려가 있다.기관지 증세가 오래 동안 지속되면 폐렴으로 몰고가는 경우도 있으니 사전 대책을 강구할 것. 기후의 변화에 주의해서 컨디션의 이상을 느끼면 충분한 휴양을 취할 것. 편두성 증상이 일어날 경우도 있으나 안정을 취하는 편이 좋다. 질병에는 49 세, 56 세,63 세 때를 주의해야 한다.

금 전

거래처는 상대방의 마음이 변할 수 있으니 성의를 가지고 독촉하면 반 정도 이상 거둬들일 수 있다. 화려한 행동은 조심하고 지출을 억제하는 것이 재물을 모으는 첩경이다. 지금은 제아무리 버둥거려도 돈과의 인연은 기대이하 부동산 매매로 인한 재물은 다소의 시일이 걸리나 풀리고 있다.

연 애

마음이 초조하고 있지만 의외로 희망적인 상황을 맞이하고 있으므로
과감하게 밀고 나가면 조화를 이루고야 만다. 부인은 섹스에 대한 억제
심이 강하여 한눈을 팔면서까지 쾌감을 얻어내려 하지는 않는 정숙한
타입. 성적인 요구가 강력하지 않지만 쾌락의 정상을…… 남편은 정력
이 끊이지 않는 열정적인 샘 줄기를 가지고 있기에 횟수가 많은 편
이다.

궁 합

현재 진행 중인 혼사처와 아주 좋은 연분임을 증명해 주고 있다.재혼자
는 연인을 만나서 사랑이 싹트고 있으며 결혼을 하여도 아기자기한 생
활을 영위할 수 있으나 지나친 폭언 등은 앞으로 피함이 좋겠다. 뇌지
예(雷地豫)나 뇌풍항괘(雷風恒卦)를 만나면 불화와 분열을 초래하기
쉬우나   택뢰수(澤雷隨). 천수송괘(天水訟卦) 등은 무난하다. 남성은
27 세, 30 세, 여성은 22 세, 27 세가 호운이다.

부부궁

용모가 단정하고 유순하나 끝까지 밀고 나가려는 인내력이 부족하며
어떤 불만도 이기고 해소하지 못하는 습성을 지녔다. 돈이 헤프고 바
람기가 많아 이성의 유혹에 잘 넘어가는가 하면 이성이 잘 따르기도
하지만, 헤어질 수밖에 없는 경우를 당하여도 불공드리는 마음으로 임
하면 반드시 극복되어 화평을 얻게 된다. 지성으로 정분을 찾은 예가
될 것이며 순산하며 초산은 딸이다.

시험운

남학생의 경우 연합고사생은 담임 선생과 한두 차례 의논해봄이 바람
직 할 것이다. 여학생의 경우는 어느 곳을 지원해도 길하겠다. 굳은 의
지로 착실하게 노력을 쌓았기에 훌륭한 목적을 달성한 것이다. 앞으로
학교나 회사뿐만 아니라 인생에 커다란 자신을 주게 될 것이다.

이 사

이사는 좋지 않다. 나름대로의 주택에 대한 욕구를 지니는 것은 지극히
자연스러운 일이다. 자그마한 아파트라도 전망이 좋은 곳에 지은 집을
원하며 주위에 산책로 등이 있으면 더욱 눈에 뜨이며, 도시 복판에 있
는 밀집된 주택은 답답하기 때문에 번화가를 피해 마련된 주택을 찾게
된다. 동남 방향으로 이사 일은 9 의 숫자이며 9 일, 18 일, 27 일이다.

지 뢰 복
地 雷 復

땅과 우뢰는 복이다. 이 괘는 겹쳐 쌓인 여러 음효 아래 한 개의 양효가 있는 상태다. 쌓인 음의 기운 속에서 한 줄기 양의 기운이 새롭게 나오고 있는 상태를 보이고 있어 발전과 번영을 상징한다.

● 운명을 다스리는 자세

꿈이나 희망이 뜻대로 되는 운수. 실패한 사업이 다시 성운(盛運)을 되찾을 수도 있고 별거하던 부부가 다시 모여 화합하게 되는 괘상이다. 또 삼라만상이 충족된 입하의 계절로 부족함이 없이 원만하게 성장하여 자연의 경영이 순조롭고 평화로운 시기라고 본다. 일단 마음 먹으면 어떻게든지 해치울 기백이 있으면 성공은 약속된다. 무엇이든 관철하겠다는 투쟁심이 빨간 불꽃이 되어 기쁨을 맞이할 것이다. 이 괘의 개운의 열쇠는 근성, 그 한 마디로 다한다고 해도 과언은 아니다. 친절심과 동정심이 두텁고 곤란에 처하고 있는 사람이나 도움을 구하는 사람에게는 그냥 보아 넘기지 않는다. 남달리 적적함을 느끼는 사람으로 남의 일에 자상한 관심을 나타내는 것도 고독해지기가 싫기 때문인지도 모른다. 때로는 지나친 간섭이라고 여겨질지도 모르지만 곁에서 보면 고생을 즐기고 있는 것처럼 여겨지는 면도 있다. 과감하게 두꺼운 문을 두들겨 보라. 응답이 있을 것이다. 다소 느리고 겁도 많지만 결여된 개척 정신을 찾아내고 감각을 그대로 살려서 안전하고 착실하게 행동해간다면 어려움이 없을 것이다. 만약 직업에 불만이 생기면 상관에게 의논하는 습성을 길러야 할 것이다. 평상시의 의사 표시가 정확하지 않기 때문이다.

1, 2월 그 동안 실패했던 일들을 원인 분석하여 새출발하는 달. 이제부터 기(氣)가 승하기 때문에 모든 일이 뜻대로 풀릴 것이다. 끌어오던 소송 문제도 승소할 것이고 화해하면 더욱 길하다. 그 동안 적선하고 들인 정에 하늘이 감동하여 모든 소원이 이루어지지만 이루어진 후에 기원(其原)하면서 마음먹은 일을 빠짐없이 행하라. 그러지 않으면 이룬 소원이 물거품이 될 수도 있다.

3, 4월 들인 공보다 실속이 없는 것이 흠이다. 그러나 다시 한번 되풀이 하면서 노력한 보람을 느끼게 된다. 사업 때문에 떠나는 출장은 건강 조심하라. 재물은 밖에 있으니 집안에서 공상으로 세월을 보내지 말 것. 불의의 사고로 고민하겠다. 먼 여행에서 오는 건강, 소송 등의 문제가 따를 수 있다.

5, 6월 몸만 고달플뿐 실속은 없다. 그러니 분수 밖의 것을 넘보지 말고 서쪽에서 귀인을 찾으면 협조가 이루어진다. 매사를 자만하지 말고 새출발하는 각오로 대처해 나가라. 특히 유월 초순에 남과 함께 이룰 수 있는 신규 사업에 뛰어들면 승산이 있다. 순조롭게 진행되지만 분명하게 처리하지 않으면 운이 쇠퇴해질 때 엉뚱한 일이 생긴다.

7, 8월 수액이 따르니 물가를 조심하여라. 가정에 경사가 있으며 자손도 늘고, 청춘 남녀는 훌륭한 연분의 애인도 만나 즐거움 속에 여름 휴가를 만끽할 것이다. 우주도 도는데 운기라고 안 돌겠는가, 지난날의 가난과 고통에 다 사라지고 희망이 보이니 쉬지 말고 힘껏 노력하면 뜻하던 바 이루어진다.

9, 10월 매사가 순조로우며 대길한 운세다. 남쪽에 이사 수도 있으니 비록 주거 문제가 아니라도 움직이면 매우 길하겠다. 충분한 계획과 사전 검토를 하면 마음 먹은 사업이 무난히 이루어진다. 그러나 내가 곤고했을 때를 되돌아보며 적덕선행하면 길이 복락을 누릴 수 있을 것이다.

11, 12월 하늘이 도우는 만사 형통의 달[月]이니, 마음껏 하고 싶었던 일을 할 때가 왔다. 젊은 남녀는 친구들과 스키장 아닌 얼음판에 시간가는 줄 모르고 피겨 스케이팅하며 즐길 수 있을 것이다. 또 부동산 매매·결혼·연애·소송 등 대소사업 모두가 순조롭게 진행되오니 밀고 나가면 결국은 골인점에 닿을 것이다.

주요운세

직 업

차분하게 학업에 임하니 일찌기 관록이 붙는다. 출세란 사회적으로 성공한다는 것을 뜻할 것이다. 법조계에 투신하면 판검사가 될 것이고 군경에 들어가면 고급 장교나 경찰 간부는 이미 약속되어 있다. 특히 군인이라면 공중을 나는 공군이 더 한층 돋보일 것이다.

건 강

더위에는 강하지만 추위에는 약한 체질이다. 식욕이 적고 제시간을 찾지 않으므로 위장이 약화될 염려가 있다. 치료 시기를 놓치면 간장 심장까지 영향이 올 것이므로 빠른 시일 내에 전문의를 찾을 것. 가장 질병이 약화되기 쉬운 나이는 39 세, 42 세, 60 세다.

금 전

금전 운이 좋은 때이므로 활동 여하에 따라 크고 작은 것을 만들겠다. 저축으로 얻는 돈보다 밖에서 받아들이거나 외부와의 연결에 의해서 생기는 금전 운이 좋다. 돈을 쓰는 솜씨가 대범하기 때문에 현금을 가지고 다니는 것은 재물을 모으는데 도움이 되지 않는다. 누구에게나 적극적으로 접촉하는 데에서 큰 재물이 들어오니 노력하라.

연 애

무드가 짙어져 화려한 돌담길을 거닐다가도 변덕을 부리는 편이다. 잦은 손놀림이나 몸의 변화를 가지고 있지만 능숙한 패팅은 못 되고 소극적으로 임하거나 본능적인 욕구 해소로 끝내버린다. 검은 색이면서 평상시는 보통 크기지만 발기하면 커지기 때문에 상대를 바로 정상에 올라가게 하는데 도움이 된다.

궁 합

이혼한 부부도 다시 결합되는 운세이나 초혼자는 두 번째 들어온 데서 합이 된다. 재혼자도 다소의 시간은 걸리나 올해를 넘기지는 않는 호운을 만난 것이다. 허영심이 날뛰고 의견 충돌을 잘 일으키는 산풍고·산지박괘 등은 겉궁합에는 맞지 않는다. 여성은 23 세~27 세까지 좋겠고, 남성은 26 세, 29 세, 31 세에 최고의 이성을 만날 것이다.

부부궁

자부심과 승벽심이 많고 숫기가 좋아 사교면에서 활달한 편이며 호걸다운 면모를 갖추고 있다. 사랑은 아름답고 가정은 태평하니 천상의 연분으로 아름다운 신부와 빼어난 신랑이 앉아 있어 천지가 아름다운 꽃으로 변했으니 이쯤되면 부부궁은…… 더욱 더 지조 높은 아내와 만나 해산일이 묘일(卯日)이면 아들을 낳고 행운아의 길에 들어설 것이다.

시험운

지망하는 학교·회사 시험에 대해서 의문을 갖기 시작하여 공부에 전념할 수 없는 상태를 나타내고 있다. 장래에 대한 불안이나 초조감에 쫓겨 자기를 상실하는 경향이 있다. 그러나 구태여 방향을 전환하거나 자기를 필요 이상으로 낮추는 일은 피할 일이다. 전진적인 자세를 갖고 노력을 계속하는 것이 중요할 것이다.

이 사

이사를 하는 것은 불길하며 하고 싶어도 안 된다. 조화 속에 성품이 숨어 있기 때문에 스스로의 의사에 의해 꾸며진 분위기가 아닐지라도 그 분위기에 영향을 입는다. 자유로운 생활을 마음대로 구사할 수 있도록 처음부터 설계되어 있어야 하며 주어진 집을 취미에 맞도록 차분하게 고치기보다는 새로 짓는 집을 원한다. 방향은 북쪽만을 피함이 좋고 이사일은 6 의 숫자며, 6 일, 15 일, 24 일이다.

지 화 명 이
地 火 明 夷

땅과 불은 명이다. 이 괘는 불을 뜻하는 이 괘가 밑에 있고 땅을 의미하는 곤괘가 위에 있다. 태양(太陽)이 땅 속으로 들어간 상태다. 흉운(凶運)의 괘다. 명이란 밝은 것이 멸하여 암흑, 즉 어두움으로 가리어져 있는 형태를 말한다.

● 운명을 다스리는 자세

등불이 없는 집과 같이 음산하여 적막감을 느낀다. 서둘면 서둘수록 깊이 들어갈 수 없고 당황하면 사태가 반전되어 수습에 분별이 결여될 우려가 있다. 이같은 위기를 극복하기 위해서는 마음을 다시 가다듬어 흥의를 쫓아내야 할 것이다. 당신은 지금 고난 속에 빠져 있다. 그러나 일단 목표가 결정되면 그것이 쾌락이건 진리이건 언행 등을 상관하지 않고 목표를 향해 돌진하는 힘을 가졌다. 이 괘를 얻으면 가정적으로 무엇인가 의기소침하여지는 일이 생기고 친척 우인과 정을 끊는 일이 일어나기도 쉽다. 격화되기 쉬운 마음에는 봄이 없다는 말이 있듯이 몸도 마음도 녹아들 정도의 사랑의 미주는 이윽고 악마를 데리고 온다. 굳은 약속을 교환하고 영원한 사랑을 맹세했다고 해도 겉치레만 가장하였을 뿐 열매를 맺지 못하는 운명에 눈물을 흘릴 것이다. 성공할 가망성은 전무라고 하여도 과언은 아니다. 악랄한 일을 저질러서 승진하는 일도 생각할 수 있으나 그것은 일시적인 것이고 영속성은 없다. 오히려 훗날까지 나쁜 영향을 미치게 된다. 지금은 인간으로서의 내실을 꾀하기 위한 신의 시련이라 받아들여 꾹 참고 견디는 것이 현명하다.

1, 2월 겉만 보고는 손을 대지 말 것. 이 달에 하는 일은 내용면에서 불충분한 것들이 많다. 즉 연애를 한다 하여도 하루살이가 될 것이고 혼인을 하여도 부부 싸움이 잦을 것이다. 소송도 불리한 달이라는 것을 알고 집안에 있는 것이 현명하다. 여행이나 이사 따위는 아예, 생각지도 말고 보따리 싼 가출인도 찾을 생각은 아예 꿈에서도 찾을 수 없다.

3, 4월 재물이 조금 들어오다 곧 나가 버리는 운기(運氣)다. 이 괘를 뽑으면 약간은 재물이라도 남아 있지만 반면은 주색잡기 등에 소모가 많아 적자 인생이 되고 만다. 번창했던 사업, 절정에 올랐던 인기 등이 점차 쇠해가고 있으니, 정씨. 김씨 등을 찾아 나서서 구원을 요청하면 많은 힘이 되어줄 것이다. 그러나 이같은 문제의 달에는 한 발짝 물러서서 현실을 직시하고 때를 기다리는 것이 현명하다.

5, 6월 경거망동은 금물이다. 이 달은 연애를 할려고 노력하지만 결국은 짝사랑이 되고 만다. 혼인도 내연의 관계도 순조롭지 못하니, 피서철에 피서지에서 눈동자를 함부로 놀리면 망신수 생긴다. 소송마저도 불리한 달이니, 화해하는 편이 좋다. 여행·이사 따위는 아예 포기하도록. 특별히 이성(異性)문제 조심하지 않으면 후일에 큰 불편을 겪는다.

7, 8월 서둘지 말고 가만히 있는 것이 길하다. 신액도 따르니, 건강도 조심하고 이웃집 처녀와 커피 한 잔 마실 생각하지 않을 일이다. 분수를 지키고 마음을 안정하여야만 건강도 재물도 가정도 지키는 방법이 될 것이다. 나가고 들어감에 있어서 자신의 고집만 세우지 말것. 모든 일에 천도(天道)가 있는 법이다.

9, 10월 재수생이 되려면 태만하여도 좋다. 하기야 2 수, 3 수 하면서 자신의 실력을 쌓아두는 것으로 족한 것이지, 꼭 대학에만 들어가야 한다는 법은 없다. 친구 때문에 떠난 여행이 오히려 친구도 잃어버리고 병만 얻어가지고 돌아왔으니 그날의 일진 정도는 육효점을 통해서 알고 떠나도록 하자. 기다리는 사람 소식마저 끊기는 달이니 호전될 때까지 기다려봄이 좋겠다.

11, 12월 본인의 노력 부족과 능력 부족에서 오는 것이 아니고 쇠운으로 인함이니 조금도 낙심치 말고, 묵묵히 자기 위치를 지키면 꽃피는 봄날은 눈 앞에 있다. 사업 · 소원 · 연애 · 여행 등에 대해 매일같이 번민하지만 아직도 때가 오지 않았다. 남의 시시비에 끼어들어 구설과 관재가 따르게마련이니, 필요 이상의 생각이나 관계치 않은 일에는 신경을 끊자.

주요운세

직 업

큰 일은 자재보다도 인재에 의존되는 바가 크지만 막상 중요할 때 우수한 두뇌가 떠나버릴 징조가 농후하다. 또 라이벌로부터 사소한 틈을 이용하여 앞지름을 당할 계시다. 기회는 있는데 무엇인가가 결여되어 있는 상황을 맞이하게 되었으니 지금은 어떠한 사업이고 중단 상태에서 집중력과 기력을 살리면서 대처하는 편이 좋겠다.

건 강

현재 체력이 떨어지고 있으니, 신경질적으로 어떤 생각에 집착하지 말고 스포츠 등에 열중하여 심신을 쇄신시키는데 노력하여라. 심장병이나 소화기 계통에도 주의도 되지만, 특히 시력이 감퇴될 확률이 높으니 충분한 휴식 을 즐기는 것을 잊어서는 안 될 것이다. 35세, 47세, 62세가 가장 질병이 약하다.

금 전

거래처와 충동이 있는 일은 금물이니 상부상조할 것. 돈과 관련이 되는 인연은 자중이 중요하다. 이럴 때일수록 마음을 단단히 먹어야 한다. 하고자 하는 일이 계획에서 어긋나고 엎친데 덮치는 격이 되는 상태이니라. 이럴 때 돈을 움직이거나 대차를 해서는 실패를 안 보게 될 것이다.

연 애

반대하는 사람도 없이 돌진하기 쉬우나 호화스러운 교제 비용 때문에 사랑의 드라마가 연출되지 못하고 있다. 매우 풍성한 중형으로 기장은 짧아도 분위기를 이끌어가는 여유가 있다. 육체의 욕망을 승화시키는 기술을 유감 없이 발휘하는 타입으로 흥분이 높아가면 고음으로 소리 지르는 체질.

궁 합

좋은 연분이 기다리고 있으니 짝사랑 따위는 하지 말 것. 못 이룰 사랑을 하면 교제비만 지출될 것이니 일찌감치 포기하는 것이 현명할 것이다. 부부라면 웬만한 일에 호흡을 잘 맞추고 생활 방침에 잘 복종하는 연분이라야 할 것이다. 지화명이 괘는 특히 상대가 많다. 풍뢰익·풍산점·택산함·이위화 괘 등은 겉궁합이 매우 좋다. 남성은 29 세, 여성은 24 때가 좋다.

부부궁

도덕 관념이 강하여 남편을 존경할 줄 알고 언어와 행동이 정직함으로 사리가 분명하나 40 이 지나서야 원앙의 금침을 펴게 될 것이다. 남편이 이 운을 만나면 현실에 만족하고 충실해야 하고 아내가 이 운을 만나면 남편 이해함을 자신처럼 해야 한다. 설령 남편이 옛 일을 고뇌하더라도 모르는 체 감싸 주면 더 깊은 사랑으로 빠져들 수 있다. 사랑은 이해보다 더 큰방법이 없다는 것을 명심하고 난산의 조짐은 있으나 초산은 딸.

시험운

지망하는 학교는 실패해도 다른 학교도 많이 있다는 여유가 중요하다. 너무 조급하게 생각하지 말고 느긋한 자세로 임하라. 결국은 길이 열릴 것이다. 취직 시험은 전반적인 길조를 바라는 것은 무리가 좀 따른다. 단 자격증을 소지하고 있는 기술 분야는 길(吉)하다. 엔지니어 관계라면 취직 운은 길운이다.

이 사

이사의 변동수는 뚜렷하게 없다. 사람이 어떤 집에서 어떻게 기거하느냐에 따라 후천성이 형성되기도 한다. 때로는 고독과 고요를 맛볼 수 있도록 도심지에서는 좀 떨어진 듯한 집. 나즈막한 돌담에 둘러싸여 뒷마당에는 잔디가 깔리고 현관은 도로에 접해 있는 주택. 남서를 향하는 게 이상적이다. 이사 길일은 5 일, 14 일, 23 일로 5 의 숫자가 행운이다..

<table><tr><td>지 택 림
地 澤 臨</td><td>☰☷</td></tr></table>

땅과 연못은 임이다. 이 괘는 땅을 상징하는 곤괘가 위에 있고, 못을 의미하는 태괘가 아래에 있다. 땅 밑에 못이 있는 상태다. 못이 땅 밑에 있다는 것은 그 근원이 깊고 풍부한 수량의 못을 말한다. 이러한 못을 언덕 위에서 내려다보고 있는 상태이다. 못과 같은 푸르고 청신하며 고요하고 평화로우며 모든 것을 포용하는 것이 이 괘다.

● 운명을 다스리는 자세

상하가 서로 친화하는 괘상이다. 높은 지식을 추구하기에 여념이 없으면서도 한편으로는 가변기지를 즐기며 노는데 몰두하기도 한다. 골인하기 위해서는 그 나름대로의 결단과 용기가 필요한 것은 물론이다. 인간은 제 아무리 나이를 먹어도 완벽할 수는 없는 것이다. 요는 그 단점이 허용되는 범위에 있는가, 없는가의 문제일 것이다. 이상과 현실의 단층은 크고 작은 차이는 있을망정 반드시 있는 법이므로, 꿈은 크게 그려도 현실을 잊어서는 안 된다. 이 괘는 이와 같은 점을 머리에 넣고 자기 반성을 해볼 필요가 있음을 계시하고 있다. 또 자기의 허용량을 크게 할 수 있으면 길조가 될 가능성이 있다. 상당한 욕구불만에 빠져 있는데 그 돌파구가 없어 병소가 깊은 곳에서 뿌리를 내리고 있는 것 같은 징조이다. 즉 눈앞이 흐려 어찌할 수 없는 상태이다. 뿐만 아니라 철석같이 믿었던 사람이나 협력자까지 이탈되고 통솔력도 갑자기 상실되어 골치 아픈 일이 겹치겠지만 상하가 서로 친화되는 데서 신분에 상응한 소망은 성취될 것이다. 남과 교제도 많고 출입도 많아서 두 가지 일을 겸업하는 형상이라서 모든 일 차차 호조를 보일 것이다.

1, 2월 모든 일이 얼음 녹듯 풀려서 대망을 찾는 일까지도 도달할 것이다. 이달부터 서로 협동해서 하는 일도 마음과 뜻이 맞을 것이며, 이쪽에서 이끄는 대로 잘 따라 주기도 한다. 또 선배나 웃사람의 인정을 받기 때문에 모든 사업 착수에 문제를 가져오지 않는 달이다. 건강도 되찾고 사업 운도 따르고 여행도 할 것이며, 젊은 남녀가 손목잡고 백설을 밟으며 공원 등지에서 산책할 수 있는 달이다.

3, 4월 매사가 너무 속도가 빨리 진행되니 도리어 마음이 긴장될 것이다. 마음을 안정시키고 사태를 직시하며 묵묵히 나가면 모든 일이 풀린다. 자손의 근심은 따르나, 지성으로 기원하였으니, 신경을 쓰지 않아도 될 것이다. 40 대 중년기에 접어든 여인은 데이트 비용이 과다 지출될 것이니 비상금은 남겨두고 지출하는 편이 좋을것이다.

5, 6월 길한 가운데 실물수(失物數)가 따르니 매사 조심하고 오월 중순에 천리 타향에서 뜻밖의 귀인을 만날 것이다. 관운도 좋고 재운도 좋고 사업가는 번창하게 되니, 결국 공직자는 승진되고 사업가는 돈 번다는 뜻이 담겨 있다. 그러나 이성 문제로 구설수가 따를 수도 있으니, 특히 미모의 여성, 미모의 남자를 조심하자.

7, 8월 건강은 회복되고 재물도 들어오니 만사 형통할 것이다. 남을 위해 좋은 일을 해주었건만 실속은 없으나 사람만은 얻을 것이다. 그 동안 움추리고 있던 부동산 매매도 회복되어 팔고 싶어하는 물건이 곧 처분되며 매입하는 쪽도 유리하다. 장거리 여행, 남쪽이나 북쪽의 방향, 해외에 나가 있는 남편도 고향을 찾아오는 달이니 모든 일들이 성운에 접어들었기 때문이다.

9, 10월 부모 혹은 자손 근심이 있고 구설수도 따를 수 있으나 지성으로 기원하면 이는 면할 수 있다. 소상업을 하는 사람도 이 두 달만은 매사에 가볍게 생각하면 경제적으로나 자손 등의 실패를 본다. 또 남의 감언이설에 속지 말고 한 마디로 달콤한 연애같지만 완고한 부모의 반대로 결혼을 할 수 없는 이치와 같다. 위와 아래가 서로 화목하니 가정·사회·직장에서 모든 일이 순조롭다.

11, 12월 매사를 새로 시작한다는 마음 가짐으로 밀고 나가면 뜻하지 않은 결과를 얻을 수 있는 달이다. 십이월 초 직장인은 영전되고 학생은 유학길에 오른다. 장래가 촉망되는 운기이기에 무기수가 사면으로 풀려 나올 것이다. 끝으로 직장인·정치가·사업가 모두를 말한다. 중상 모략, 과음 과식, 주색에 신경 쓰자.

주요운세

직 업

이 이상의 사업 운은 좀처럼 찾아볼 수가 없다. 즉 사업에 있어서는 여의 형통의 계시다. 당신은 마음이 소심하지 않고 넓으며 강한 포용력으로 수많은 종업원을 이끌고 나갈 것이다. 관광, 유흥업 등에도 적합하다. 신규 사업은 처음에는 다소의 소모가 따르나 좌절하지 말고 밀고 나가면 마침내 성공의 키를 잡을 것이다.

건 강

매우 건강한 편이다. 아무런 질병도 없건만 자신은 중병인 양 착각하고 호소하는 편이다. 그러나 과음 과식은 삼가고 신경 계통과 소화기 또는 히스테리 등에 약간의 문제가 따르겠다. 빈 속에 술이나 커피 등 자극성 있는 음식물은 많이 먹은 게 원인이 될 수 있으니 줄이도록 할것. 36 세, 42 세, 56 세에 가벼운 증상을 나타내기 쉽다.

금 전

타인과의 교제를 깊이 하면 도박성이 있는 사업도 흥행이 따른다. 웃사람과 친히 의논하고 사귀면 걸리는 일에 금전 운이 따른다. 꾸준히 외길을 걸으며 저축하는 데서 큰 재물을 기대할 것이다. 공개적인 거래가 신용을 더욱 더 두텁게 하고 한층 고조될 것이며, 자유업에 종사하고 있는 경우 사례금 등이 의외로 크게 들어오는 암시이다.

연 애

마음이 초조하고 있지만 의외로 희망적인 상황를 맞이하고 있으므로 과감하게 밀고 나가면 조화를 이루고야 만다. 냉각된 육체를 서로 녹이면서 서서히 쾌락을 만들고 연결지어야만 꽃을 피우는 타입. 섹스에 대한 억제심이 강하여 한눈은 팔면서까지 쾌감을 얻어내려 하지는 않는 타입.

궁 합

초혼자의 중매 결혼은 성립된다. 중매장이 없는 혼담은 가정으로부터 방해를 받을 것이다. 재혼은 다소의 무리는 따르지만 이룰 수 있겠다. 그러나 지나친 허영심에 치우치면 원앙의 한 쌍을 찾기에는 많은 노력이 필요하다. 사교 정신에 너무 많은 차이가 있는 손위풍괘를 만나면 불행하기 쉬우니 다른 괘를 찾도록 하라. 남성은 24 세, 29 세, 여성은 23 세, 25 세, 29 세가 호운이다.

부부궁

약간 자유분방한 면은 있으나 무엇보다 가문을 숭상하고 고상하고 용모 단정하며 도덕 관념이 강하다. 하늘의 연분이라 백 년은 해로할 수 있으나 간혹 질투하는 이웃이나 가족이 있어 상심할 우려도 있으나 잠시뿐 그로 인하여 사랑은 더욱 더 깊어가고 무르익어 꽃을 피우고 열매도 따리라. 사랑은 계속 가꿔야지, 꽃이 피었다고 한 번의 꽃이 영원하지는 않는다는 것을 명심하고 출산은 순산하고 초산은 아들이다.

시험운

진학을 점쳤을 경우, 어쩐지 눈 앞이 큰 벽으로 가로 막힌 것 같아 고뇌의 빛이 짙다. 희망하는 학교에 알맞는 학과는 있으나 정신적으로 상당히 지쳐 있는 상태다. 능력보다 훨씬 웃도는 학교는 불합격될 확률이 높으므로 피하자. 그러나 확고한 신념과 남보다 두 배 세 배의 노력을 아끼지 않는다면 가능성도 나타날 것이다.

이 사

이사를 하면 아주 좋은 계시다. 경제력에 따라 값진 물건이 있을 수도 없을 수도 있으나 그것의 배치나 색깔이나 조화로움은 돈으로 해결되지 않는다. 사람마다 저택을 희망하겠지만 그것은 욕망일 뿐이다. 모두에게 저택을 주었더라도 그 집을 활용하는 범위와 방법은 전혀 다르다. 동남 방향을 택함이 좋겠고, 이사수는 6 일, 24 일, 15 일로 행운의 숫자는 6 이다.

지 천 태
地 天 泰

땅과 하늘은 태다. 이 지천태괘는 대지의 음기(陰氣)가 내려
오고, 하늘[天]의 양기(陽氣)가 상승하는 형상이다. 이것은
음양이 화합하여 하나로 뭉쳐지는 괘이다. 태는 크다는 뜻이
요, 태평하다는 뜻이다. 태평성대를 가리킨다. 주역의 육십사
괘 중 가장 이상적인 대길 운을 계시하는 괘이다.

● 운명을 다스리는 자세

모든 것이 안정되어 태평한 상태로 보인다. 괘의 모습을 살펴보라. 땅
을 의미하는 곤괘가 위에 있고 하늘을 의미하는 건괘가 아래에 있다.
하늘의 마음은 땅을 살피기 위하여 아래로 내려와 있고 땅의 마음은
하늘을 돕기 위하여 위로 올라간다. 즉 하늘과 땅은 서로 화합한다고
보면 될 것이다. 자유롭고 풍족한 생활력은 넓고 많은 부족함이 없는
것을 요구하는 성격으로 형성된다. 위급한 재난이 닥치더라도 당황하
지 않고 정확한 일 처리로 매듭을 진다. 좋든 나쁘든 외부로부터의 영
향을 송두리째 받게 된다. 주위의 동향을 잘 관찰해서 좋은 영향이라면
최대한의 은혜를 받도록 하고 반대일 경우에는 최소한의 상처로 끝나
도록 콘트롤해야 할 것이다. 뛰어난 판단력이 성공의 포인트다. 지금은
'이왕이면 큰 나무' 식으로 비를 피할 수는 있으나 다음 단계의 생각을
갖지 않으면 마이너스 방향의 위험이 있다. '군자는 수어지교'라는 말과
같이 좋은 선배, 상사의 인정을 받아 행운의 징조를 얻을 수 있다. 그러
나 출세는 자기가 생각한 것보다는 뒤지는 것 같다. 공명심을 서두른
나머지 사람을 이용하려고 하면 안 된다. 서둘지 말고 기다리는 성품
이 현명하다.

1, 2월 적덕행선에 힘을 기울였기에 근심 걱정이 모두 사라지고 귀인이 와서 도우니 생각지 않았던 일이 성사되어 집안에 기쁨이 가득하다. 구름이 걷히고 밝은 달이 보인다. 재물 걱정이 없으니 평탄한 운수이다. 행운 중 행운을 잡았으니, 막히는 일이 없을 것이므로 공직자도 좋은 달이고 사업가도 대성할 수 있다. 그러나 이성 문제에 조심하여라.

3, 4월 미모의 남자가 여자의 도움으로 사업에 착수하는 달이다. 작은 것으로 큰 것을 얻으니 재물에 아쉬울 것이 없다. 그러나 친구와 여성 문제 때문에 크게 다툴 수도 있으니, 참고 양보하라. 항상 큰뜻과 고상한 뜻을 품고, 그 뜻에 맞추어 행하면 좋은 결과가 있을 것이다. 가정에서도 기쁜 웃음이 그칠 줄 모르는 달이며 사월 중순 혼인 또는 득남할 것이다.

5, 6월 재물 걱정이 없으니 평탄한 운수이나, 다른 사람과 협조를 이루도록 하라. 미팅을 하지 않아도 가장 좋은 배필을 만나는 운을 가졌으므로 많은 축복 속에서 결혼식을 올리고 엄정한 가정을 꾸미기 시작한다. 또 서북쪽의 아파트에 추첨 행운도 따른다. 현재 가정이 안정되어 있으니 이사는 할 필요 없겠다.

7, 8월 실물수도 따를 수 있고 들어온 재물도 관리소홀로 지출이 많은 계시다. 즉 길흉이 반반 겹치는 달이다. 이전 달에는 수액도 따르고 화재도 따르고 증권이나 부동산에서도 손해를 볼 수도 있다. 여행이나 이사를 가거나 눌러 있어도 좋다. 하지만 백년을 함께 하려는 혼인 문제라면 아직 인연이 아니니 때를 기다리도록 하라.

9, 10월 성급하게 일을 처리하지 말자. 손해가 따르겠으니 남쪽산에 올라가서 기도를 드려볼 일이다. 모든 소원도 성급한 처리 때문에 날까지 잡아 놓은 결혼 날짜도 연기되는 계시다. 모든 사업가와 공직자는 아주 길한 달이다. 또 노력에 비하여 소득도 많은 달이며 투기도 해볼만한 신의 운기를 받았다.

11, 12월 하늘이 보살피고 신이 도우니 더 바랄 것이 없는 운수이다. 작은 자본으로 큰 이익을 얻을 수 있으며 젊은 남녀는 혼인을 하면 화려한 부부생활을 영위할 수 있다. 민사 문제도 승소하며 팔려든 물건들도 고가로 팔려 나가겠다. 그러나 지나친 욕심은 금물이다. 아직도 조그마한 장애는 따르니 성급하지만 않으면 큰 소원도 차츰 성취될 것이다.

주요운세

직 업

당신은 뛰어난 판단력이 성공의 포인트다. 모든 사업이 외부로부터 영향을 송두리째 받게 되므로 대성한다. 꾀를 부리지 않으니 주어진 일에 충실하고 만족하게 생각한다. 강직하니 체육을 연마하거나 무공을 익혀도 큰 자리를 확보할 것이다. 직장인은 승진도 있겠고 구직인은 마음먹은 직장에 입문할 수 있다.

건 강

두통을 지닌 사람은 증상이 현저하게 진행될 염려가 있다. 기후의 변화에도 주의하고 충분한 휴양이 필요하다. 그러나 대체로 건강한 편이다. 건강을 해쳤을 때에는 치유가 된다는 것을 나타내고 있으므로 자신을 갖고 요양에 힘쓴다. 충분한 휴식이라면 회복도 빠를 것이다. 또한 음식물 등에서 빚어지는 질병이 많이 따르니 유의해야 한다.

금 전

일단 마음먹은 사업은 기백을 가지고 도전하는 데서 대성을 가져다 준다. 한 가지 일을 깊고 넓게 파들어가면서 제작을 계속하면 금전운은 노크를 한다. 자유로운 개인 직업을 개척하는 일에서 금전과 직결될 것이다. 십 년이 넘었다치더라도 하던 사업을 몰두하는 데서 승산이 오니 변동하지 않는 게 좋겠다.

연 애

사랑을 한바탕 호화로운 무대로 장식하기 위해 대단한 용기를 내어 도전해 가나 경제적인 부담에 실마리를 풀지 못하고 있다. 개방적이기에 산이나 들이나 모래 사장에서도 호기심을 동반한 섹스를 즐기는 자유를 부여받은 타입. 알몸이 될지라도 분위기만 있으면 쑥스럽지 않으며 대낮에도 흥분을 감추려 노력하지 않는 여장부이다.

궁 합

재혼자는 가족이 많다고 툇자를 놓으면 후회한다. 현재에 진행 중인 혼처와의 인연이란 더 이상 빛이 날 수 없을 것이다. 즉 부부간의 새 보금자리가 될 것이다. 초혼자도 연애하던 첫사랑이 아주 길하며 이상적인 한 쌍이 될 것이다. 간위산·산택손괘 등은 지나칠 정도로 무관심하게 느껴져서 불화와 분열을 초래하기 쉬우나 다른 괘는 무난하다. 남성은 27 세, 31 세, 여성은 22 세, 27 세때가 호운이다.

부부궁

참을성은 미흡하나 활달한 성격에 장부다운 데가 있어 마음을 토설하는 면도 있으며 겉으로는 친절한 듯 하나 그 속 마음은 냉혹하고 방정한 예가 많다. 사랑의 마음은 성난 폭포수같으나 산이 막혔으니 고일 때까지 기다려야 하는 인내가 필요하다. 고요히 차오르는 물이 폭포수로 쏟아질 날을 기다리니 반드시 영화를 누리며 부부가 행복하고 옛을 보상받듯 위로하며 산다. 아들이며 순산한다.

시험운

무슨 일이든 노력을 하면 목적을 달성할 수 있는 법이다. 입시나 취직 시험의 문은 활짝 열려 있다. 특히 공무원 국영기업체에 도전자는 말단 공무원에 응시할 것이 아니고 한 단계 높여봄이 바람직하다. 모든 일을 무난히 해치울 수 있는 날보다 한 발 앞선 재능도 타고났으며 쉬지 않고 노력했기에 행운의 문이 열린 것이다.

이 사

부득이한 사정으로 이사를 하려거든 서북쪽의 아파트를 구하라. 주택이란 얼마나 큰 것을 지녀야 하느냐가 아니라 어떤 분위기로 가꾸어야 하느냐가 중요할 것이다. 창문이 작은 옛날식 한옥집은 짜증스럽다. 이런 조건에서라면 당장 개조하려고 하는 것이 아니라 이사할 준비를 하거나 고치느니 차라리 새로 짓는 편이 무난하겠다. 남향을 찾고 길일은 7 의 숫자이며 이사 일은 7 일, 16 일, 25 일이 좋다.

산 지 박
山 地 剝

산과 땅은 박(剝)이다. 이 산지박괘는 산을 상징하는 간괘가 위에 있고 땅을 의미하는 곤괘가 아래에 있다. 높은 것이 위에 있고 낮은 것이 밑에 있는 것은 마치 웃사람이 아랫사람을 생각해 주지 않고 아랫사람은 웃사람을 돕지 않고 서로 사이만 멀어져가므로 불길한 괘이다.

● 운명을 다스리는 자세

기성 세대가 붕괴되는 현상이다. 즉 고난을 면키 어려운 계시이다. 물심양면이 사면초가가 되기 쉽고 호의나 선의를 오해받기 쉬운 괘상이다. 그러나 두 배 이상의 노고를 아끼지 않는다면 뜻하지 않는 귀인이 나타나는 법이다. 언행으로 타인에게 상처를 입히고도 마음을 써서 치유하지 못하는 통속적인 감도 지녔다. 혐오기가 있는 허영은 아니지만 제 3 자를 의식하여 자신이 스스로를 확대하는 경향이 짙다. 필요 이상으로 남에게 신경을 쓰는데 반드시 열매를 맺고 있다고는 할 수 없다. '아름다운 꽃에는 가시가 있다'는 말대로 상대방의 외모나 직함에 빠져 본성을 놓치기 쉽다. 한결 같은 마음은 알 수가 있지만 나를 잊고 사회적인 책임을 포기하거나 주위와의 감정적인 트러블을 일으키거나 하면 바람도 거세진다. 냉정을 되찾는 것이 중요하다고 본다. '꿈이었으면……'하고 바랄 정도로 허무한 상황에 놓이는 것을 나타내고 있다. 제 아무리 서둘러도 잃은 것은 돌이킬 수 없다. 인간이란 때로는 단념도 중요하다는 것을 암시하고 있다. 위가 있으니까 올라갈 수 있으므로 새로운 첫발을 노려 기력, 체력 보충에 노력할 일이다.

1, 2월 은혜를 베풀고 원수로 받는다. 그러니 이런 달은 억울해도 참고 잘한 일도 잘못한 척하면 매사가 풀려나간다. 수고는 많으나 공이 없고 일신이 분주하나 소득도 없는 달이다. 이 모두가 운세임을 감안, 여행을 떠나더라도 조심할 일이고 소송 문제도 사람을 내세워 화해하고 잃어버린 물건도 아예 찾을 생각을 하지 마라.

3, 4월 중매장이를 세웠으나, 중매장이 속임수에 넘어간다면 과연 좋은 달은 못될 것이다. 보고 싶은 사람 얼굴을 볼 수 없고 겨우 소식이나 들을 수 있는 정도이니, 마른 명태, 소주 한 병 사들고 가까운 유명 산에 올라가 소심껏 기원이나 하고 올 일이다. 산모는 유산할 염려가 있고 집을 신축하거나 개축하면 주춧돌이 가라앉을 수도 있다.

5, 6월 분수를 지키지 않고 경거망동하면 하던 사업에 착오를 안겨줄 것이다. 한 마디로 말해서 어려운 때는 교통사고·낙상사고·익사사고 등이 따를 수도 있는 법이다. 사업가는 특히 유월달에 이익을 생각말고 손실을 밝은 자세로 임하면 실수가 없을 것이다. 모든 증권이나 상품도 하락세로 떨어질 것이다.

7, 8월 작은 재물이 들어온다는 소식이다. 그러나 집안에 경사도 있고 우환도 있으니 들어온 재물이 지탱할 줄 모르겠다. 풀장이나 해수욕장에 떠나려는 젊은이들은 주색에 조심하겠다는 각서 한 장씩은 남겨둠이 좋겠다. 갱년기에 접어든 노년층의 재혼은 성사되고 길한 달이다.

9, 10월 전후 좌우의 사람을 경계하여야 한다. 그렇다면 밥상 머리에 마주 앉은 식구들을 경계하라는 말인가, 그건 아닐 것이다. 사업가, 미모의 여자, 증권 및 상품, 세일즈맨의 선후배 기존 거래선, 모두일 것이다. 올해를 살짝 넘기면 운기를 잡고 작은 소원부터 이루어지니 너무 비관을 한다든가 하여 머리 싸매는 일은 절대 할 일이 못 된다.

11, 12월 재물이 흐트러지고 몸까지 편치 않으니 집념으로 밀고 나가자. 그러면 동서남북에서 귀인이 찾아와 큰 도움을 줄 것이다. 때를 기다린 보람을 얻게 될 것이다. 그러니 과단성 있는 사업 계획과 상대방을 면밀하게 파악도 하면서 미래를 향한 노력에 경주하면 내년부터는 명예와 재물은 따 놓은 것이다.

주요운세

직 업

현재 진행 중인 사업은 적자 요인을 분석하고 가급적 기구를 축소시키자. 즉 사업을 키우기보다 내부의 문제점을 파악하자는 말이다. 직장인은 승진, 승급에서 누락되거나 심한 경우 감원 대상에 오른다. 구직자도 좀더 노력하면서 때를 기다리자. 거센 파도를 넘어서기만 하면 모든 것이 뜻대로 진행된다.

건 강

체력 소모가 많은 체질이다. 불필요한 의약 복용은 삼가하고, 정력제나 한방의 침술 등에서 많은 효험을 볼 것이다. 질병 및 시력감퇴가 올 염려도 있으나 병을 악화시키기 전에 치유토록 하면 치명적은 아니다. 질병에 약한 나이는 일찍 오는 편인데 5세, 16세, 20세, 47세, 57세 때에 주의하는 게 좋겠다.

금 전

지출을 억제하여라. 그리고 화려한 행동을 조심함이 재물을 모으는 길일 것이다. 부동산 매매로 인한 재물은 다소의 시일이 걸리나 동서쪽을 찾아나서면 좋은 인연을 만날 것이다. 금전 면에서는 모두가 마이너스가 되기 쉬운 운세이다. 거래처로부터 돈을 떨어뜨리거나 빌려 주었을 경우에는 두 번 다시 자기 손으로 들어오지 않는 괘다.

연 애

사회에서 허락되지 않는 사랑에 고민하여 마음 속에는 찬 바람이 부는 그러한 마음의 갈등을 나타내고 있다. 돌발적이고 적극적인 정열의 소유자로 분위기를 살리면서 연결하는 타입. 남편이 소극적이면 스스로 주도권을 장악하여 전희에서부터 시작하여 상위의 성교로 단숨에 클라이막스까지 몰아가 후회의 완벽을 기한다.

궁 합

초혼은 성사되기 어려우나 재혼은 그런대로 쉽게 이루어지겠다. 중매가 들어오는 혼처는 속고 있다는 암시다. 즉 위험한 선이 될 수도 있으니 피하는 편이 현명할 것이다. 미래의 행복을 약속하는 상대라면 수천수·수산진괘 등이 좋은 인연이 될 것이고 지뢰복·풍뢰익괘 등은 재혼자에게 가정의 평화를 찾아 주는 연분이 될 것이다. 여성은 25 세, 29 세, 31 세에 최고의 남성 운을 만나겠다. 남성은 27 세, 34 세가 가장 호운이다.

부부궁

사교면에 능숙하지만 진심을 주는 일이 없고 부부간에 번개를 연상하듯 하지만 빨리 꺼지려드는 성격을 지녔다. 즉 초년은 사랑스럽고 중년은 곤궁하고 말년은 다시 영화를 누리는 한 세상을 주었다 뺏는 사랑으로 넘긴다는 뜻이다. 부부간에 잦은 언쟁도 유발시킬 수 있으나 깊은 이해로 말년에는 두터운 사랑으로 묶여 화목한 가정을 꾸리게 된다. 아들을 낳겠으나 유산할 염려가 있다.

시험운

목적 달성의 결정타가 나오지 않고 어물어물한 상태가 계속된다. 과감하게 방향 전환을 꾀해 볼 일이다. 겸손한 자세로 임하면 전개도 필연적으로 바뀔 것이다. 자기 역량에 맞는 학교나 취직 시험은 어딘가 여기서 희망하는 곳을 점쳐 보고 다시 생각하는 여유도 바람직하다. 그 어떤 영지나 재능을 가지고 있다해도 그 위력을 발휘할 찬스가 없으면 모처럼의 보도도 녹이 슬게 된다.

이 사

이사는 길하지만 이사갈 집에 대하여 충분한 검토가 필요하겠다. 주택운이란 얼마나 큰 것을 지녀야 하느냐가 아니라 어떤 분위기를 가꾸어야 하느냐가 중요하다. 호화롭지는 않고 창문이 적고 직사 태양 광선을 받지 않는 한적한 주택으로 동향을 향하는 편이 마음에 들 것이다. 이사의 길일은 5 일, 14 일, 23 일. 행운의 숫자는 5 이다.

이 간위산괘는 간괘가 겹쳐서 이루어졌다. 간은 산이니 산이 겹쳐서 있는 상태이니 산은 묵중하게 멈추어 서서 정지해 있다. 산과 같이 무게 있게 멈춰서야지 경거망동하면 위험과 난관 속의 골짜기에 빠져들어간다. 인내와 현명으로 다음에 오는 행운을 잡기 위해 기다리라는 뜻이다.

● 운명을 다스리는 자세

어둠 속에서 눈을 가리운 상태가 계속되겠다. 저항을 해도 닥쳐오는 마수로부터 벗어나기가 곤란하여 허둥댈수록 밑바닥으로 가라앉을 기미가 농후하다. 유일한 대책은 처음부터 다시 시작하는 것이며 전진의 가망성은 없다고 판단하는 일이다. 내일은 내일의 바람이 불어온다고 여겨 무욕이 되면 타격도 적고 재기를 위한 에너지도 남을 것이다. 마루 밑의 기둥처럼 햇볕이 닿는 곳에서 활약하는 사람과 뒤쪽에서 이를 받치는 사람과는 각기의 일이 저절로 정해져 있는 법이다. 유감스럽지만 이 괘는 후자의 입장이다. 남보다 배의 노력을 하지만 그 노력의 댓가는 별로 신통치가 않다. 고쳐 생각해서 다른 일에 즐거움을 찾아야 할 것이다. 무엇을 해도 두부에 못 박기 같은 상황이며 목적 달성의 결정타가 나오지 않고 어물어물한 상태가 계속되곤 한다. 인생은 긴 로드 레이스와 같은 것이다. 일시적인 허영심으로 고집을 부려, 나중에 후회를 한다는 것은 어리석기 짝이 없는 일이다. 높이 바라보지 말고 자기의 능력을 충분이 발휘할 수 있는 위치를 잡는 것이 상책이다. 상당한 욕구불만에 빠져 있다. 그 돌파구를 찾아서 뿌리를 내리도록 노력하자.

1, 2월 남과 다투는 일은 삼가하자. 집안에 우환도 있고 관액(官厄)도 따를 때는 얻어 맞고도 상대편에 치료를 해 주는 일이 있을 것이다. 직장인은 노력을 하건만 인정을 받지 못하는 경우도 생겨 불만이 쌓이기도 한다. 다소의 재물도 들어는 오나, 지출이 많은 달이다. 이동수는 있으나 모든 게 불길하니 움직이지 말고, 애인 정도를 갖고 싶다면 친구 사이로 사귀여라.

3, 4월 모든 사람이 자기 발자취를 더듬을 때는 후한 점수를 주는 법이다. 냉철하게 자기 자신을 한 번 돌아봄이 필요하다. 우선 내가 하고자 하는 일이 내 능력에 맞는 일인가 살피고 그 동안 걸어왔던 내 인생의 길이 천리(天理)에 합당한 것인지를 자성(自省)할 일이다. 늦지 않았으니 봉사(奉仕)하는 마음 가짐으로 남을 돕고 겸손하라.

5, 6월 건강에 치명적인 일이 따를 수도 있으나 평소 복용하던 약이나 가벼운 운동 등으로 유지하면 이겨나갈 수 있다. 작고 큰 일에도 이달에는 방해하는 것이 있어서 생각대로 성취할 수만은 없다. 갈팡 질팡하지 말고 일정한 목표를 정하여 밀고 나가야 할 것이다. 책임만 무겁고 받는 것은 신통치 않으나 지출을 줄이는 데서 보충할 수 있을 것이다.

7, 8월 차츰 길해진다. 본인의 혼사나 자신의 경사도 따른다. 일찍 출세하므로 직장에서도 실력을 인정받는 달이며 남보다도 승진이 빨라 칭송을 받을 수 있으나 지나친 주관 때문에 가끔은 불화도 생긴다. 방해하는 것이 아직은 있으니 직장을 옮긴다든가 이사 같은 것은 조금 기다리는 것이 좋다. 혹은 소송이 걸려와도 화해를 하라.

9, 10월 책임은 무겁지만 보상은 신통치가 않다. 사업가들은 재물 융통에 곤욕을 면치 못하는 달이다. 혼담이 오가나 성립되지 않으니, 과연 좋은 달이라고 볼 수는 없으나, 고령층인 남성은 정부(情婦)를 둘 수 있는 운기이니 젊은 층들만 고난을 겪는다고 본다. 그러나 좌절하고 낙담하는 것은 금물, 매사를 신중하게 대처하면서 때를 기다려라.

11 , 12 월 몸은 피곤한 달이지만 재물은 들어온다. 귀인도 만나서 하던 사업도 흥하고 하려던 일도 착수할 수 있어 매우 영위가 따르는 달이다. 부동산 등을 매각해서 재물의 아쉬움에서 벗어나겠고, 기다리던 사람도 찾아오며 증권도 오를 기세다. 다소의 방해하는 것이 아직도 있으나 새봄을 기다리면 호운에 완전 접어들면서 한 몫을 잡겠다.

주요운세

직 업

신규 사업은 동업자를 물색하자. 노력과 정성이 깃들면 진행 중인 두 개 이상의 사업가는 정상을 오를 수가 있다. 재주도 있고 판단력이 있으니, 조각, 미술품, 수공업 등이 적성에 맞을 것이다. 예능 계통에 일찍 전념하였더라면 예능 교사로서 그 위신이 널리 퍼졌을 것이다.

건 강

류머티즘이나 신경통은 쉽게 완치되지 않겠다. 그러나 장기 치료에서는 신체적으로나 정신적으로 지치기 쉬우나 회복된다는 계시가 있다. 정신력을 굳건하게 가지고 포기하지 않는 것이 무엇보다도 치료에 도움이 될 것이다. 지나친 육체의 회생을 요구하지 말고 54 세, 62 세에 질병에 약하니 주의하라.

금 전

계약 단계까지는 순조롭겠으나 실제로 거래 단계에 가면 이해가 엇갈려 약간의 차이가 생길 것이다. 신규로 거래를 튼다든가 새 얼굴과의 교섭도 원만하겠으나 다소의 장애가 따른다. 그 동안 오래 끌어오던 빌려준 돈도 받을 수 있고 큰 재물을 얻을 수 있겠지만 많은 노력과 경비가 소모되겠다. 새 거래처를 개척하거나 새교섭을 벌리면서 작은 사업부터 추진하면 머지 않아 대사업가가 될 것이다.

연 애

처녀성을 고이 간직하여 결혼하는 형이니 연애 중 육체관계까지 끌고
가려들면…… 멋진 사랑에 잠겨도 결혼을 결심하기까지는 자유스럽게
팽개치지는 않는 순결성을 지닌 강하고 성실한 처녀. 쉽게 달아오르지
는 않으나 분비물이 충분하여 매끄러운 감각을 연출해내며 출산률이
좋다.

궁 합

고령층의 남성은 정부를 둘 수는 있으나 초혼은 혼담은 오가지만 성사
되기 힘들겠다. 현재 진행 중인 혼처는 나중에 후회하니 깊은 관계는
가지지 말것. 일상 생활을 동적인 활기로 살아가려는 성격이기 때문에
정적인 야심을 품고 살아가는 지천태, 지뢰복괘를 만나면 생활방침이
전혀 달라 생활이 혼돈을 일으킬 것이다. 여성은 22 세, 28 세에 좋은
인연을 구할 수 있고 남성은 29 세, 34 세에 여성의 운이 올 것이다.

부부궁

도량이 좁아 좁은 생각을 가지다가도 숫기가 있고 성품이 활달하여 바
로 풀어지는 성격. 부부간에 아낌없는 동정심으로 참맛을 느끼게 하지
만 자존심 등을 상하게 하면 때로는 이별까지 걱정해야 하는 어른스럽
지 못한 점도 대처해야 할 일이다. 사랑은 투쟁으로 얻어내는 것은 아
닐 것이다. 난산의 기미는 있으나 대단치는 않으며 딸을 낳겠다.

시험운

어떻게든 해보려고 제 아무리 노력을 해도 진학이나 취직 시험은 신이
거들떠보지 않는 괘이다. 지나치게 눈이 높거나 무리한 모험 때문에 진
학이나 취직 시험은 수포로 돌아갈 염려가 있다. 이리저리 마음이 흔
들리는 일이 많고 그것이 고조되면 노이로제에 빠지기 쉽다. 정신면의
노고를 풀어라. 체육, 예능계 특기자는 그런대로 무난하다.

이 사

옮기는 것은 불길하니 현재 주택에서 머물러 있는 편이 무난하다. 좋은
집에서 살고 싶다는 것은 자신의 성격과 똑같은 또 하나의 인격을 만
들고 싶은 충동이다. 창문이 너무 커서 빛이 많이 새어드는 집은 허전
해지고 집안에서 옆집 사람들과 대화를 나눌 수 있을 만큼 밀착된 집
은 짜증이 난다. 남서 방향에 이사의 길일 숫자는 9 일, 18 일, 27 일,
이다.

산 수 몽
山 水 蒙

산과 물이 몽이다. 산 아래에 험난한 물이 있다. 험난하여 갈
바를 모르고 멈춰 있는 상태가 몽괘(蒙卦)이다. 몽은 몽매하
다는 것이다. 몽매한 상태에서는 오직 형통하기를 바라는 것
이며, 형통할 수 있는 도리를 수행한다면 때에 적중한 시책이
며 발전할 것이다.

●운명을 다스리는 자세

산 넘어 산, 즉 벽에 부딪치는 상태라 하겠다. 또는 암중 모색을 강요당
하는 계시로 전망이 어두어지기 쉽다. 어둠 속에서 눈을 가리운 상태가
계속될 것 같다. 저항을 해도 닥쳐오는 마수로부터 벗어나기가 곤란하
며 허둥댈수록 밑바닥으로 가라앉을 기미가 농후하다. 유일한 대책은
처음부터 다시 시작하는 것이며 전진의 가망성은 없다고 판단하는 일
이다. 내일은 내일의 바람이 분다고 여겨 무욕이 되면 타격도 적고 재
기를 위한 에너지도 남을 것이다. 자기 중심적이고 협조성이 모자라서
대인 관계는 좋지 않다. 일방적인 사회인으로써는 난점이 있지만 무슨
일에나 외길로 파고들어 예술,기술, 예능 방면에서 두각을 나타낸다.
매우 개성적이고 자기 세계를 확립하고 있는 사람이 많아 교제 범위는
좁지만 사려가 깊어 주위의 존경을 받을 것이다. 이런 타입의 사람은
말수가 적기 때문에 첫인상이 좋지 않은 면도 있으나 일단 마음을 허
락하면 평생의 친구가 되므로 신뢰성은 그만이다. 크게 노하지 않고 작
은 소리로 말을 하는 여유는 높은 품위를 보여 주고 지키려는 노력과
조화를 연출해내는 미의 창조의식에서 비롯된다.

1, 2월 부부 사이가 조금씩 멀어져가지만 쉬 아문다. 자녀들에게 너무 관심을 쏟지 말고 부부간의 사이를 좁혀 나가는데 힘쓰는 게 좋겠다. 근심이 떠나지 않고 이 일 저 일 손대는 일마다 손재수가 따르고 구설수까지도 병행하지만 멈췄던 물이 다시 흐르기 마련이다. 모든 일에 직접 나서지 말고 측근자를 내세우도록 노력하면 서서히 풀려나갈 것이다.

3, 4월 직장인은 상사와의 부딪침이 있거나 관액수가 있어서 송사를 하게 될 우려도 있다. 이같은 일들을 지혜로서 이겨내야 할 것이다. 다소의 재물은 구하지만 쉽게 얻어지지도 않으며 다 이루어진 혼담도 기다려야 하는 달이다. 소송이 걸려와도 타협하여 화해하고 여행 중 홍수를 만날 위험도 따르니, 사전 준비 태세를 하라.

5, 6월 귀인의 도움으로 작은 것은 팔고 큰 것을 얻는다. 연분이 좋은 사람들끼리 만나, 사랑도 속삭이겠고 현상금까지 내건 사나이가 자진해서 올 것을 알려올 것이다. 열심히만 뛴다면 만사는 길하겠다. 변동수가 따르는 직장 이동, 주택 이전, 신규 사업 등에도 무리가 따르지는 않는다.

7, 8월 시비수가 있고 송사도 일어날 수 있으나, 참고 다투는 일을 삼가한다면, 매매나 신규 사업 등에 적극성을 띠면 다음달에 좋은 결과를 가져올 수 있다. 남의 말에 귀를 기울이지 말고 살아간다면 재앙이 변하여 복이 될 것이다. 폭음은 삼가하고 40 대 중년은 규칙적인 부부관계로 건강을 유지하라.

9, 10월 옛 것을 지키면 길하다. 소원을 성취하기 위해서는 분명한 목표를 세우고 그 소망을 이루기 위해 정성껏 기원한다면 이루어지는 법이다. 남과 다투는 일, 술에 만취되어 의식을 잃는 일 등을 해서는 안 된다. 이같은 일들만 넘기면 시월 말부터 집안에서는 화평을 되찾고 나가서는 재물도 구하며 적극성을 띤 애인도 나타날 것이다.

11, 12월 축복 속에 결혼을 했기에 가정도 충만하고 재물로 인한 곤경도, 인간들로 인한 시달림도 다 사라진다. 이 모두가 다 노력의 댓가로 얻은 것이다. 중년은 만사가 여의하니 재물의 근원이 샘물 솟아나듯 하여 써도 써도 마르지 않는 재운이다. 그러나 인격을 놓고 볼 때, 사회적 위치는 선망의 대상이지 결코 존경의 대상이기에는 무리가 있다.

주요운세

직 업

장기판의 차에 중점을 두느니보다는 졸의 충실로 사업은 진전하는 법이다. 내부를 원만하게 수습하기 위하여는 마음의 고생이 따라야 할 것이다. 그러나 지금의 고생은 회사를 건전하게 운영시키기 위해 필요한 노고라 할 것이다. 신분에 어울리지 않는 지위에 꼬리를 흔드는 것보다는 착실하게 노력을 쌓아 주위의 인망을 얻는 편이 훨씬 중요할 것이다.

건 강

몸은 아프지만 그 증세가 분명치 않아서 검사를 해도 발견되지 않을 것이다. 계절의 질병이나 월경불순 등이 오래 가겠으니 주위의 힘을 빌어 끈기 있게 최상의 치료법이나 병원을 찾을 일이다. 치료의 방해가 될지 모르니, 쓸데없는 고민은 금물이다. 15세, 17세가 가장 질병에 약하고 46세, 52세, 63세 때도 소화기 계통에 주의함이 좋다.

금 전

현재 진행 중인 거래와 교섭은 그대로 밀고 나가야 성취된다. 부동산 등의 계약 단계는 순조롭게 진행되나 사업상 거래에서는 다소의 차질이 일겠다. 신규로 거래를 트면 원만하게 이루어지나 처음에는 지출이 따른다. 진행 중인 거래와의 교섭은 그런대로 성과가 있을 것이니 추진하라.

연 애

항상 미소를 지을 수 있는 여유가 있지만 한 번 틀어지면 다시 안 오는 성미 때문에 의사를 상대방에게 분명히 털어놓도록 하라. 남편에 의해 쾌락의 도가니에 빠지려 하지 않고 스스로 도락의 연출가가 돼 지배하고 얻어내는 적극적인 섹스를 한다. 한 번 불을 당기면 온몸을 활활 태우지 않고는 미지근해서 견디지 못하고 아무데나 꼬집어 뜯는 비정상의 여성이다.

궁 합

상대방은 적극적이나 이쪽에서 마음의 갈피를 잡지 못하고 있다. 이같은 초혼자의 혼담은 좋은 연분이 아니기 때문에 그러함이다. 새 운세에 접어들면 재혼, 또는 초혼도 좋은 연분을 만날 것이다. 표면보다 내면에 성실한 애정을 품고 헌신하는 수풍정이나 수택절괘를 만나면 적합한 상대가 될 것이다. 여성은 23 세, 28 세에 좋은 인연을 만나고 남성은 29 세, 32 세에 여성의 운을 만날 것이다.

부부궁

활발하고 개방적이며 사교술이 많으며 재주도 있어 명예를 중히 여기나 재주만 믿고 허황된 욕심을 부리는 성품을 지녔다. 남녀간에 늦게 맺어짐이 좋겠고 대등하게 맞서 사랑을 강요하거나 명령으로 유도하는 식은 조금은 어리석은 짓이다. 작은 일에도 섭섭하여 심정을 건드리거나 자존심을 상하게 하면 잦은 언쟁이 따라오게 될 것으로 부부궁은…
… 초산이면 아들을 낳겠다.

시험운

진학이나 취직 시험은 성인 사회의 출발이므로 처음에 차질을 가져오면 회복은 어렵게 된다. 무리함을 알고서 억지로 밀고 나간다는 것은 절대로 피해야 한다. 극도의 난관으로 뜻대로 진행되지 않음을 나타내고 있다. 젊은 탐구심으로 감히 돌진한다면 몸을 다치는 결과가 될 것이다. 마음에 내키지 않게 진학, 취직 시험을 강요받아 고민을 하든가, 그렇지 않으면 뜻하지 않은 라이벌에 당하기가 쉽다.

이 사

이사는 보류. 사람이 어떤 집에서 어떻게 기거하느냐에 따라 후천성이 형성되기도 한다. 조화 속에 성품이 숨어 있기 때문에 스스로의 의사에 의해 꾸며진 분위기가 아닐지라도 그 분위기에서 영향을 받는다. 도시의 복판에 있어 앞뒤가 막히고 좌우가 복잡한 집은 머리가 아프고 벽촌에 있는 너무 한적한 집은 고독하다. 동쪽을 향함이 좋겠다. 이사 일은 9일, 18 일, 27 일. 행운의 숫자는 9 이다.

산 풍 고
山 風 蠱

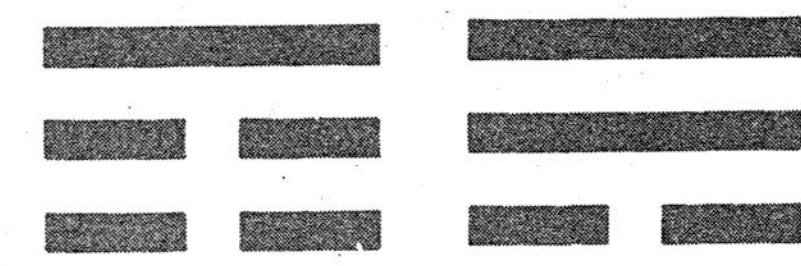

산과 바람은 고(蠱)다. 이 괘는 위와 아래가 화목이 없고 협조가 없다. 그러므로 큰 혼란이 일어나나, 곧 크게 형통하여 잘 다스려지고 천하 태평하다. 대하를 건너는 것 같은 큰 결심과 용기로 적극적으로 전진함이 좋다. 이 산풍고는 산을 의미하는 간괘가 위에 있고 바람을 뜻하는 손괘가 밑에 있어 산 아래 바람이 별안간 일어 매우 혼란하게 되는 괘상이다.

● 운명을 다스리는 자세

산풍고괘는 혼란과 고난이 휩싸여 있는 것으로 해석된다. 파양될 숙명의 것은 하루 속히 파양하고 올바른 상태로 개선함에 노력이 뒤따라야 할 것이다. 길은 있어도 행방을 모르고 목소리는 나지만 모습이 보이지 않는 앞길에 불안이 많은 계시다. 이는 마치 어둠 속을 초롱불 들고 가는 형국이다. 노고는 많으나 열매가 적다고 하겠지만 어둠에서 탈출하기에는 상당한 노력이 필요할 것이다. 어둠이 지나면 앞길이 내다보이는 운세도 기다리고 있으므로, 기력이 가장 큰 양식이 된다. 의욕을 잃지 않도록 돌다리도 두드리면서 건너가는 마음 가짐을 지녀야 한다. 실물을 눈 앞에 두고도 쥘 수가 없는 사람 또는 쥐어도 곧 빠져나가기 쉬운 사람이다. 예를 들면 마음이 여기에 있지 않으면, 보아도 보이지 않고, 들어도 들리지 않고, 먹어도 그 맛을 모르는 상태이다. 곁에서 보기에 안타까울 정도로 무기력한 상태에 있는 것 같다. 상담을 해도 내키지 않는 대답만이 되돌아올 것이다. 함께 있으면 허탈감에 빠져드는 기색도 있으므로 필요한 경우 이외는 피하는 것이 무난하다.

1, 2월 계획했던 일들이 있으니 운에 돌리고 옛 것을 지키는 마음으로 밀고 나가자. 차츰 실마리가 풀리면서, 재물도 들어오고 남에게 인정도 받는다. 이월 말께는 직장인은 승진되고 실업자는 자리에 앉을 것이다. 작은 소원도 성취되고 가까운 곳에 여행 수도 있는 달이다. 그러나 과음 및 색정에는 빠지지 말라.

3, 4월 허욕을 부리므로 이익되는 일은 없고 손해만 따른다. 작은 사업 이라도 현상이 유지만 되면 다행스러운 것이다. 실물수도 따르고 소송 문제도 따른다. 두 토끼를 잡으려다 한 토끼도 못 잡는다. 사업가는 하던 일이나 계속 밀고 나가면서 때를 기다려라.

5, 6월 수고는 하지만 공이 없으니 시간만 흐른다. 주색을 가까이 하지 말라. 재물 잃고 건강 상하는 것은 당연한 일이다. 직장인은 오월 중순 경 외국 여행길에 오르겠다. 이동 수가 있어서 가정도 옮길 수 있고 직장도 변동될 수 있으며 팔려고 내 놓은 물건도 매매된다.

7, 8월 하는 일에 장애가 따르고, 은인이 원수가 될 수 있다면 좋지 않은 달을 말한 것이다. 그렇다면 노력을 게을리해서도 안 되며 아무런 말이나 내키는 대로 해서도 안 될 것이다. 정심(正心)으로 지성을 다한다면 모든 일이 빠른 속도로 이루어질 것이며 은인이 원수가 될 리야 없지 않겠는가 ? 팔월 말 경 이사 수, 직장 이동 수가 따르니, 움직이는 것은 좋다.

9, 10월 큰 재물은 얻기 어려워도 작은 재물은 들어온다. 가까운 사람에게 구원을 요청하라, 큰 도움이 될 것이다. 작은 규모의 장사를 하거나 농장을 하는 사람들은 금전 문제로 어려움을 겪지는 않겠다. 만사가 얽히고 설키어서 뜻대로는 안 되나 혼담도 이루어지고 기다리던 사람도 만나서 회포를 풀겠다.

11, 12월 큰 재물은 얻기 어려워도 작은 재물은 들어온다. 모든 일이 조금씩 풀려가고 있으니, 이 달은 준비의 기간으로 설정해 두는 편이 좋겠다. 사업상 상대방에서 교섭이 들어오고 미혼 여성이면 미모의 남자의 구혼도 요청받게 될 것이다. 끝으로 직장인이라면 남에게 인정받지 못한다고 불평만 하지 말고 내 생활 태도를 자성할 일이다.

주요운세

직 업

사업에 모든 고난이나 장애에 둘러싸인 상태. 이 상황에서 탈출하기 위해서는 남다른 고생이 필요하다. 운명의 흐름에 거역하지 말고 액운이 사라질 때까지 기다리자. 또 자기 반성을 할 좋은 기회이므로 자기 자신을 똑바로 잡아볼 일이다. 직장인도 대인관계를 부드럽게 나가면서 겸손한 행동을 취하자.

건 강

충치와 기생충, 결핵 등의 질병을 예방하자. 병은 회복기가 빠르나, 큰 병인 경우에는 노력이 필요하다. 왜 환자 자신이 병을 고치려는 의지를 상실하기 쉽기 때문이다. 그러나 나이가 들수록 쉽게 늙지 않는 체질이다. 감기 등 하찮은 질병에도 고생을 할 수 있다. 14세, 19세, 53세 때 가장 질병에 약할 것이다.

금 전

식품업이나 소상인은 금전 거래가 활발하겠으나 전자제품, 양품점 경영자에게는 신통치 않다. 직장인 공무원은 월급은 받았으나 빈 봉투뿐이며 거래의 차질, 예상의 초과 대차 관계의 트러블 등으로 지출이 늘어나고 생각한 대로의 수입이 없어 전망이 어렵다. 현재로서는 무엇을 해도 두부에 못 박기 같은 상황이 따르니 큰 재물은 바라지 말고 현상 유지에서 고수하라.

연 애

상대방이 조금이라도 거부 반응을 나타내면 손을 떼고 다음 찬스를 노려볼 일이다. 침대에서도 결코 알몸을 노출시키는 일은 없으며 패팅도 수줍고 부끄러워 남편을 똑바로 쳐다보지도 못하는 성실한 아내와 섹스. 아내는 불도 피기 전에 속전 속결이면서 단 시간의 성교에도 쉽게 지쳐버리기 쉽고 패팅의 잔재주도 없는 별 볼일 없는 남편이다.

궁 합

금년의 혼인은 많은 장애가 따른다. 혼담이 있을지라도 정식 결혼은 뒤로 미루는 편이 좋겠다. 중매장이로부터 속고 상대방에게 속고 있는 것 같다. 때를 기다리면 수화기제, 수택절괘 등의 혼처가 나타날 것이다. 이들의 괘를 만나면 진보적이고 개방적인 풍부한 생활을 누리게 될 것이다. 남성은 25 세, 28 세, 32 세, 여성은 22 세, 27 세때 행운이 있다.

부부궁

청렴 정직하고 거짓이 없으나 과격한 성격 때문에 남의 입장을 고려하지 않는 경향이 있다. 부부간에 둘러붙이는데 능함으로 그 내실을 모르는 사람은 호감을 살 수도 있을 것이다. 젊어서는 사랑의 불길이 쉽게 타지는 않으나 중년에 들어 늦게 눈을 뜨게 되면 부부는 부끄러울 게 없고 반드시 회춘을 맞으리라. 출산은 약간 난산의 기미가 보이나 초산은 아들을 낳겠다.

시험운

길흉 반반이란 계시기에 이 불안전한 요인이 노력 부족에 있는지 과분하게 바라고 있는 데에 있는지 그 원인을 점쳐볼 일이다. 사소한 미스는 장래의 커다란 재화의 요인이 된다. 자기 능력이나 장차의 설계를 생각하지도 않고 될대로 되라는 식으로 진로를 결정하면 후회한다. 인생의 기로에 서서 여러 가지로 고민거리가 많을 때지만 지금은 곤경에서 벗어날 수가 있다.

이 사

이사의 변동수가 왔다. 주택 운이란 얼마나 큰 것을 지녀야 하느냐가 아니라 어떤 분위기로 가꾸어야 하느냐가 중요하다. 창문이 작은 옛날식 한옥집은 짜증스럽다. 이런 조건에서라면 당장 개조하려고 하는 것이 아니라 이사할 준비를 하거나 고치느니 차라리 새로 짓는 편에 서게 된다. 남서 방향이 좋은 운기를 가져올 것이고 이사의 길일은 6 일, 15 일, 24 일 행운의 숫자 6 이다.

산 뢰 이
山 雷 頤

산과 우뢰이다. 산뢰이괘는 산을 뜻하는 간괘와 우뢰를 뜻하는 뢰괘가 모여 만들어졌다. 이 괘의 모습은 턱의 모습처럼 생겼다. 사람은 이 턱을 움직여 영양을 섭취하고 그 몸을 기른다. 그러므로 이 괘는 기른다는 뜻을 지녔다.

●운명을 다스리는 자세

모처럼 쌓아올린 공든 탑이 타인으로 인해 무너질 염려가 보인다. 비록 쓰고 단 것을 구별한다고 해도 일을 시작하면 엉뚱한 방향으로 흘러 뜻하지 않은 일을 당하거나 헛수고가 되는 경향이 짙다. 그러나 정직하고 성실한 데서 또 공명정대한 위풍이 있기에 지도자의 위치에 서게 될 것이다. 어떤 사업이나 협력자가 있을 수록 성공하는 가능성이 높아질 것이다. 그런데 믿을 수 있는 협력자와 의견의 차질을 가져오는 일이 자주 있다. 이 의견의 차질에서 새로운 아이디어를 색출하는 것도 가능하다. 곤경에 처한 사람을 보고 모르는 척하고 지나갈 수가 없어 도움을 준다. 결과는 헛수고가 되는 일이 많고, 비록 성공을 해도 큰 노고가 따라 다닌다. 인정이 많은 호인물이지만 함께 일을 하는 것은 피하는 것이 좋으나 대사업을 이루기 위해서는 협력자를 구하여라. 돈의 유무를 겉으로 나타내지 않는, 차분한 성격으로 결코 허영심이나 자존심 따위의 노예는 아니지만 인간의 모든 자랑 거리나 욕망을 지니고 있는 성미다. 여기서 균형잡힌 인생관이나, 처세와 생활 태도가 생겨난다. 어린 나이라도 어른스러운 행동이나 언어를 구사하는 것은 매사를 조급하게 다루지 않고 빠져들지 않기 때문에 스스로 빼어났다는 숨은 의지가 있다.

1, 2월 주색을 멀리하라. 실물수도 있으니 주의하고 친구로 인한 손재수도 따른다. 이사도 시기가 오지 않았으며, 노총각도 장가 가기는 힘들겠다. 여행도 주말 여행 정도라면 그런대로 떠나되 긴 여행이라면 색정에 빠져 허우적거리게 될 것이다. 소송 문제가 따르면 장기화되고 승소를 한다치더라도 경제적인 손해만 따른다.

3, 4월 경제적인 여건 때문에 혼사가 금이 간다면 열심히 노력하여 재물을 모으는데 주력할 일이다. 그러나 아직은 정성껏 기원하지 않고서야, 재물이고 애인이고 혼사고 바라는 대로 이루어지지는 않을 것이다. 이 달은 정직과 성실, 그리고 선하게 생활하여 살아가자.

5, 6월 좋은 운세로 점차 흐르고 있으나, 특히 이성 문제에서 고통을 겪겠다. 기대와는 약간의 차이가 있으나, 작은 사업에서부터 큰 사업에 이르기까지 점차 호전되어 가니 노력하라. 뜻대로 이루어진다. 재물이 북쪽에 있어 꾀하는 일이 이루어질 것이니 자만하지 말 것이다. 혼사의 경사가 아니면 슬하의 자녀에게 경사가 있을 것이다.

7, 8월 금전 거래 등에서 차질을 빚을 수 있겠다. 동료간에 언어 조심하고 부부간에 갈등이 생길 염려도 있다. 모든 악이 입으로부터 나오는 것임을 명심하고 입을 다스릴 줄 알아야 사업도, 소원도, 모든 일이 이루어지는 법. 사업가라면 근검 절약하면서 덕을 쌓는 것이 현명할 것이다.

9, 10월 집안에 우환이 들어도 형제간이나 부부간이기 때문에 일신이 고독하다. 무거운 짐을 지고 가던 말이 짐을 벗고 있다. 스스로 외로움을 겪었기 때문에 떠도는 나그네를 이해하여 심지어는 주인 없는 귀신이라도 불러 제사를 지내줄 수 있는 아량을 쌓았으니, 시월 달이 지나면 귀인을 만나 힘을 얻게 되리라.

11, 12월 의식에 부족함이 없으니 무엇을 바라겠는가. 명예스러운 일에 특히 운수가 트인 달이다. 명성과 이익을 얻었으니, 양 손에 가득하다. 동쪽과 서쪽에서 재물을 구하겠고 분수에 넘치지 않게만 행동을 하면 소송에서 승소하고 노처녀가 시집가고 잃은 사람도 찾으며 사업자금 융통도 원활한 달이다.

주요운세

직 업

모든 사업이 단계적으로 이루어질 괘상이다. 사람을 사귐에 능숙하고 인덕이 있으니 인간을 불러들이는 사업은 대성을 기대해 볼만하다. 더우기 자기가 생각했던 것보다 빨리 실현되어 그 성과는 상당히 다이내믹하다. 인생의 진로를 예견하고 개척해나가면 그 공덕이 쌓여 칭송이 높고 그로 인해 가산도 늘어나 태평하게 될 것이다.

건 강

과음 과식으로 건강을 상했다. 소화기 계통의 질병과 간장도 악화될 염려가 있으니 치료에 노력을 하라. 치통도 올 수 있는 체질이니 주의하고 커피 등 자극성 있는 음식을 삼가하자. 급성 간염 따위는 지나친 술이나, 담배, 커피 혹은 약물 중독으로 생기기 쉬우니 조절을 잘하자. 회복되기 쉬운 체질이므로 충분한 휴식을 찾는 게 좋을 것이다.

금 전

무리하게 욕심을 부리면 도리어 미수금만 남게 되어 손해를 볼 경우가 있다. 그러니 지나친 욕심을 피하고 무리하지 말 것. 모든 일에 즉시 결말을 내고 박력 있게 밀고 나가라. 작은 사업은 추진이 가능하다. 큰 돈은 어렵겠지만 작은 돈은 들어오는 운기다. 그러나 유흥비 등 지출을 삼가해야 한다.

연 애

사랑하는 사람은 그 당장의 무드에 취해 하룻밤 풋사랑이 되는 경우가 있다. 그러나 이 괘를 얻으면 들뜬 마음이라고는 볼 수 없다. 표면은 들뜬 것처럼 보여도 현실적인 애정을 키우는 연애 감정이라고 할 수 있다. 청순한 사랑과 맑고 깨끗한 수줍음으로 사랑에 빠져들어가는 애정의 표현을 감치게 해낼 것이다.

궁 합

정신면에서 서로 의기가 투합된 한 쌍의 원앙이 될 것이다. 결혼 후 성격상 이따금 마찰은 가져오나, 슬기로와서 능히 극복해 나갈 수 있다. 또 결혼 후 맞벌이 부부로 착실한 가정 환경을 꾸밀 것이다. 수지비, 수뢰둔괘를 만나면 진보적이면서 개방적인 풍부한 생활을 누릴 것이고 지풍승괘를 만나면 소원이 깨질 염려도 있다. 남성은 27 세, 31 세. 여성은 22 세, 30 세가 호운이다.

부부궁

겸양하는 미덕이 있고 의리와 인정이 많아 남의 어려운 일에 의협심을 발휘하는 성품. 끊임없이 흘러내리는 샘물처럼 정성스런 마음이 마르지 않고 가득하여 보금자리가 따뜻하다. 잔잔한 호수에 노는 원앙이니 사랑으로 인한 근심은 없으며 날이 갈수록 더욱 더 깊은 애정에 빠져들어 천하가 부럽지 않은 행복을 맞이한다. 출산 예정일보다 늦게 분만하나 아들이다.

시험운

무슨 일이든 무난히 해치울 수 있는 남보다 한 발 앞선 재능을 타고났다. 쉬지 않고 노력했기에 행운의 문이 열릴 것이다. 일단 마음 먹으면 어떻게든지 해치울 기백이 있으면 성공은 약속된다. 무엇이든 관철하겠다는 투쟁심이 빨간 불꽃이 되어 기쁨을 맞이할 시기가 왔다고 본다.

이 사

변동 수가 없다. 인간은 누구나 집이 필요하지만 아무 집이나 다 좋은 것은 아니다. 언덕 위의 하얀집이 좋은 사람도 있고 호숫가의 정자가 좋은 사람도 있다. 호화롭고 훌륭하기보다는 개성적이며 강력한 하나의 단위로서 독립이 보장된 주택을 원할 것이다. 동남 방향의 주택으로 이사의 길일은 4 일, 22 일, 13 일. 4 가 행운의 숫자다.

산 화 비
山 火 賁

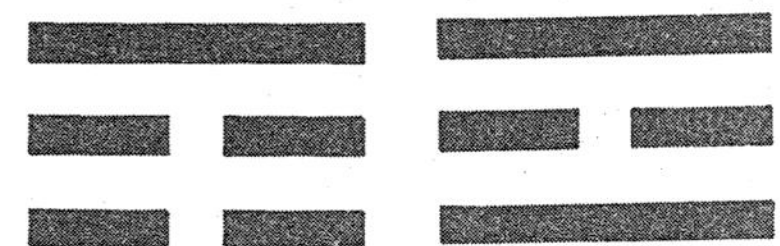

산과 불은 비(賁)하다. 이 괘는 산을 뜻하는 간괘가 위에 있고, 불을 뜻하는 이 괘가 아래에 있다. 산 아래에서 불이 타고 있는 아름다운 모습을 상징한다. 이 비괘는 유가 강을 장식하여 주니, 음양이 조화되어 형통함을 보여 주고, 또 강이 유를 장식하여 주니, 음양이 조화되어 형통함을 보여 주고, 또 강이 유를 장식하여 주니, 작은 정도의 일은 적극적으로 추진해도 좋다는 뜻이다.

● 운명을 다스리는 자세

치면 울리는 선명한 개성을 소유하여 돈보다는 지위를 요구하고 인기를 추구하는 스타일이다. 그러므로 창조적인 아이디어에 뛰어나 구태를 타파하고 과오 없이 성공으로 이끄는 재능이 뛰어나 예술, 예능 기관의 탤런트 같은 비교적 화려한 일에는 당신의 새로운 기획과 아이디어가 성공으로 끌어올릴 것이다. 사업가라면 경영에 허세나 겉치레에 치우치지 말고 충실과 실력 양성에 유의하면 형통할 것이다. 공명정대한 위풍이 있어 모든 일에 앞장이 되고 쾌활한 정열이 있어 분위기를 리드해 나간다. 순풍에 돛단 격으로 사랑의 항로는 의외로 스피드업되어 결실이 눈 앞에 다가온다는 계시다. 남녀 모두 조용한 타입이며, 머리의 회전은 물론 재능도 뛰어나다. 매사의 전망이 밝아지지만 대처법에 유의해야 한다. 상대하는 단상은 중후하고 품격을 갖춘 것으로 되어 있으므로 어떤 일을 대할 때에는 그에 알맞게 격조를 높일수록 행운을 가져다 준다. 차운에 높은 곳에 도전해도 좋을 것이나 반면에 초조하거나 경솔, 안이성은 금물이다. 마음이 순수한 보스이며 남을 잘 돌보아 주므로 의지할 곳도 많다. 완고하다고 해도 일방적으로 주위를 밀어내는 제멋대로의 형이 아니라 정의에 입각해서 하는 것이므로 이치에 닿는다.

1, 2월 재물은 들어오나 집안에 우환이 따를 수 있다. 작은 소원도 이루어지면서 잃었던 물건을 찾는 행운도 온다. 민사 문제로 얽힌 것도 사람만 사이에 두면 무난히 풀려난다. 친구의 도움으로 아리따운 연인을 만나 달콤한 사랑을 나누겠다. 의식에 부족함도 없으니 더 무엇을 바라겠는가. 그러나 욕심만은 삼가하는 편이 좋다.

3, 4월 의외로 성공할 수 있다. 공직에서 승진하지 않으면 해외에 나가 빛을 볼 것이다. 증권이나 상품도 하락세에서 상승할 것이며, 밖에서 잃은 물건을 집안에서 찾는 운기가 움트고 있다. 이대로 계속 밀고 나가면 사귀던 연인과 혼인도 할 수 있고, 새로운 거래처도 약속될 것이다.

5, 6월 집안에서 하찮은 일로 논쟁이 일겠으나 오래 가지는 않겠다. 길한 경사가 따르고 자손의 영화도 있으니 금전 지출이 많겠다. 이 정도의 재물이라면, 남쪽에서 구하면 힘들지 않다. 이달에 예능인은 운수가 대통할 것이고 첫사업을 벌리려는 사람은 준비하는 마음으로 출발하라.

7, 8월 분수에 맞는 행동이었으면 한다. 증권도 하락세로 접어든다. 올 여름 휴가는 바다나 강가보다는 유원지쪽이 익사 사고의 예방일 것이다. 사업하는 사람이 큰 소원을 성취하기 위해서는 오로지 남에게 적선하여야 하며 정성드리는 마음뿐일 것이다. 이사를 해도 좋고 구멍가게를 이동하여도 별 무리는 없는 달이다.

9, 10월 노인을 모신 집안은 노환에 주의가 따른다. 의식에 부족함도 없는 달이지만 소일거리를 잃은 것 같은 허전함이 있을 것이다. 생활에 궁하거나 용돈에 궁하지도 않으며 많은 선물도 받겠지만 함께 의논하고 말 벗이 되어줄 사람이 없어 아쉽다. 이익은 신통치 않으나 시월 중순 경 매매가 성립될 것이니 연결된 부동산 등에 신경을 쓰도록 하라.

11, 12월 의견의 일치를 볼 수 있는 달이다. 기다리던 사람도 찾아들고 고시 공부한 자는 합격할 수 있고 산모는 득남하는 좋은 달이다. 부족됨이 없는 달로써 모든 사업가도 성취할 수 있으며 또 그런 면에서 대성할 것이다. 공직에 있는 자는 승진하고 꼽추가 허리를 펴는 계시의 달이다.

주요운세

직 업

한 기업체의 장이 될 수 있는 운기다. 사물을 관찰하는 예술적 감각이 심오하여 현실보다는 이상향에 도취하게 되니 예술가가 적합하다. 아니면 인간을 상대하는 업종이라면 다 무난하다. 작은 카페로부터 시작하여 큰업소의 경영에 이르기까지, 혹은 흥행 사업을 경영함에도 적당하다.

건 강

정력감퇴나 성병 등 정사로 인한 질병이 올 수 있다. 성인병 등의 지병이나 노환을 빨리 치료하도록 하라. 큰 병은 없겠으나 환절기에 지병이 악화될 염려가 따른다. 기후의 변화에 주의하고 콘디션의 이상을 느끼면 충분한 휴양을 취하도록 하자. 인후질환은 7세, 9세, 13세에서 올 수 있으며 신장 질환은 42세, 47, 50세를 주의해야 한다.

금 전

돈으로 인한 고생으로부터 해방이 되니 더 이상 재물을 바라지 마라. 파란이 없는 평범한 금전 운을 타고났기 때문에 사업 계획만 차질을 빚지 않으므려는 큰 재물을 만지겠다. 뜻하지 않은 돈벌이 정보를 포착하면 즉시 착수하라. 동업자는 쌍방이 이익을 보는 운이 암시되어 있다. 동 업종으로 출자를 하면 큰 재물을 잡는 것은 기정 사실일 것이다.

연 애

애정이나 경제면에 있어서 걱정이 없으므로 빨리 사랑을 굳히는 것이 현명하다. 성교 자세나 기교가 단순하고 서툴며 시간도 짧은데다 예술 적인 면은 찾을 길이 없고 본능적으로 해소하려 든다. 성적인 욕구가 강력하지 않지만 쾌락의 정상을 추구해가는 사랑을 한다. 섹스에 대한 억제심이 강하여 한눈을 팔면서까지 쾌감을 얻어내지는 않는다.

궁 합

초혼자는 이미 깊이 사귀고 있기 때문에 부모의 반대에도 어쩔 수 없 을 것이다. 중간 역할자가 있는 혼사 문제는 거짓이 끼여 있으니 주의 하고 현재 진행 중인 사람과의 혼인이 백년 해로가 될 것이다. 천수송, 천풍구괘는 매사에 박력이 넘치며 생활이 신속해지고 템포가 빠른 발 전을 꾀할 것이다. 여성은 23세 때, 남성은 29세 때에 최고의 결혼 운 이 따르고 여성의 경우 30세가 넘은 결혼은 불행의 신호다.

부부궁

성품이 유순하고 마음이 약하나 인심이 후하고 사교술이 능하여 사방 에서 호기심을 가지고 노려본다. 때문에 간간 마음에 정을 남발하는 경 향이 짙다. 남자가 이같은 운을 만나면 현실에 만족하고 충실해야 한다. 깊은 사랑을 더욱 깊게 하려고 저수지 밑을 파게 되면 그 맑은 물이 흙 탕물이 되고 마는 법이다. 순산하고 초산이면 딸을 낳는다.

시험운

듣는 것이 많아 아는 것도 많으니 손발은 쉬지 않으나 이루기 어렵다. 예비 고사생은 현재 품고 있는 목표를 한 단계 낮춰봄이 현명할 것이 다. 체육, 예능계 특기자는 그런대로 무난하지만 검정고시에 도전자라 면 몇몇 과목은 무난히 달성하겠으나 기타 과목은 다시 도전하게 될 것이다. 자격증 소지자로 필기시험 없이 면접으로 대처하는 곳이라면 가능하다.

이 사

가급적이면 그대로 있는 게 좋으나 이사는 해도 좋고 안해도 무방하다. 집은 다 좋은 것이 아니라 가장 편안함을 주어 집과 사람과 서로 불편 함이나 거리를 느끼지 않아야 한다. 번화가를 약간 비켜선 자리로 평지 보다 약간 낮은 지대가 좋고 서남향이나 남향 등을 향한 집이라면 가 장 이상적이다. 이사 길일은 7일, 16일, 25일. 행운의 숫자 7이다.

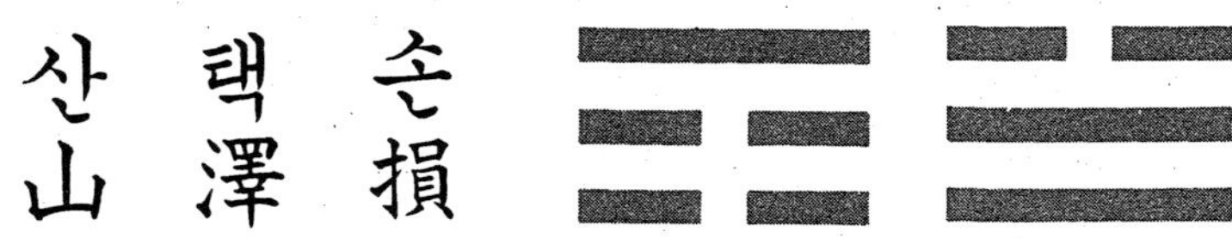

산과 못은 손이다. 이 산택손괘는 아래 것을 덜어서 위에 보태는 형상이다. 이 말은 아랫사람이 웃사람을 받들어 봉사함을 뜻한다. 이 봉사는 아첨이나 과잉 충성이 아니라, 오직 성의를 가지고 바른 도리를 지켜 충성을 다함을 의미한다.

●운명을 다스리는 자세

낚시길에 이 괘를 얻으면 큰 어획은 의심할 여지가 없다. 잠재한 영과 육의 생동감이 싹트기 시작하여 만물이 약동함을 다 포용한 대자연의 포용력이 발휘됨으로써 신비스러운 직감력과 생활에 대한 깊은 이해력으로 창조 의식이 강하다. 희생 정신도 강하여 남의 고통을 참지 못하고 정신적으로나 물질적으로나 친절을 다해야만 마음이 편한 성격의 소유자. 역점 64 괘 중에서 길한 괘에 들어가므로, 즉 무슨 일이나 가장 좋은 상태라는 계시로 피크를 맞이하고 있음을 뜻한다. 그러나 가장 좋은 상태란 오래 지속되지 않는 법이다. 일을 속히 진행시키는 것이 전제가 되며 망설임이나 태만으로 시간을 낭비하면 운세가 시든다. 남녀가 다같이 명랑하고 쾌활하며 사물을 솜씨 있게 처리할 수 있는 재능을 지니고 있다. 상식과 상냥함을 겸비한 경우도 있어 인간 관계를 원만하게 끌고 나갈 수 있을 것이다. 남의 호감을 받을 운세가 강한 것도 특징이며 비록 경제면에서 곤란한 일이 있어도 주위의 도움을 받을 수 있는 행운을 안고 있다. 총명한 인품인데다가 결단력도 뛰어나므로 비즈니스면에서도 성공한다.

1, 2월 이성 문제와 건강관리에 조심할 때. 실물수가 있으니 외출할 때는 필요한 것만 소지하는 편이 현명할 것이고 장거리 여행이라면 취소하는 것이 좋겠다. 가출인도 아직 돌아올 때가 아니고 하던 연애도 상대가 병석에 누워 있으니 문병가는 일로 소일거리를 하는 달이다.

3, 4월 좋은 일자리를 얻겠다. 예술 감각이 뛰어난 사람이니 어떤 일에든 쉽게 이해하고 깊이 빠지게 된다. 이성을 사귐도 어렵지는 않으나, 결혼까지 생각은 하지 말라. 부부간의 애정을 이끌어가는 데도 약간의 공백이 생길 우려가 있으니 노력하자. 하던 일로 공명을 얻을 것이나, 만약 얻지 못하면 다음 달을 기대해 볼 일이다.

5, 6월 분주하게 뛰지만 아직은 소득이 시원치가 못하다. 고운 성격인데도 불같이 치솟는 성격을 억제하지 못하니 친척하고도 다툼이 많은 달이다. 부부가 화목하다가도 별일 아닌 것으로 언쟁이 생기는 경우가 많겠다. 주위에 애인이 있다면 진정한 사랑으로 감싸 줘라. 그렇지 않으면 변심할 염려가 있다.

7, 8월 처음에는 다소의 소모가 따르나 곧 귀인이 도와줄 것이다. 기다리던 사람도 상면하게 되고 증권도 상승할 것이며 작은 소원도 성취되는 달이다. 그러나 조급한 마음을 갖지 말고 분수에 맞지 않는 소망은 기다리지 말자. 이동수는 있으나, 이사는 아직 때가 더 있어야 하며 직장의 이동은 그런대로 무난하다.

9, 10월 재앙이 모두 사라지고 복록이 찾아오니, 온 가정에 기쁨이 가득하다. 자손의 경사에 이어 노처녀 시집가는 달이다. 장 기간 여행에서 건강, 이성에 주의를 요한다. 또 실물수도 있으니 조심하라. 젊은 남녀는 서로 진정한 사랑을 속삭이지만 결혼까지는 문제점이 많다. 특히 경제적인 뒷받침이 약한 것도 원인이 될 것이다.

11, 12월 꽃피는 봄이다. 이혼한 남자와 결합하고 자손은 득남하며 뜻하지 않았던 재물도 마련되고 모든 게 경사가 따른다. 소송이나 거래 면에서 끈기 있게 밀고 나가면 순조롭게 이루어질 것이다. 화재나 연탄까스 등에 조심하자.

주요운세

직 업

매우 행운적인 장사 운을 나타내고 있다. 예상 외의 진전이나 성과를 가져와 문자 그대로 파죽 지세라고 할 수 있다. 이 물결을 타고 강력히 밀고 나가면 어떠한 사업을 벌여도 사람이 구름처럼 운집하게 된다. 그러나 당신의 똑 떨어진 직업이라면 산에서 나오는 나무 뿌리를 상대로 한 한약제조업이 가장 유망하다.

건 강

현재 체력이 많이 떨어져 있는 상태나 운동과 보약으로 체력 향상이 가능하다. 사소한 상처나 감기 등 일상적인 병은 치료를 게을리하면 오래 끌 계시다. 그 중에서도 화상은 치료되기 힘든 계시를 내포하고 있으므로 주의해야 한다. 16세, 19세, 24세 때 우발적인 사고가 따를 수 있다. 즉 교통사고 화상 등을 예고하는 것이다.

금 전

가장 좋은 금전 운이 따르므로 돈에 대한 잔재주는 그만둘 일이다. 타인으로부터 재물을 빌리려면 보증인 선정 등의 문제는 다소 따르나 노력하면 성립된다. 저금을 시작하면 목표액도 도달할 때가지 일괄시킬 수 있으니 노력하라. 새로운 사업에 도전해서 실패할 염려는 없다. 주저하거나 늦추지 말고 움직이면 큰 돈이 들어온다.

연 애

사랑의 여신이 미소를 지을 가능성이 많다. 티켓을 손에 넣어도 어물어
물하면 열차를 타지 못한다. 음모는 작은 편이나 검고 윤기가 있으며
질은 표준형으로 음핵은 단단하고 돌출함이 늦으나 일단 굳어지면 장
시간 적극적으로 임하는 스타일. 한 번 분위기가 조성되면 대담한 행동
을 취해 상위가 될 때까지 몰고 간다.

궁 합

좋은 혼인이 될 것이다. 서로 진정한 사랑을 속삭이며 연일 후회없이
지나고 있다. 다소 부모의 장애가 따르긴 하지만 친구 등을 내세우면
빨리 성립된다. 풍요롭고 조화로운 생활로 안정된 기틀을 마련할 수 있
는 소박한 수지비괘를 만나면 더 이상 바랄 바 없다. 검소한 성품인 풍
지관괘를 만나면 생활이 어둡고 답답해 잦은 가정 불화가 따른다. 남성
은 24 세, 29 세, 여성은 18 세, 19 세, 22 세 때 좋은 남성 운을 만난다.

부부궁

성품이 온화하며 어질고 의협심이 많아 어려운 상황을 보면 측은한 감
이 솟아 돌보지 않고는 배기지 못하는 성격. 아내가 이같은 운을 만나
면 마음이 아름다와 얼굴이 피고 집안을 꽃밭으로 가꿀 것이니 부부궁
을 떠나서 온 가족이 평화롭고 풍족하게 될 것이다. 초산은 딸, 그밖에
는 아들을 낳겠으며 순산한다.

시험운

타이밍의 차질이 눈에 띠는 경향을 나타낸다. 안일하게 생각해서는 안
될 실패를 했을 경우 변명의 여지는 없을 것이다. 라이벌로부터 완전히
패배당했다고 생각되나 기적이라는 것이 있으니 마음에 가는 곳마다
응시하고 볼 일이다. 초조하거나 잔재주를 부려서는 안 되지만 선수를
취하는 방법을 모색하라.

이 사

아직 때가 오지 않았기에 옮기기는 금전적 손해를 본다. 서재를 보면
그의 성격이나 전문 지식 등을 짐작할 수가 있듯이 집은 성격과 지식
등에도 비유할 수 있다. 대로에서 떨어진 주택가의 뒷쪽에 치중한 무게
를 지닌 구조로 된 집이라야 이상적이다. 눈을 끄는 기와나 벽돌로 장
식되어 품위 있어 보여야 한다. 남서방향의 정면이래야 무난할 것이다.
이사일은 8 일, 17 일, 26 일. 행운의 수는 8 이다.

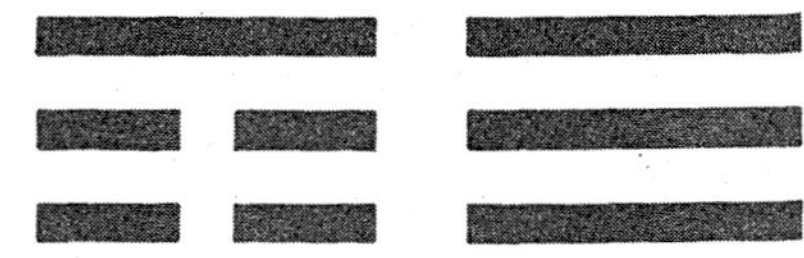

산과 하늘은 대축이다. 이 산전대축괘는 산을 뜻하는 간괘가
위에 있고 하늘을 뜻하는 건괘가 밑에 있다. 강한 것이 위에
있어 현량한 인사를 존중하여 강건한 무리의 지나침을 견제한
다. 어진 인사를 길러 주니 천하의 현인들이 나라를 위해 마
음을 바치게 되어 발전한다.

● 운명을 다스리는 자세

산과 나무와 풀이 무성하다. 수양과 지식과 신망을 높이고, 친구를 사
귀고 인재를 양성하고, 신체의 건강을 향상시키고 사업가이면 자금의
준비와 기업에 대한 능력을 기르는 등 모든 일에 충분한 준비가 되어
있으며 실력을 가지고 있다. 사소한 일이라도 즐겁게 행복하게 생각하
며 성공의 만족보다 본질적인 향상을 즐거워하기 때문에 결과를 중시
하기보다는 오늘의 활동을 중지하거나 내일의 불행 등이 예견될 때 참
을 수 없는 불안감과 초조를 느낄 만큼 추구력이 강하다. 이 괘는 장래
의 전망을 밝게 해주는 동시에 기회가 무르익었음을 나타낸다. 고민이
나 망설이는 일이 있어도 그것을 의도한 대로 진행시 해소시킬 수가
있을 것이다. 또 계획이 뜻한 대로 진행될 것이다. 약간의 모험 따위는
물거품으로 생각하면서 차분하고 착실하게 정립된 목표가 설정만 되면
놓치지 마라. 남성을 상대로 점을 쳤을 때 이 괘가 나오면 믿을 수 없
는 사람이다. 물심 양면으로 만족할 수 있고 리더쉽도 풍부하며 기질도
강건하다. 여성의 경우는 머리 회전이 빠른 총명한 사람으로 웃는 얼굴
이 명랑하고 화사한 성격이다. 현대적인 미녀 타입이 많은 것도 특징이
다. 반면 고집이 세고 남성적인 면이 있다.

1, 2월 자손의 일이나 연인의 일로 근심이 따를 것이다. 소원하는 것은 서서히 이루어진다. 그러나 분수에 넘치는 것이라면 성취되기 어려우니, 사욕을 부리지 말자. 현재의 업을 고치지 말고, 손재수가 따르니 금전 거래를 조심하자. 지금까지 겪었던 고난을 거울삼아 꾸준히 노력하고 또 적덕을 해야 한다.

3, 4월 변동수가 따르나, 이사는 하지말자. 여행은 상관없으나 동행자가 있는 편이 좋을 것이다. 여행지에서 건강관리에 주의하라. 우물 속의 물고기가 바다로 나가니 의기양양하다. 그러나 겸손하고 이성을 가까이 하지말라. 후환이 두렵다. 좋은 일자리가 생기니, 경영하는 이는 반드시 성공한다.

5, 6월 마음이 흔들릴 수도 있으니 신념을 가지고 매진하라. 상업을 한다면 많은 돈이 들어오는 달이다. 직장인은 승급의 운세이며 존경받는다. 부모의 일로 다소의 근심이 우려된다. 모든 사업가는 너무 서두르지 말라. 소송 문제는 화해하는 편이 무난하다. 결국 승소는 하지만 득이 없다.

7, 8월 지금까지 고난을 이겨낸 보람을 느끼면 화려하게 지낼 수 있는 달이다. 그러나 부부간의 애정을 이끌어가는 데는 약간의 공백이 생길 것이다. 큰 일도 착수할 시기다. 상대방이 소극적으로 나오더라도 적극적으로 밀고 나가면 매사가 형통할 것이다.

9, 10월 형제간에 금전 거래 조심하라. 집안에 근심이 따르나 오래가지는 않겠다. 아기자기한 연애를 지속하던 젊은 남녀는 결국은 이 달에 결혼까지 하겠다. 임신부는 아들을 낳고 부동산은 서서히 값이 오르고 있다. 점차 형통해질 것이니 기원하라. 그리고 겸손하라. 그러면 대통할 것이다.

11, 12월 공무원은 영전하겠고 직장인은 그 직장을 고수, 현재의 업을 고쳐도 손해를 본다. 십이 월 초순에 직업 관계로 다소의 난관이 있더라도 좌절하지 말고 꾸준히 밀고 나가면 좋은 결과가 온다. 사욕을 부릴 때가 아니니, 분수를 지키면서 가정에 노인을 모신 분은 노환에 다시 한 번 신경쓰기 바란다.

주요운세

직 업

이재를 잘하자. 지금부터 사업은 번창한다. 사업에 몸을 내던진다는 자세를 지님으로써 장래의 꿈이 부풀고 강력한 운세를 불러들일 것이다. 매사에 조직적인 능력을 발휘하니, 일찌기 군부에 들어가면 군인으로써 위치를 확보하고 출세가 빠를 것이다. 직장인은 승진도 하겠고 구직자는 안정성 있는 직장에 몸담겠다.

건 강

과로와 수면 부족이 되지 않도록 하고 소화에 적극 신경을 쓰자. 전염병이나 기후 관계로 인한 일상적인 병은 피해를 입지 않는 체질이나, 에너지가 머리에 집중되기 때문에 두통, 신경과민, 뇌출혈 등으로 인한 졸도를 조심해야 한다. 최근에 유행되고 있는 한증막에서 노폐물을 제거함도 효과적일 것이다. 특히 주의할 나이는 12 세, 16 세, 24 세, 27 세, 28 세이다.

금 전

현재는 불편하지 않을 만큼 재물이 있으나 체면 관계로 낭비가 심하다. 오래 끌어왔던 차용금도 다소는 받을 수가 있겠다. 상품의 계약은 순조롭게 이루어지나 이해가 다소 엇갈려 약간의 차질이 생길 것이다. 무리하게 욕심을 부리면 도리어 피해가 따르니 지나친 욕심은 금물이다.

연 애

유혹의 손을 뻗으면 상대방도 이에 응한다. 불타오를 수록 그 이상의 정열을 쏟는 것이다. 두 사람 사이가 친밀해질 때까지는 그다지 시간이 걸리지 않을 것이다. 보라색으로 평상시에 성을 내면 커지기 때문에 바로 정상에 올라가며 대낮에도 흥분을 감추려 노력하지 않고 때와 장소를 가리지 않고 분위기만 있으면 강력한 힘을 구사한다.

궁 합

가족 등의 반대로 다소의 시일을 끌겠으나 두 남녀는 현재 아기자기한 사랑을 속삭이고 있다. 재혼, 초혼 모두가 서두르지 말고 서서히 진행하면 성립된다. 아주 좋은 인연 끼리의 사랑이다. 산풍고나 산지박괘는 자질구레한 일에 구애되지 않고 비열하고 인색한 일은 흘러보내기 때문에 사교성을 잘 살려 일치감을 이루게 될 것이다. 남성은 25 세, 29 세, 34 세, 여성은 21 세, 26 세에 좋은 인연을 만나겠다.

부부궁

영리하고 애교가 있으며 지혜와 재치가 뛰어나 교묘한 재간을 지니고 있는 성품으로 결단성이 있어 무슨 일이든 끊고 맺음이 분명하다. 본시 아내가 남편을 이기면 악처요, 지면 현처이나 동화하며 부부간의 간격을 모르면 양처라 한다. 이미 부부로 만났으니 양처가 되어 공동 운명을 점지하면 정분이 두터우리라. 순산하고 예정보다 일찍 낳으면 딸이고 그렇지 않으면 아들이다.

시험운

무슨 일이든 두뇌나 힘으로 처리하지 않고 조용히 덕망으로 리이드해 가면 고시에도 도전할 수 있다. 즉 말단 공무원에 응시할 것이 아니고 아예 처음부터 사무관이나 셔기관 시험에 도전하라는 뜻이다. 아름다운 보석을 지니고 있는 행운이므로 명문대를 노크하는데 하자 없다. 사회 첫출발하는 시험생은 전생애를 걸고 끝장을 보려는 태도로 임하면 대그룹의 문을 두드릴 것이다.

이 사

변동수는 있으나 마음에 드는 집 찾기가 힘이 든다. 집은 하나의 희망이다. 좋은 집에서 살고 싶다는 것은 자신의 성격과 똑같은 또 하나의 인격을 만들고 싶은 충동이다. 자유를 보장해 준 방향으로 될 수 있으면 창문이 작아야 아늑함을 느낀다. 그러면서도 용도가 다양하고 적합한 능률본위로 청결하게 꾸밀 수 있는 부엌이 달린 집이라면 좋다. 행운의 숫자 4 이며 13 일, 22 일, 4 일도 길일이다.

수 지 비
水 地 比

물과 땅은 비(比)다. 비는 인화를 상징한 괘다. 이 괘는 땅 위에 물이 있는 형상이다. 땅은 물을 안아 주고 물은 땅을 적셔 주면서 서로 친화하고 협력하여 인화를 이룬다. 이 괘는 긴 전쟁에 시달린 사람들이 서로 도와 재건하고 협력하여 행복한 생활을 추구하는 괘다.

● 운명을 다스리는 자세

지도자의 주변에 많은 사람들이 추모하여 모여드는 현상을 나타내고 있다. 바른 신념을 지니고 친화하면 겸허한 마음과 관대한 도량으로 남에게 대하면 처음에는 약간의 우여곡절이 있으나 곧 많은 사람의 협력을 얻어 대사업을 완수할 수 있을 것이다. 그러나 투쟁력이 강해 성급히 돌진하게 되면 도중에서 파생되는 문제가 따를 것이다. 또 때로는 오산이 생기기도 하고 오해를 하여 제자리 걸음을 하는 일도 있다. 결과적으로는 목적을 달성할 수가 있어 해피 앤드를 맞이할 수가 있다. 당신은 정세를 올바르게 판단하는 힘을 가지고 있다. 위급한 재난이 닥치더라도 당황 하지 않고 정확한 일처리를 매끈히할 수가 있다. 반면 자기 표현이 서툴러서 모처럼의 장점을 일에 활용할 수 없는 경향이 있다. 때로는 남을 밀어제치고 앞으로 나갈 의욕이 바람직하다. 무엇이든지 삼켜버리는 바다와 같은 포용력과 만물을 소생시키는 봄날의 평야처럼 직감적이기도 하고 신비스럽기도 한 영육의 양면성을 동시에 지녔고 또 이해하기도 하는 다양성을 가지고 있다.

1, 2월 좋은 직장도 마련되고 사업가는 아주 좋은 운기를 만났다. 밀려드는 귀인들로 하여금 많은 덕을 받을 것이다. 이성문제가 따르니 미혼자는 혼인을 할 것이고 기혼자는 조심하면 된다. 모처럼 얻은 호운의 달인 만큼 겸손하면서 뜻을 이루어 보자. 모든 직종이 다 좋다.

3, 4월 무슨 일이든 순조롭게 풀려나가는 달이다. 또 손을 대는 일마다 형통하니 더 바랄 것이 없다. 그러나 여행을 떠나는 사람은 건강에 유의해야 한다. 젊은 남녀는 지나친 프로포즈를 많이 받아 아예 선택에 고민을 하고 있다. 이 달은 투기성 있는 사업은 피하자 곧 자금주가 나타날 것이다.

5, 6월 처음에는 재물이 나가지만 나중에 큰 이익이 되어서 돌아올 것이다. 매사가 뜻대로 됨에 부러울 것이 없겠으나 집안에 작은 근심이 따르겠다. 오월이 지나면 귀인이 나를 도우니 몸은 높은 자리에 오르고 재물이 왕성하다. 노력한 만큼 돌아오고 남들로부터 인정을 받겠으니 더욱 번영하겠다.

7, 8월 당사자의 혼인이 아니면 아들. 경사는 따르는 달이지만 남과 다투면 관재수도 따를 수 있다. 소원했던 일들이 차차 이루어지고 있으니 면밀한 검토와 확실성 있는 계획을 세워나가야 한다. 이성 문제 조심하지 않으면 다음에 후회할 일이 생긴다. 특히 40 대 이후 남녀는 다 그러하다.

9, 10월 혼담이 너무 많이 들어와서 혼돈을 일으킬 정도다. 직장인은 북쪽으로 장기간 여행을 떠날 수 있으나 과음으로 인하여 건강을 해칠 것이다. 변동수가 있으니 가까운데 이사는 무난하지만 이민을 떠나는 일은 아직은 이르다. 기백을 가지고 밀고 나가면 신규 사업도 순조롭게 이루어지는 달이나 안심하고 투자하라.

11, 12월

귀인이 도와 준다. 믿어지지 않을 만큼 성취되며 오히려 당황한다. 이런 때일수록 매사를 신중하게 처리하여야 한다. 협력자가 있는 사업이 더 확장할 것이다. 나간 재물이 큰 이익이 되어 돌아오고 동반자도 찾아드는 달이다. 직장인은 영전할 것이고, 구직자는 바라던 직장을 잡겠다.

주요운세

직 업

큰 사업을 이루고 많은 동지를 얻는 계시다. 문장이 뛰어나니 교육자요, 만인을 만나는 일이니 흥행업도 적합하다. 문인의 자리를 차지하여 이름을 떨치고 많은 팬을 확보하고 한 시대를 이끌어갈 것이다. 즉 사교적인 면에서 기질이 있으니 정치가라고 단정해도 손색이 없겠다. 직장인도 승급 운이 따른다.

건 강

피부병·소화기·신경 계통의 만성병에 조심하자. 병은 다소 지연되더라도 호전될 것이니 서둘지 말고 근본적으로 치료하라. 치료에 충분한 시간을 들여 의사의 지시를 반드시 지키는 것을 신조로 삼아야 한다. 의사가 보증을 하기 전에 무리하면 재발할 염려가 있다. 피부병·성병 등은 뿌리를 뽑아야 탈이 없지 그렇지 않으면 재발한다.

금 전

금전 운은 예측한 대로 빛나가지 않는다. 그러나 급한 지출을 대비하여 저축을 해두어야 한다. 상업을 하는 사람은 큰 이익을 얻을 수 있으니 많은 상품을 적재하는 편이 좋겠다. 상당한 보수를 기대할 수 있고 선불로 돈을 지불해 주는 거래처도 있는 계시다. 여성이라도 결코 남성에게 지지 않는 재물을 쥔다.

연 애

인생의 파트너로서도 서로 그 이상의 상대자는 없을 것이다. 주위에서
그 어떤 방해가 들어오더라도 두 사람 사이가 무너질 염려는 없다. 단
신뢰가 어리광스러운 관계가 되지 않도록 주의가 필요하다. 잦은 손놀
림이나 몸의 변화를 가지고 있지만 능숙한 패팅은 못 되고 소극적으로
임하거나 본능적인 욕구 해소로 끝내는 타입이다.

궁 합

초혼자는 지나친 혼담 때문에 혼돈을 일으킬 정도다. 초혼자는 상대방
을 점쳐서 이 패가 나오면 그 남성의 주변에 이성이 많이 있음을 알라.
그러나 즐겁게 진행되고 좋은 인연이니 서둘러 성사시켜라. 서로 축복
해 주고 낙천적인 삶을 누릴 수 있는 화지진괘를 만나면 영원한 행복
을 연출해 낼 수 있을 것이다. 남성은 26 세, 29 세, 34 세, 여성은 22세,
25세, 29 세가 호운이다.

부부궁

꼼꼼하고 치밀하면 물 샐 틈이 없으며 이기적이고 독선적이어서 남을
도와 주듯 자비심을 베푸는 척하면서도 욕심 때문에 손해를 보지 않는
성품. 매사에 차분한 성격으로 임할 것이니 몇 생을 두고 만나야 할 운
명처럼 사랑에 승부를 걸고자 할 것이다. 그러나 이별의 우려로 인해
한 때 스스로 고뇌하거나 불행을 맞이할지도 모르니, 매사를 잘 처리하
여 후환이 없도록 …… 초산은 아들, 그 밖에는 딸이다.

시험운

손을 쓰는 것이 좋다는 것을 알고 있으나 어떻게 쓰면 좋을지 그 방법
을 찾아낼 수가 없다. 어떻게 해야겠는데 구체적인 행동으로 옮길 수
없는 안타까움이 따라다닐 것이다. 난파선이 암초에 걸린 것 같은 불안
정한 상태다. 제 아무리 필사적으로 잡으려해도 그것은 무리한 일이다.

이 사

이사를 하는 것은 좋으나 뜻과 같이 이루어지지는 않겠다. 꾸미고 사는
집안이나 집의 위치 등을 보아 성격을 짐작할 수 있다. 곧 집은 성격이
형상으로 나타난 것과 같다. 번화가의 중간쯤도 좋고 평지가 안성맞춤
이며 약간 높으면 더욱 좋다. 동남을 향하면 이상적이다. 이사 길일은
9 일, 18 일, 27 일. 행운의 숫자는 9 이다.

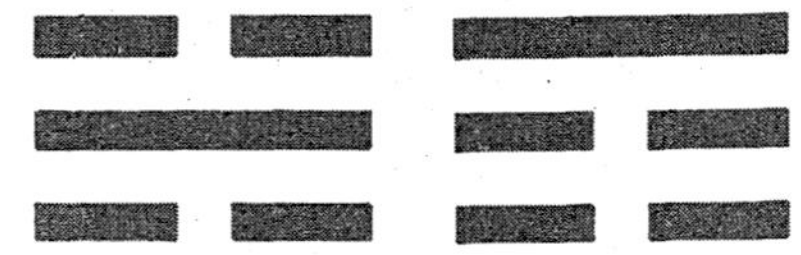

물과 산은 건이다. 이 산수건괘는 물을 뜻하는 감괘가 위에 있고 산을 의미하는 간괘가 밑에 있다. 건은 험난을 뜻한다. 이 괘는 주역의 '육십사괘 중 사대난괘'중의 하나다. 아주 험난한 상태다. 이 괘를 얻으면 한 걸음 물러나 쉬는 것이 좋다.

● 운명을 다스리는 자세

도난, 사랑도, 선도 다 틀어지고 밤길에 치한을 만난다. 그러나 구조를 받을 수 있다. 획기적인 새로운 일이 생기는 곳이나 철저하게 파헤쳐져야 하는 위험을 안고 있거나, 난처한 일 등이 재능을 기다리고 있다. 앞으로 나갈 수도 뒤로 물러설 수도 없는 딱한 상태이므로 오직 참고 견디면서 제자리를 지켜나가야 할 것이다. 희망을 이룰 수 없는 계시지만 그렇다고 낙심하면 역점의 뜻이 없을 것이다. 다시 한 번 정신통을 기하여 착안을 바꾸어서 흉운의 원인은 무엇인가를 찾아내어 운세의 추이나 변화를 보아야 할 것이다. 필자의 오랜 경험에 의하면 '흉의가 전하여 대길로 삼는다'는 전혀 반대의 변화를 자주 볼 수가 있다. 이때 역 또한 진이라는 느낌이 들어 심오한 신비에 매혹되기도 한다. 세상살이가 능하고 넘어져도 그냥 일어나지 않는 사람이다. 무슨 일이든지 다룰 수 있는 재주를 가지고 있지만 대성하지 못하고 손재주에서 끝나고 마는 경향이 있다. 또 작은 일에 너무 구애되어 큰 일을 놓치고 마는 흠도 있다. 집념이 강하여 보통 수단으로 나가지 않으면 볼 수가 있는데, 정도가 지나치면 음흉한 사람으로 여겨질 가능성이 있다.

1, 2월

몸에 신병은 따르나 마음을 바로 갖고 덕을 닦으니 자연히 형통할 것이다. 아직은 호운이 오기를 기다리며 은인 자중할 때다. 또 곤고한 가운데 기도하는 마음 자세로 살며, 남을 돕는데 힘쓴다면 머지 않아서 서광이 비칠 것이다. 이런 때는 내 분수를 알아서 행동하되 가급적이면 지금 하는 일로 현상 유지를 하도록 하여라.

3, 4월

일을 시작하나 머리만 있고 꼬리가 없다. 결혼은 고집이나 허영으로 하는 것이 아니다. 가끔 그러한 결혼을 하는 사람도 있으나 그런 결혼은 이 괘의 인과(因果)를 지니고 있는 것 같다. 빚이나 대부금 재촉이 빗발칠 것이다. 매우 고통스러운 상태를 나타내고 있다. 궁지에 몰리는 것이 어떤 것인가를 체험하게 되는 달이다.

5, 6월

분수에 넘치는 일을 탐하지 말라. 또 음흉한 일 생각지 말라. 관재수가 따를 수도 있으나 주의하면 넘기겠다. 평소에 적덕한 사람은 예외이나 분쟁 사건도 따를 수 있으니 상대방을 찾아 타협하자. 이 달은 혼사 문제도 말만 오갈뿐 성립되지 않을 것이다. 때를 기다릴 일이다.

7, 8월

서서히 서광이 비쳐온다. 가정에 우환이 있고 자녀로 인하여 다소의 근심은 있으나 대수롭지는 않다. 작은 일은 형통하여 소득이 따르고 기다리던 사람도 찾아든다. 그러나 큰 일을 꿈꾼다면 오로지 남에게 적선하고 정성드리는 길 뿐이다. 이사를 해도 좋고 해외 여행 또는 이민가는 사람 모두가 좋다.

9, 10월

성사될 듯하던 일이 다시 얽힌 심화(心火)가 일어날 것이다. 그러나 그것을 한탄하지 말라. 아직 운세가 비운에 있다. 이 달에는 내 분수를 알아서 행동하되 가급적이면 지금하는 일로 현상유지만 하여라. 투자하면 투자할 수록 일을 시작하면 시작하는 대로 손해를 본다.

11, 12월 진학, 취직 다같이 헛수고를 하는 경향이 있다. 그 태반의 원인은 지나치게 눈이 높거나 무리한 때문이다. 노인을 모신 집안은 노환에 주의하자. 화재, 손재수, 이성 문제 등에 주의하라. 비록 작은 재물은 생기더라도 구설수가 따른다.

주요운세

직 업

현재 진행 중인 사업은 산넘어 산이다. 성공을 요하는 직업이 마땅치를 않다. 성직자나 종교가가 되어 만인으로부터 구원을 요청함이 험난한 세상을 헤쳐나갈 것이다. 만약 종교가가 아니라면 육영 사업이나 육아 교육 등에 몰두해 봄도 좋겠다. 직장의 불만도 있겠지만 단련하고 수련하는 마음으로 당분간은 고수하라.

건 강

중년기 이후 몸이 비대해지면서 당뇨병·고혈압·동맥경화증 등이 올 염려가 있다. 체질적으로 췌장으로부터 호르몬 분비 부족으로 인한 발병이 염려되므로 편식을 하지 말고 폭 넓은 영향을 섭취하여야 하며 술보다는 담배를 절제하여라. 소변에 당분이 섞이는 경향이 있으므로 정기적인 진찰을 받아 당뇨병을 예방함이 현명하다.

금 전

한 가지 일에 구애해도 쓸 데 없는 에너지를 소모할 뿐이지 재물은 불어나지 않는다. 인생은 긴 로드레이스와 같은 것이다. 허영심으로 고집을 부려 나중에 후회를 한다는 것은 어리석기 짝이 없는 짓이다. 무턱대고 큰 재물을 바라보지 말고 자기의 능력에 맞춰 나가라. 부동산 매매로 인한 재물은 다소의 차질이 따르겠다.

연 애

장애물도 없이 알맞는 커플로서 주위로부터 선망의 대상이 될 것이다. 키스의 만족감만 가지고도 주위를 의식하지 않고 차 안일지라도 마다할 이유가 없을 만큼 쾌감을 느끼곤 하는 체질. 두드러진 음핵은 모두 보라색으로 음모가 많은 형으로 쾌감을 리드해가는 타입. 육체가 완전히 타들어가야만 자신의 몸을 움직여 보는 품위를 지키는 여자이다.

궁 합

초혼자는 삼각관계 등의 어처구니 없는 사태가 일어날 계시다. 소극적으로 대응해서 처리함이 좋을 것이다. 중매자가 나서도 말만 오갈뿐 성립되지 않을 것이다. 아직 연분인 사람이 나타나지 않고 있기 때문이다. 재혼자도 역시 때를 기다려라. 택풍대과괘와 택산함괘 등을 만나면 쾌활함이 도리어 천박하게 보일 것이니, 수풍정·수택절괘 등을 찾아라. 여성은 26 세, 남성은 29 세가 호운이다.

부부궁

성격이 강하고 승부심·질투심이 많아 자기가 좋아하는 사이면 비난따위를 불구하고 감내하는 성품. 생활 신조가 강하여 끊임없이 노력하는 데서 부부애가 더욱 짙어지기도 한다. 사랑은 역경을 이기는 힘과 노력을 쌓아 사랑의 열매를 맺어가는 것이지 아무 노력 없이 극에 달하면 정분이 맞닿아 어떠한 액운도 이를 방해하지 못한다. 출산은 약간의 난산이나 아들을 낳는다.

시험운

진학 응시는 다같이 희망이 꿈으로 끝나는 계시다. 매사에 남다른 의지나 노력이 없으면 승리는 얻지 못할 것이다. 꿈만 너무 부풀어 펑크당할 염려가 다분하다. 본의 아니게도 불안정하다고 단언하지 않으면 안될 상태이다. 진학이나 취직이 자기의 목표에 도달하기에는 아직도 거리가 있기 때문이며 한 가지 난사가 지나고 또 하나의 난사가 닥쳐오는 계시에 노력하자.

이 사

옮기고 싶으나 쉽게 되지는 않을 것이다. 사람마다 저택을 희망하겠지만 그것은 욕망일 뿐이다. 모두에게 저택을 주었더라도 그 집은 활용하는 범위와 방법은 전혀 다르다. 호수나 온천 근처로 물가 가까운 곳에 있는 집이거나 별다른 자극이 없이 조용하게 잠들고 근심 걱정없이 일에 임할 수 있는 환경 속의 요람이다. 정남향 행운의 숫자 5 이사의 길일은 5 일, 14 일, 23 일이다.

감 위 수
坎 爲 水

감(坎)은 물(水)이다. 이 감위수괘는 험난이 거듭되는 상태다. 물을 뜻하는 감괘가 겹쳐서 이루어진 상태다. 물이 겹쳐 사람을 삼킬 듯이 으르렁대는 위험이 겹쳐서 수난이 절정에 달한 상태다. 사대난괘 중의 하나이다.

● 운명을 다스리는 자세

두 가지 일 사이에 끼어서 고생하고 있다. 매우 곤란한 일과 재해가 중첩하는 때, 자신의 운세가 침체하는 시기임을 깨닫고 만사에 고요히 지키는 태도로 조심성 있게 처신하여 재난의 확대를 막아야 할 것이다. 호의나 선의를 오해받거나 남에게 이야기할 수 없는 고민을 안을 수도 있는 우울 상태라고 하는 계시다. 뜬 세상의 허무함을 맛보면서 살아가는 계시다. 진퇴 모두가 부정 상태인 불우를 푸념하는 상태이다. ‘공자도 때를 잘못 만났다’는 말도 있듯이 재능이 제 아무리 풍부해도 찬스가 주어지지 않으면 그것을 살릴 수가 없다. 즉 긴 인생에는 불우한 때가 반드시 있다는 뜻이며 불우하다고 해서 체념을 해서는 안 된다는 뜻이다. 삶아졌는지 끓었는지 요령을 파악하기가 매우 힘드는 사람이다. 좋게 말한다면 두 칼을 쓰는 사람이고 나쁘게 말한다면 기회주의자여서 마음의 참 뜻을 알기가 힘든 점이 있다. 이 괘의 인물은 전반적으로 내향적이고 남에게 좀처럼 정체를 나타내지 않는 경향이 있다. 따라서 시간을 들여서 접하지 않으면 정체는커녕 꼬리조차도 잡을 수 없을지 모른다. 또 인생의 뒷골목을 걷고 있는 것 같은 그림자가 있는 것도 특징의 하나이다.

1, 2월 하던 일 고수. 다른 일을 꾀하지 말라. 고집을 앞세우면 마지막에 남는 것은 좌절감뿐인 비참한 결과를 초래하고 만다. 겸손한 자세로 임하면 전개도 필연적으로 바뀔 것이다. 새로 시작할려는 사업도 감언에 의한 유혹이 따르니 결코 이에 넘어가서는 안 된다. 카바레·극장·오락장 등의 경영자는 한 몫을 잡을 것이다.

3, 4월 신규 사업은 무리가 따르니 다음으로 미루어라. 이 달은 작은 소원도 성취하기가 어려운 달이다. 남의 유혹에 넘어가기 쉽고, 사기를 당할 염려도 있으니 평소 조심하여야 할 것이다. 연약한 여자의 마음으로 자칫 자포자기하기 쉽겠지만 운세는 돌고 도는 것이니 굳은 마음으로 밀고 나가면 때를 만날 것이다.

5, 6월 집안에 있는 것보다는 밖으로 나도는 게 길하겠다. 매사에 신중하고 치밀한 계획에 의해 신규 사업이나 사업·확장에 들어가자. 산모는 딸을 낳겠고, 기다리는 사람은 소식만 오는 운기에 있으나 차츰 기(氣)가 승하고 있으니 공무원은 승진할 것이고 실업자는 취직되며 도난당했던 물건도 찾을 것이다.

7, 8월 안 되는 일은 억지로 밀고 가려 들지 말고 시간을 두고 검토하라. 친구나 웃사람의 도움을 받아 그런대로 어려운 고비도 넘기겠고, 소규모 상업도 이루어진다. 그러나 이성 관계 조심하지 않으면 재물도 잃고 명예도 잃는다. 마음을 안정하고 바른 생활을 하도록 힘써라. 귀인이 와서 도우니 차츰 호운을 만나겠다.

9, 10월 활동하면 좋은 일이 있겠다. 그러나 이 달은 인내와 성실을 신조로 삼고 움직이는 것이 좋을 것이다. 손재수에는 평소부터 조심하자. 또 낭비를 억제하고 근검, 절약해야 한다. 잘못하면 헤어나기 어려운 지경에 빠지고 만다. 남에게 지지 않으려는 성격과 완강한 고집 때문에 많은 손해를 본다.

11, 12월 바른 자세 바른 생활을 하면서 내일의 설계를 한 사람은 때는 이제부터다. 귀인도 도와줄 것이니, 신규 사업에 적극성을 띠고 처리하라. 그러나 사업체 등 각종 부동산 계약 당시는 유의하라. 직장인은 영전하는 달이고, 노처녀도 혼사가 이루어지겠으니 경거망동하지 말고 끝까지 바른 마음으로 행함이 좋을 것이다.

주요운세

직 업

신규 사업이나 확장은 당분간 피하는 게 좋겠다. 음료수 대리점이나 유흥업소를 경영함이 마침내 성공의 키를 잡는다. 만약 접객업소의 경영이 아니라면 주유소 · 다방이라도 행운의 첫걸음이 되어줄 것이다. 직장인은 현재 그 위치에서 노력하면 때를 얻는다.

건 강

다리의 관절이나 신경통은 완치하기가 힘들어 환절기에는 고생이 따르겠으니 한증 등으로 다스리는 방법도 무난할 것이다. 다질적인 성격을 조절하고 위를 강화시키는 일은 한평생 주어진 건강관리의 수칙일 것이다. 위장병에는 17세, 18세, 19세부터 주의하고 40대 중반들어 관절 · 신경통 등에 유의하기 바란다.

금 전

거래처와 충돌은 금물이니 서로 협조하면서 도우는 것이 현명할 것이다. 지금은 노력만 있지 돈과의 인연은 아직 이르다. 돈을 빌려 주면 돈도 잃고 친구도 잃는 것이니 경제적인 여유가 있다면 받을 생각없이 도와 주는 것이 좋다. 자기 능력을 앞세우고 쇠퇴해가는 줄도 모르고 있으면 뜻하지 않은 실패를 하게 된다.

연 애

두 사람의 만남에 운명적인 것을 느끼지 않을 수 없다. 서로 만난 순간 '바로 이 사람이다'라고 강하게 느꼈을 것이다. 잘 발달된 대음순과 두드러진 음핵은 모두 핑크색이고 음모가 많은 긴 자크형으로 쾌감을 리드해가는 명기의 소유자. 오르가즘도 남성처럼 돌발적이고 전신을 격렬하게 경련하며 높고 높은 성의 품위를 지닌 활달한 매력의 명물이다.

궁 합

초혼자는 현재 혼담 중에 있는 사람과 사랑에 빠져 있을 뿐 장래는 결정짓지 못하고 있다. 좋은 배필이니 추진하면 다소의 정신적인면 이나 경제적으로 부담은 가지만 로맨틱한 삶을 영위할 수 있을 것이다. 노인들의 재혼은 아주 좋은 운기에 왔다. 관대하고 위안을 줄 수 있는 천수송·택산함 풍수환괘 등은 천생 연분일 것이다. 여성은 19 세, 26 세, 30 세이고 남성은 25 세, 29 세, 34 세이다.

부부궁

성품이 고지식하고 간사한 마음은 없으나 남을 비판하는데 능하고 까다로운 성격, 어떤 불만도 이기고 해소할 수 있는데 자꾸만 불안감이 엄습하니 생사 이별이 닥칠까 두렵다. 이 운을 잘 지키면 화목한 가정을 지킬 것이니 사랑으로 하여 부부는 더욱 행복해진다. 설령 당해야 할 운명일지라도 당해낼 수 있다면 좋은 인연이 기다릴 것이다. 출산은 쌍둥이를 날 조짐도 보이나 초산은 딸이다.

시험운

지금 설정한 목표에 집착하지 말고 과감하게 철수하는 편이 현명할 것이다. 선택할 길은 얼마든지 있다. 귀중한 에너지를 가망성이 없는 것에 낭비하고 있으면 다음에 막대한 지장을 가져온다. 취직 시험 역시 막다른 상태를 나타내고 있다. 돌파구를 찾으려해도 귀중한 시간만 낭비할 뿐 고생은 보답을 받지 못할 것이다.

이 사

이사는 불길하다. 집은 우주의 축소판이다. 활동해야하는 적당한 공간과 안위를 찾을 아늑한 보금자리와 취미를 살릴 여유가 맞아야 하고 조립된 구조와 치장된 색깔의 성미와 맞거나 맞지 않음에 따라 위축될 수도 있고 성장해 갈 수도 있다. 호화롭지는 않고 창문이 적고 직사 태양 광선을 받지 않는 한적한 주택. 동남간으로 행운의 숫자는 9 . 이사 길일은 9 일, 18 일, 27 일 이다.

물과 바람은 정이다. 이 괘는 물을 의미하는 감괘가 위에 있고 바람을 뜻하는 손괘가 아래에 있다. 손괘는 또한 나무를 가리킨다. 나무 위에 물이 있는 상태이니, 나무의 두레박에 물이 담긴 것을 의미한다. 그러므로 우물은 두레박으로 물을 떠올려야 비로소 마실 수 있는 것이며, 그냥 저절로 물이 떠올려지는 것은 아니다. 이 괘는 의욕과 노력이 있는 자에게는 대성을 약속하는 행운의 괘이며 성의가 없는 자에겐 흉운인 것이다.

● 운명을 다스리는 자세

우물은 있는데 두레박이 없다. 차고가 많을 때 인정받지 못할 때 실력 양성을 하면 언젠가는 ? 우물은 사람의 일상 생활에 없을 수 없는 소중한 것이다. 이것을 퍼올리려는 의욕과 노력을 가지라. 우물은 퍼낼수록 새로운 물이 솟아오르는 것이다. 자신의 목만을 축이려는 것이 아니고 남에게도 봉사해야 한다는 일을 잊어서는 안 된다. '하나쯤 모가 난 것은 사람의 마음이 너무 둥글면 넘어지기 쉽다'는 말이 들어 맞는 계시다. 모가 나면 안 된다고 하지만 너무 둥글어서도 사회의 거친 파도를 헤치고 갈 수 없는 상황에 처하게 된다. 한다고 마음먹으면 할 수 있는 일을 스스로 못한다고 여기기도 한다. 사소한 실패를 치명상으로 여겨 자기 자신을 비극의 주인공으로 빠뜨리기 쉬운 경향이 있다. 자기 혐오에 빠지면 언제까지라도 탈출하려고 하지 않기 때문에 구제하기가 힘들다. 친한 사이에도 예의가 있다. 물이 맑으면 물고기가 살지 않는다. 일단 신용을 잃으면 이를 만회하기란 어려운 것이다. 이같은 슬럼프를 빠져나가는 것이 성공의 열쇠다.

1, 2월 교수나, 언론인, 연예인 모두 좋고 소규모 기업인 또는 상인도 무난할 것이다. 다만 공직자나 대사업가는 변동이 심하여 그때 그때 대응을 잘 해야지 그렇지 않으면 어려워진다. 배움에 힘쓰는 한편 적덕을 게을리하지 않으면 모든 재앙을 면하겠다.

3, 4월 매사 정성껏 하면 현상을 유지하여 그런대로 안정된 생활하게 된다. 공상을 많이 하는 달이나 그럴 때마다 책 보는 시간을 잃지 말 것이다. 동쪽에서 길한 일이 있으니 움직여 볼 때다. 가정에는 우환이 따르는 달이고 이성 문제 조심하지 않으면 구설수가 오는 달이다.

5, 6월 참고 견디기가 어렵다고 해서 마음의 동요가 있어서는 안 된다. 이럴 때일수록 치밀한 계획을 세워 밀고 나가야 한다. 먼저는 근심이나 나중에 기쁨이 따르는 법이다. 하던 사업 꾸준히 밀고 나가면서 개혁하고 혁신할 부분은 가차없이 처리하라. 작은 소원은 이루어질 것이다. 한 우물을 파듯 한 가지 일에 집착하라.

7, 8월 투기성이 있는 일은 손대지 말 것. 겉으로 보기에는 그럴 듯하나 결국 손해를 볼 것이다. 송사에 불리하니 타협점을 찾아라. 해결이 되더라도 시원한 결과는 오지 않을 것이다. 상품마저도 종잡을 수 없이 오르다가 하락세로 내려갈 것이다. 불편한 점이 따르더라도 이사를 해서는 안 된다.

9, 10월 재물은 들어오지만 부모나 자손으로 근심이 있을 것이다. 또 실물수도 있으니 도둑에 주의하라. 투기성이 있는 일에 손대지 말고 하던 사업 밀고 나가면 그런대로 한 밑천 잡을 수 있다. 이 달은 큰 소원은 조금 힘드니, 작은 소원으로서 만족하여라. 새 사람이 나타나서 연애는 순조로울 것이다.

11, 12월 가정에 우환은 따르지만 동쪽에서 길한 일이 있겠다. 그러나 이성 문제는 조심하여라. 구설수도 있다. 적덕을 게을리 하면 혼인도 순조롭지 못하고 연애도 싫증을 느끼게 되고 소송도 불리하며 기다리는 사람마저 서신조차 끊어질 것이다. 소송 문제는 전문가에게 맡기도록 해야 한다.

주요운세

직 업

하던 사업의 규모를 넓히자, 그러나 옥은 갈수록 빛을 내고 우물은 퍼서 쓸수록 오염이 없는 법이다. 그러기에 부단한 노력이 필요할 것이다. 지능도 다양하고 생각도 깊다. 본래 사업에 능한 사교술도 지니고 있다. 도전해 볼 일이다. 만약 무역상이 아니라면 호텔업도 매우 좋은 사업이 될 것이다.

건 강

청년기부터 발생하기 쉬운 간장·위장·신장병은 35세 이후 악화될 염려가 있다. 특히 만성 및 급성위염은 위궤양이나 위암으로 연결될 수도 있으니 위장에 이상이 있는 듯하면 지체하지 말고 전문의를 찾는다. 위장은 30세, 34세, 44세, 57세, 66세를 조심해야 한다.

금 전

상대방이 선수치기에 앞서 이쪽에서 적극적으로 밀고 나가면 거래는 순조롭게 이루어진다. 주식이나 증권을 가지고 있으면 현재는 하락세이지만 상승세를 타게 될 날이 머지 않았다. 빨리 팔리고 이익도 얻으니 뜻과 같이 높은 시세로 매매된다. 수입은 원활한데 지출이 뜻밖으로 많아서 재고가 없으나 노력하는 데서 다소의 득이 있을 것이다.

연 애

잊혀져가고 있던 사랑의 설레임이나 순수한 마음이 되살아날 것이다.
두 사람의 유대는 굳어 주위로부터의 방해에도 끄덕이 없을 것이다. 즐
겁게 도전해가는 기교가 다양하지만 지나치거나 넘치지는 않는다. 남
편의 유도에 따라가는 참신형이면서 섹스에 궁금증이 많은 타입. 질이
깊으면서 왼쪽으로 자리를 하고 있어 상대의 육체를 접착시키는 데서
흥분의 변화가 가중할 것이다.

궁 합

초혼자는 교제 중인 사람과 성립되더라도 불만이 따르니 다른 방법을
찾도록 하라. 그러나 헤어지려고는 하지만 마음대로 되지는 않을 것이
다. 기다렸다가 다른 인연을 찾아 행복한 가정을 꾸며 나가도록 하라.
재혼도 별로 신통치 않은 쾌이니 마음이 급하지만 참고 견디도록 하라.
이유나 잔소리를 듣기 싫어하기 때문에 인격을 앞장세우는 곤위지괘를
만나면 좋은 연분이 될 것이다. 여성은 23 세, 27 세며 남성은 29 세가
호운이다.

부부궁

지혜와 재주가 뛰어나고 성질이 각별하며 용맹스럽고 사물에도 밝다.
가슴 속에 도사리고 있는 측량기를 뽑아버려야 한다. 사랑은 하나일 뿐
어떤 것에도 비교해서는 안 될 것이다. 사랑은 한 번 무너지면 백 번을
얻어도 내 것이 아님을 알아야 한다. 또 사랑은 억지로 바라거나 만들
려고 노력해서도 안 된다. 초산일 경우에는 딸, 그외에는 아들을 낳겠
다.

시험운

자기 능력이나 장차의 설계를 생각하지도 않고 될대로 되라는 식으로
진로를 결정하면 후회한다. 인생의 기로에 서서 여러 가지로 고민거리
가 많을 때지만 지금은 곤경에서 벗어날 수가 없다. 밀고 나가는 배짱
이 유일한 무기로 오직 미는 길밖에 없다. 검정 고시에 도전자라면 몇
과목은 무난히 달성하겠으나 기타 과목은 다시 도전. 체육, 예능계 특
기자는 무난하다.

이 사

불편한 점이 있어도 옮기지 마라. 변화를 자유로이 구사할 수 있는 개
조된 집이 아니라 새로 설계된 집이라야 한다. 산이건 언덕이건 주택가
이건 간에 약간 낮은 지대가 적합하다. 동남으로 향한 집이라면 길하다.
자그마한 아파트라도 전망이 좋은 곳에 지은 집은 싫증을 느끼지 않을
것이다. 행운의 숫자 6 이며 이사 길일은 6 일, 15 일, 24 일이다.

수 뢰 둔
水 雷 屯

물과 우뢰가 둔이다. 수뢰둔괘는 처음으로 양과 음이 상교하고 있는 괘다. 건위천은 양효이고 곤위지는 음효이며 이 수뢰둔괘는 하나의 양기가 두 개의 음기 아래에서 움직여 차츰 위로 올라가지만 또 하나의 양기가 두 개의 음기 사이에 빠져서 험난한 곳에 처해 있다. 그러나 진용이 감수를 얻어 마침내는 험난을 극복하고 올라갈 수 있다.

●운명을 다스리는 자세

천둥이라도 물 속에서는 무력한 것이다. 속에는 젊음이 넘치는 생명력을 가지면서도 아직 충분히 발휘할 수 없는 상태다. 인간에 비하면 고민이 많은 청년기이며 사업으로 치면 곤란이 산적해 있는 창업기라 할 것이다. 당신은 현재 고민 속에 있음을 보여 주고 있다. 희망을 가지고 자신이 전진하려는 의사가 있지만 현재로는 어찌할 수 없는 상태에 있다. 노고는 많고 효과는 적다는 계시지만 효과가 전혀 없다는 것은 아니다. 이 점을 염두에 두기 바란다. 노고가 많다고 해서 움직이지 않는 것을 상책으로 생각하여 움직이지 않는다면 '소인 한가하여 불선을 이룬다'가 된다. 이 괘에서는 자칫하면 매사를 포기하고 뜻지 않은 귀인이 나타나는 법이다. 혐오기가 있는 허영은 아니지만 제 삼자를 의식하여 자신이 스스로 확대하는 경향이 있다. 필요 이상으로 남에 대해서 신경을 쓰는데 반드시 열매를 맺고 있다고는 할 수 없다. 쌍방이 모두 필요해서 교제도 소극적인 것이 될 수 있다. 남들 앞에서는 명랑하게 행동해도 혼자 있으면 이것 저것 생각에 잠기게 된다. 궁극적인 목적은 달성하지만 필요 이상의 곤란은 짊어지고 남보다 고생을 하기 쉽다.

1, 2월 사업에는 중간에 다소의 장애가 따르나, 머지않아 풀릴 것이다. 미혼자는 연인의 변심으로 고민한다. 부모의 우환이 따르며 자녀 문제도 근심은 있으나 대수롭지가 않다. 새집을 짓고 이사를 하겠으나 아주 길한 달이다. 곤고한 가운데 귀인으로부터 도움을 받을 것이다.

3, 4월 아직 소원하는 바는 시운이 따르지 않으나 부하의 힘으로 좋은 성과를 올리겠다. 실물수 있으니 주의하고 마음을 평안하게 안정하라. 반가운 사람은 만나도 도움이 없다. 여인의 도움을 받아 작은 소원을 이룬다. 큰 일은 될 듯하면서도 안 된다. 직장은 옮기지 말라. 실패한다.

5, 6월 재물은 들어오나 지출이 더 많다. 소송 문제는 대리인을 내세워라. 이사 문제도 당장은 안하는 게 좋겠다. 혼사도 급히 서두르면 망신당할 수다. 올바르게 움직이면 현상 유지는 한다. 여성이나 아랫사람의 협조를 받아서 자금난은 묘면할 수 있으나 큰 도움은 못 된다.

7, 8월 지금은 매우 쇠운이다. 현상 유지하면서 곰곰이 인생을 음미하고 소명을 깨달을 때다. 직장인은 상사를 올바르게 보좌하고 후배를 올바르게 지도하는 방법을 배울 때다. 술이며 잡기며 허튼 일로 건강을 망치지 않도록 조심하라. 양보할 것은 양보하는 마음 가짐으로 생활하자.

9, 10월 상하가 화목하다. 분수를 지키고 살아가면 복록이 가득하다. 집안에 경사도 있고 혼인 아니면 득남수이다. 재앙이 사라지고 복이 오니 만사가 형통한다. 옛친구를 만나서 회포도 풀겠다. 한 가지는 얻겠고 한 가지는 잃는다. 그러나 아직도 호운이니, 적덕하면 재앙을 면한다.

11, 12월

금전 거래를 삼가하라. 만약 자손의 근심이 아니면 아내의 우환이 따를 것이다. 경영자는 평안하겠고, 직장인은 횡재수가 있다. 열심히 살아온 보람을 어느 정도 느낄 수 있을 것이다. 연애는 깊어진 관계이니 결혼까지 가능하다. 사업가의 거래는 아주 좋은 달이며 득도 많을 것이다.

주요운세

직 업

행운의 신은 노력하는 자를 돕는다. 학문에 열중하면 서화가로서 한 몫을 하겠으며 그림 솜씨도 뛰어나다. 보통 케이스에서 큰 사업을 바라는 것은 불가능한 것이다. 머리를 식히면서 하던 업에 종사하는 편이 현명하다. 직장인도 제자리 지키기에 급급하다.

건 강

양보다는 질에 중점을 둔 식사로 식욕을 잃지 말고 정력을 길러야 할 것이다. 심장병·신경통·히스테리 등에 주의를 하고 여성은 호르몬의 영향으로 혈관이 확장되어 외음부나 질벽의 정맥이 붓는 등의 병이 생길 염려가 있다. 중년기에 접어들면서 특히 식욕이 떨어지는 체질이니 사전 대비책을 강구함이 좋다. 질병에 약한 나이는 31세, 41세, 54세이며, 4세, 7세 때에도 주의하는 게 좋겠다.

금 전

금전 융통은 그런대로 순조롭겠지만 거래면에서 실수가 잦아 다소의 피해를 볼 수도 있다. 부동산은 지금 팔면 시세를 잃는다. 그러나 이쪽에서 적극성을 띠고 밀고 나가면 매매는 이루어질 수 있다. 주식이나 증권을 가지고 있으면 현재로서는 하락세이지만 조금 기다리면 상승세를 타게 된다.

연 애

한쪽이 철저하게 굽히거나 추종해야 하는 등 노력이 필요하겠다. 즐겁게 도전해가는 기교가 다양하지만 지나치거나 넘치지는 않는다. 알몸이 될지라도 분위기만 있으면 쑥스럽지 않으며 대낮에도 흥분을 감추려 노력하지 않는 여장부. 매우 풍성한 중형으로 기장은 짧아도 분위기를 이끌고가는 여유 있는 사나이이다.

궁 합

초혼자는 결합되기 어렵다. 결국은 다른 상대자와 결혼하게 될 것이다. 재혼을 하려는 자도 환경이 너무 달라서 쉽게 이루어질 수 없다. 적극적으로 진행시키려 해도 초혼·재혼·연애까지 장애가 따라 속을 태우기만 하는 운기다. 금년 해를 넘기면 좋은 인연을 맞을 것이다. 검소한 성품인 감위수·산화비괘 등은 매우 좋은 인연이 될 것이다. 남성은 34 세 여성은 26 세가 호운이다.

부부궁

남의 말을 용납치 않는 몹시 강한 성품으로 처자와도 화목을 이루기 어렵겠다. 그러나 부부란 그 사람의 성품만을 가지고 좋고 나쁨을 판정할 수만은 없다. 이같은 운을 만나면 종교인이 되는 게 좋다. 스스로 절제하고 행동을 가다듬으면 누구에게나 칭송을 받는다. 혼례는 오직 한 번이 가장 성스러운 것임을 잊어서는 안 된다. 출생은 심한 난산은 아니다. 득남하겠다.

시험운

자신의 노력도 필요하지만 주위의 도움이 필요하다. 그렇다고 단념해서는 안 된다. 자기 자신에 관한 일이라도 스스로 자기 자신의 마음을 파악할 수 없는 것이 원인이 되어가야 할 길을 찾을 수 없는 안타까움이 나타난 계시다. 결론을 내기에는 시기가 빠르다는 이야기인데 그렇다고 소극적으로만 있을 수는 없을 것이다. 주위에서 여러 말이 있을 테지만 결정하는 것은 자기 자신인 줄 알아라.

이 사

길하다. 주택에 대한 욕구를 지니는 것은 지극히 자연스러운 일이다. 인간은 누구나 집이 필요하기 때문이다. 그러나 활용 방법에 있어서는 다소의 차이가 있다. 예를 들어 테이블을 놓고 즐기는 사람, 중앙에 연못을 만드는 사람, 심지어는 채소밭을 개조하여 화초를 심는 사람 등 다양하다. 정문이 동남 방향으로 되어 있음이 좋다. 행운의 숫자 8 이며 이사 길일은 8 일, 17 일, 26 일이다.

수 화 기 제
水 火 旣 濟

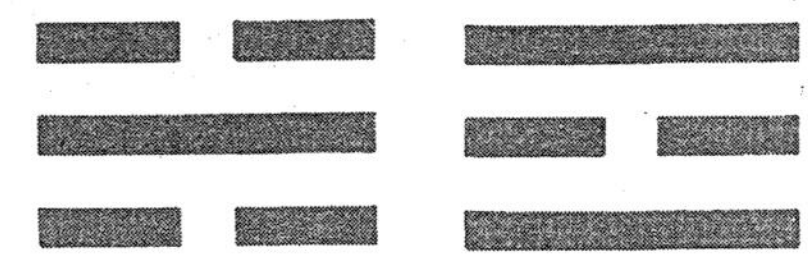

물과 불은 기제다. 이 수화기제는 물을 의미하는 감괘는 위에, 불을 의미하는 이 괘는 아래에 있다. 물은 아래에 흐르고 불은 위로 타오르는 성질이 있다. 물이 위에 있으므로 그 마음은 아래로 향하고 있고, 불이 밑에 있으므로 그 마음은 위를 지향하고 있다. 이렇게 각기 정당하게 상응작용으로 솥 안의 물은 불의 힘을 빌어 물은 삶고 익히는 작용을 이룩할 수 있는 것이다. 여기서 기제는 완성을 의미한다. 가득차 있는 절정에 있는 상태요, 평화와 번영과 기쁨으로 충만한 상태이다. 그러나 차차 기운 형세로 된다는 뜻이다.

●운명을 다스리는 자세

모든 것이 흐뭇하고 만족한 상태에 있다. 그러나 이토록 가득차 있는 상태는 오래 지속될 수 없다. 즉 처음에는 매우 성운으로 흐르지만 뒤에는 쇠퇴하고 어지러워지기 쉬운 괘상이다. 꿈이나 희망이 뜻대로 되는 길운이기는 하지만 교만하거나 해이하는 일이 없어야 행운을 유지할 수 있을 것이다. 활발하고 기세 찬 상승 기운이므로 매사를 굳세게 공격하면 찬스를 얻을 수 있다. 다소의 염려는 있어도 장해를 제거할 수도 있다. 강한 끈기와 의욕이 가미되면 성공 시간도 빨라질 것이다. 노고가 들어도 꿈 속과 같은 기분으로 신속히 일이 진행되지만 길운이 사라지는 것도 빠르다. 찬스를 포착하면 주저하지 말고 신속히 행동을 개시하는 것이 행운의 열쇠가 될 것이다. 당신은 상대방의 의향 같은 건 아랑곳없이 자기 생각을 강요하는 경향이 있는 사람이다. 날뛰는 경향은 있으나 마음은 부처님같아서 정에 약하고 무엇을 하던 미워할 수 없는 사람이다. 놀라울 정도로 기가 빨라 생각하기 전에 먼저 입으로 내고, 말하기도 전에 먼저 움직이는 타입이다. 따라서 뱃속은 텅 비어 있고 표리가 없는 점에 호의를 가질 수 있다.

1, 2월 정당하게 살아가는 사람에게는 신상에 기쁜 일이 있을 것이다. 해외 여행은 좋겠다. 그리고 소원하는 바도 순조롭게 진행되겠다. 현재는 만족할 만큼 매우 좋다. 망설이지 말고 서둘러서 모든 일에 착수하는 것이 바람직하다. 특히 직장에서는 시험이라든가 승진 등에 힘쓰면 뜻을 이룰 수가 있겠다. 여행을 떠나도 좋겠다. 단체인 경우에는 길하겠다.

3, 4월 사욕을 억제해야겠다. 내부에 여러 가지 알력이 잠재해 있으므로 분쟁이 일겠고 여자와 관련된 사건도 일어날 조짐이 있다. 마음이 불안정하여 주거를 이동할 괘다. 빚을 줄 생각도 말고 빚을 쓸 생각도 안하는 것이 좋다. 연소자인 경우는 가출할 괘이니, 조심을 해야 한다. 이동수가 있다. 그렇지 않으면 복을 입게 되기 쉽다. 재산은 흩어지고 사람과는 이별할 수도 있다. 외국 여행을 떠날 수도 있겠다.

5, 6월 길하다, 혼기에 접어든 사람은 혼담이 들어오겠고, 또한 혼사가 이루어지기도 하겠다. 내 집이 없는 사람은 내 집을 장만하는 운수이다. 사업차 외국 여행은 길하다. 협동해서 하는 사업도 길하겠고 또 순조롭게 진행된다. 순풍에 돛단 배처럼 전진하는데, 친구라든가 웃사람의 도움도 받게 될 것이다. 웃사람 중에서도 노부인의 원조가 있으면 쉽고 빠르게 꿈을 달성한다.

7, 8월 새로운 운에 접어들고 있다. 새로 사업을 벌이거나 하던 사업을 확장해도 무방하겠다. 취직을 하려 하는 사람은 취직이 된다. 옛직장을 지키는 사람은 승진 등의 소식이 있겠다. 매사가 안정되는 운세이다. 연애할 상대자를 얻을 괘다. 그리고 길하다. 결혼까지도 빠르게 골인되며 행복한 가정을 이룰 것이다. 남성이면 순정의 여성을, 여성이면 정열적인 남성을 만날 수 있겠다.

9, 10월 쇠운에 접어들고 있다. 그리고 지금 누구와 내적으로 의견 충돌을 일으키고 있으니 이 점도 조심할 것. 동업은 불리하다. 옛 것을 그대로 지키는 것이 좋겠다. 남에게 투자하지 말라. 투자하는 것은 불이익을 초래한다. 지금은 이사할 때가 아니다. 하지 않는 것이 좋다. 여행을 하는 것도 불길하다. 이성 문제가 일어날 조짐이 있으니 일단 보류해야 한다.

11, 12월 사업이 중단되는 현상에 접어들던가 혹은 어음 등을 부도내고 몸을 피하는 일이 있을는지도 모르겠다. 일단은 몸을 피하는 것이 좋다. 직장인들도 썩 좋은 운세는 아니다. 이사는 큰 집을 줄여 작은 집으로 이사할 때다. 사치스런 집은 옮기도록하라. 소송은 상대방이 유리하다. 또 방해하는 자가 많이 있다. 건강 상태는 식욕부진·혈행불순·정력감퇴·두통 등은 치료가 가능하니 속히 서둘러라.

주요운세

직 업

하던 사업은 계속 호황을 누릴 것이다. 만인이 회포를 풀 수 있는 행락이나 유흥업소 등이 길하다. 인간을 접객하는 일이라면 영화관·요정 작게는 분식집도 있을 것이다. 몸이 잠시도 쉴 시간이 없는 사업이라야 성공을 가져다 준다. 직장인은 불편했던 관계가 점차 해소되겠고 구직자는 웃사람의 도움으로 처리된다.

건 강

초년에 갑작스런 정신적 질환·신경증·우울증 등이 반갑지 않게 찾아올 수 있다. 병을 가볍게 여기지말고 의사와 의논하여 온천이나 공기 좋은 기도원 등에서 요양을 하는 것도 좋을 것이다. 요양이나 치료에는 충분한 시간을 들여 느긋한 마음으로 하면 치료도 빨라진다. 22 세, 26 세, 29 세를 주의해야 한다.

금 전

금전에 얽힌 서먹한 감정이 이제까지의 친구를 잃게 한다. 돈벌이 이야기는 시간과 절차를 거쳐도 성립될 가망은 전혀 없다. 지금은 돈을 움직일 때가 아니다. 섣불리 움직이면 약속어음 증서 등의 차질에서 손해를 입을 수가 있다. 돈과 관련이 되는 일에는 자중하라는 계시이므로 마음을 단단히 먹어야 할 것이다.

연 애

적극성이 결여되고 서로 자기 표현이 서툴러서 사소한 오해로 사이가 주춤거리는 일이 있다. 욕정에 굶주린 숫강아지처럼 기회만 있으면 돌발적으로 해치우는 돌격력이 있는 형이다. 여자는 수줍고 부끄러워 입술 한 번 내밀지 못하고 침대에서도 결코 알몸을 노출시키지 못하는 순진형이다.

궁 합

초혼자는 아주 길어진 관계에 있는 자가 연분이다. 그러나 선배나 친구의 도움을 간청하면 막혀 있던 부모의 벽을 무난히 통과할 수 있어 결국은 인연을 맺는다. 평화로운 이상으로 하는 화수미제·화지진괘를 만나면 곤경에 처해도 탄식하지 않을 것이고 상처를 어루만지며 살아갈 것이다. 여성은 24 세의 만남은 불행을 예고한다. 남성은 34 세 때 좋은 인연이 기다리고 있다.

부부궁

날카로운 성품인데다, 낭만적이면서도 냉정한 성격으로 아무에게나 마음을 주지 않을 것이다. 사랑은 무르익었으면서도 자존심이 강하여 먼저 문을 두드리기를 꺼려하니 이것이 쌓이면 각 방을 쓰게 될 우려도 있다. 개성은 특출하고 빼어났지만 배우자에게마저 자존심을 발휘함은 부부 처사가 아닐 것이다. 딸을 순산하겠고 재가한 사람이면 아들이다.

시험운

진학·취직·입학은 바라는대로 수중에 넣을 수 있는 운세로 거의 확고한 보장을 받을 수 있다. 물론 적성이 있기 때문에 목적하는 전공 과목, 직종의 적성이나 건강면도 점쳐 보는 것이 좋다. 시험장에서 초조해 할 필요는 없으며 냉정을 갖고 흐트러진 행동을 취하지 않는 것이 희망을 실현시키는 가능성을 나타내는 법이다.

이 사

서두르겠지만 마땅한 주택이 없다. 사람마다 저택을 희망하겠지만 그것은 욕망일 뿐이다. 모두에게 저택을 주었더라도 그 집을 활용하는 범위나 방법은 전혀 다르다. 전망이 좋은 곳에 지은 이층집이거나 집 주위를 산책할 수 있을 만큼 넓은 마당이 있는 저택을 요구하고 있다. 남향쪽의 주택이 좋겠다. 행운의 숫자는 7 이며, 이사 길일은 7 일, 16 일, 25 일이다.

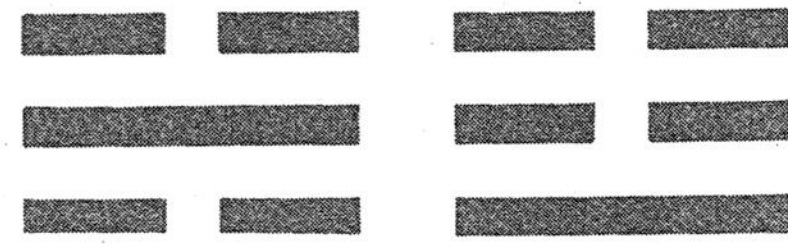

수 택 절
水 澤 節

물과 못은 절이다. 이 수택절괘는 물을 의미하는 감괘가 있고 못을 의미하는 태괘가 아래 있다. 못 안에 물이 있는 것을 상징한다. 이 괘는 물이 아무 곳에나 흘러가고 넘치지 말고 못 안에 일정하게 담고서 일정하게 들어오고 나가게 해야 항상 맑고 푸른 물의 상태를 유지할 수 있는 것이다. 이와 같이 일정한 한계, 즉 절도를 이 괘에선 가리키고 있다. 절도와 절제, 이것은 우리 인간 사회를 지탱해 나가는 기본 자세를 뜻한다.

● 운명을 다스리는 자세

세상만사 한 번에 처리하지 말고 조금씩 추진하자. 여우가 흙탕물을 걸어가고 있는 형상으로 일이 뜻대로 되지 않고 유혹이 많은 괘다. 몸가짐을 조심할 일이다. 함부로 움직이다간 발이 수렁에 빠져 뜻밖의 재난을 면치 못하게 된다. 절약에 유의해야 하나 그렇다고 인색한 졸장부는 희망이 절벽이다. 운세가 급강하할 장소로 제어장치가 효력을 나타내지 않는 상태를 맞이할 계시다. 떨어질 때까지 밑바닥에서 머리를 싸매라. 만사가 끝난 것이다. 그러나 이와 같은 현상을 두뇌적으로 역이용하라. 역경에 '궁하면 통한다'는 말이 있다. 즉 최악의 단계에서 마음을 가다듬고 달관하면 어둠 속의 희미한 불빛도 밝게 보여 힘을 얻을 수 있을 것이다. 면도날과 같이 날카롭고 시무룩한 무드를 풍기는 인상이다. 비꼬기를 잘하고 허무적인 면을 다분이 지니고 있다. 남이 접근하기 힘든 면이 오히려 매력이 있다. 매사에 냉담하고 심술궂은 면이 있으므로 이런 사람과의 사소한 대화에서도 마음의 상처를 입는 일이 있을 것이다. 단 직업이 엔지니어인 경우는 그 재능이 비범함을 나타내고 있으므로 이런 점을 고려해야 할 것이다.

1, 2월 아직까지는 신통치 않던 사람이 그 운세를 벗어나고 앞길이 훤히 열리는 운세이다. 대길하고 대통한다. 웅장한 포부를 가지고 뛰도록하라. 새로운 계획을 세워도 잘 되겠고 새 사업을 착수해도 잘 풀려 나가겠다. 소원은 조금 늦은 기미는 있으나 이루어진다. 서남쪽의 인물이 귀인이고 그가 도와줄 것이다. 입시생은 원하는 학교에 무난히 합격하겠다.

3, 4월 운기가 점점 성해지면서 만사가 발전 번영한다. 웃사람의 인도로 승진되고 전근을 하더라도 영전되는 등 환경의 변화도 많겠다. 앞으로 매진하라. 호운이란 그리 오래 머물지 않는 법이니, 이번 기회를 살려서 기반을 구축하되 사회에 봉사하는 것도 잊지 말아야 할 것이다. 소송은 적극적으로 추진하라. 그러면 쉽게 해결된다. 정당한 것이라면 승소할 것이니 걱정이 없다. 출산은 순산을 하겠고 딸을 낳겠다.

5, 6월 겉으로는 화려하나 실속은 없다. 교통사고에 각별히 조심하라. 라이벌을 누르고 앞서가는 기상이 있어서 발전하겠으나 이에 따르는 부작용도 많다. 스포츠맨이라면 길하겠지만 뜻밖의 부상을 각오해야 한다. 입시생은 조급하게 서두르지말고 신중을 기해서 지원하라. 세칭 일류 학교는 어렵겠다. 건강 상태는 지금 고혈압 증세라면 술과 담배를 끊고 불면증·변비 등에 조심하라. 건강한 사람은 부상당할까 염려가 된다.

7, 8월 심로가 많겠다. 그러나 성급하게 행동하면 설상가상격으로 배신당할 수도 있으니 신중을 기하라. 이성으로 인한 구설수가 있겠다. 안 될 일은 파악하는 대로 결단을 내려서 일찍 포기하라. 끌면 끌수록 후회하게 될 것이다. 여행은 혼자 떠나는 것은 좋지 않다. 아베크 여행일 경우에는 후에 말썽이 일어난다. 입학은 꿈을 이루기 힘들다. 실력보다 한 단계 낮추어 지원하라.

9, 10월 이성 문제 특히 조심하라. 복잡하게 되고 구설수 있다. 만약 이성 문제가 악화되면 다른 고통도 따르게 될 것이다. 일의 시작만 클뿐 결과는 신통치 않다. 매사에 적극성을 띠지 말고 소극적으로 행동하라. 미혼 여성인 경우 남성이 많이 따라다니겠지만, 그럴수록 처신에 주의해서 마땅한 결혼 상대자를 물색해야 한다. 경거망동은 금물이다.

11, 12월 운수가 대통한다. 백 번 쏘아 백 번 맞으니 재물이 부족함이 없다. 음양도 상합하니 좋은 인연을 맺을 수 있겠다. 운이 순조롭고 귀인이 도와서 부귀를 찾는다. 현재 하고 있는 사업은 순조롭다. 신규 사업을 생각해도 과히 무리는 아니다. 선배나 웃사람 등에서 좋은 협력자를 얻게 되면 크게 발전한다. 출산은 순산이다. 아들을 낳겠다.

주요운세

직 업

사업가는 주위의 유혹이 많으니 절제하는 방법이 최선이다. 목공예나 토목사가 되면 능력을 마음껏 발휘하여 명성을 얻게 될 것이다. 조각 등 조형예술 분야에 참여해도 직능에 막힘이 없을 것이다. 구직자는 직장을 얻겠고 직장인은 인정도 받고 승진 운도 따른다.

건 강

병에 대해서 민감하게 반응하는 신경성 때문에 잦은 병이 침투하기 싶다. 또한 모든 잔병도 과음 과식이 그 원인이 된다. 중년기에 접어들면 호흡기, 위장 등에 위험하니 일단 의사와 상의를 하도록 할 것. 당신은 약의 과용을 삼가해야 하고, 소화가 잘 되지 않는 음식은 피하고 분위기 있는 식사를 하도록 몸에 익히는 게 좋겠다.

금 전

예산초과 대차관계의 트러블 등으로 거래처와 지출이 늘어나고 생각한 대로 수입이 작아 전망이 어두운 때다. 세금이나 대부금 등의 빚 독촉이 빗발칠 것이다. 날치기나 사기군 등에게 돈을 털리고 억울한 생각만이 남는 때이다. 설사 파란이 없는 평범한 금전 운이라고 하여도 크게 버는 일은 없으나 터무니 없는 일만 하지 않으면 손해를 보는 일도 없겠다.

연 애

느긋하게 마음 먹으면 날아가 버려 쫓는 데에 피로하여 지치고 만다. 에너지가 충분히 있는 동안에 붙잡아 사랑의 설계도를 완성시켜야 한다. 긴 자크형이며 성감이 부드럽고 강력한 힘을 구사하여 끝없는 오르가즘의 연쇄 반응에 전신을 경련시킨다. 색이 검은 성기에다 강경도가 높아 불에 타도 다시 탈 준비를 하는 유감없이 연결 짓는 풍부함을 연출해 낸다.

궁 합

초혼자는 중매장이를 통하면 좋은 혼처가 나선다. 그러나 서두르거나 조급하게 행동은 하지 마라. 현재 진행 중인 남녀는 상당한 깊이에까지 도달했다. 좋다, 결혼 후에도 행복한 부부생활을 영위할 것이다. 재혼도 다소의 장애는 따르나 아주 좋은 연분을 찾을 것이다. 외향적으로 화려한 사교 생활을 즐기려는 본성도 있기 때문에 수천수나 수풍정괘를 만나면 진보적이고 개방적인 풍부한 생활을 누리게 될 것이다. 여성은 23 세, 27 세이며 남성은 26 세, 31 세, 35 세이다.

부부궁

천부적인 타고난 재치와 자존심 때문에 부부간에도 친숙하지 못하는 감은 있으나 경우에 따라 후할 때가 있다. 남편이 이같은 운을 받으면 사랑의 테크닉과 써비스를 배워야 한다. 오직 나 하나를 믿고 부리는 고집을 살려줄 수 있는 아량이 필요하니 더욱 더 지조 높은 아내와 만난 행운아의 길에 들어섬을 어찌 모르는가. 초산은 딸, 두 번째면 아들이다.

시험운

최후 수단인 영양 주사도 효과가 없는 상태를 나타낸다. 막다른 골목에 다다른 상태다. 처리를 하려고 해도 손을 쓸 수 없는 느낌이다. 어두운 전망이 아무래도 호전되지 않고 그대로 있을 가능성이 있고 이런 경우 희망하던 학교나 직장 시험은 변경하는 편이 현명하다. 제 아무리 필사적으로 잡으려해도 그것은 무리한 일이다.

이 사

보류하는 편이 좋다. 집은 다 좋은 것이 아니라 가장 편안함을 주어 집과 사람과 서로 불편함이나, 거리를 느끼지 않아야 한다. 신화 속의 궁전 같은 저택은 별로 기쁘지 않고 위풍을 과시하려고 외부를 유난스럽게 꾸민 집을 보면 혐오감을 느낀다. 남서간 방향이 좋으며, 행운의 숫자는 9 다. 이사 길일은 9 일, 18 일, 27 일이다.

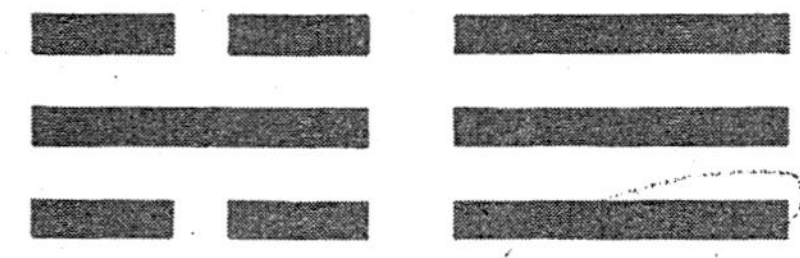

수 천 수
水 天 需

물과 하늘이 수(需)다. 위험한 것이 앞에 있을 때 훌륭한 사람은 무모하게 뛰어들지 않고 그것을 물리칠 여건이 성숙될 때를 기다린다. 무모한 기다림이 아니라 장차 크게 발전할 기다림이요, 내실인 것이다. 수천수괘는 물을 나타내는 감괘가 하늘인 건위에 있다. 하늘 위에 물이 있으니 구름이다. 이 구름은 비가 아니며 비가 되어 땅으로 내려가기 위해선 성숙된 여건을 기다려야 한다. 이 상태가 수천수괘이다.

● 운명을 다스리는 자세

기다리기 지루하다. 인간은 때가 오기를 기다리면 은인 자중해야 할 경우가 있다. 한 마디로 당신의 운수는 위험한 강물 앞에서 심신이 강건하면서 신중한 태도로 자중하여야 하는 괘상이다. 그러나 충분한 실력을 가지고 있다. 그 실력을 발휘하기 위해 준비 상태에 놓여 있는 것뿐이다. 당신이 이 괘를 뽑은 날로부터 이개월 후라면 신규 사업도 대성을 바라본다. 초조하지 말고 여유 있는 마음으로 힘을 기르면서 때를 기다리면 멀지 않아 원조자와 협력자가 나타난다. 그러나 투쟁력이 강하여 앞을 보지 않고 성급히 돌진하게 되면 도중에서 파생되는 문제를 일으키기 쉽고 다른 사람의 섬세한 성격을 이해하지 못하기 때문에 도리어 큰 일에 흠이 되기도 한다. '간사스런 목소리의 귀신'과 같은 요소를 갖고 있는 타입으로 폐쇄적인 면이 강하고 내향적이다. 자발적으로 움직이는 일이 적고 남과 접하는 것이 서툴다. 개중에는 교제가 능숙한 사람도 있어서 대인관계가 훌륭한 사람도 있으나 겉보기와는 달리 본질적으로는 고집이 세다고나 할까? 쉽사리 남을 믿거나 남의 말을 따르려 들지도 않는다. 따라서 독립심이 강하고 친해지면 의지할 만한 사람이기도 하다.

1, 2월 현상 유지를 하는 것이 길하다. 관재수 조심하고 구설수도 조심하라. 고충이 따르는 괘이다. 재물은 수입보다 지출이 많다. 근검 절약하라. 당장에 필요한 돈은 마련되겠지만 뒷날을 위해서 대비함이 현명하겠다. 지금 연애 상태는 복잡하고 착잡할 때다. 성격이 아주 대조적이어서 말다툼을 하면서도 서로 매력을 느껴 헤어지기 어렵다. 매매는 지금 시기가 아니다. 좀더 기다려라.

3, 4월 여기 저기서 이해를 해주지 않아 고민스럽고 답답한 데다가 자신도 고통스런 일이 있어서 목적하는 일에 전념할 수 없다. 어쨌든 마음이 상하는 때다. 가까운 사람과 불화가 일어나기 쉽겠다. 행동 조심하고 관재수도 경계하라. 용기를 가지고 앞만 보면서 나아가면 길하겠다. 출산은 난산을 하겠다. 서둘러서 의사와 상담하라.

5, 6월 주거를 이동할 수가 있다. 집 터가 발견될 것인데 아주 길하다. 재물의 근원이 샘물같으니 복이 들어온다. 서둘러 일을 해결하는 것이 좋다. 상업하는 사람은 큰 돈 벌겠다. 기업인도 대길하다. 자금난 해소되고 투자하는 것도 길하겠다. 여행은 즐겁게 떠나는 여행이다. 신혼여행을 떠나게 될 조짐도 있다. 입시생은 문과계열이 좋다. 좋은 대로 택하라. 희망하는 학교에 합격하겠다.

7, 8월 청춘이라면 연애할 운이 있겠고, 노년이라면 자손궁이 있겠다. 남의 원조가 있어 만사가 잘 풀려나갈 운수다. 이사는 적당한 집이 곧 발견될 것이다. 그리고 가옥을 신축하는 것도 좋다. 소송은 승소한다. 여행은 캠핑이나 회사의 위로 여행 등 모두 길하다. 출산은 순산하고 딸을 낳겠다.

9, 10월 자신이 지망하고 있는 변동 사항이 뜻대로 이루어지겠다. 사태가 길하겠다. 운수는 보통이나 점점 길하다. 소원하는 바는 웃사람의 협조를 얻어라. 그러면 대체적으로 다 이루어진다. 성실하고 정직하게 살면 귀인의 도움을 받겠다. 받을 돈이 있으면 받을 수 있겠다. 아주 대길한 운세다. 취직을 하려하는 사람은 취직된다. 결과도 좋겠다. 소송 문제는 정당한 일이라면 반드시 승소한다.

11, 12월 경거망동과 부화뇌동은 금물이다. 그러다가는 함정에 빠진다. 매사 안정되고 수동적으로 행동함이 좋다. 사업은 무작정 확장하지 말라. 확장만 하다가는 손해를 보려니와 소송 문제가 벌어지고 관재수·구설수 등을 만나겠다. 여행은 혼자 떠나는 여행은 불길하나 단체로 떠나는 여행도 일단은 보류하라. 여행 도중 놀라겠고, 실물수도 있다. 출산은 조산이라 힘들겠다. 담당의사와 상의해봄이 바람직하다.

주요운세

직 업

서쪽 하늘이 흐려지면 비가 온다는 지혜를 가지고 임하면 성공의 약속이 있다. 그런 지혜가 없이 준비가 불충분하면 사업의 신은 결코 이 괘에 미소를 던지지 않을 것이다. 단숨에 성공의 길로 치닫을 수는 없다. 그렇다고 흐름에 맡겨 찬스를 기다리는 것만으로는 대 사업을 이루기 어렵다. 구직자는 조급하게 생각하지 말고 재직 중인 자는 직장을 옮겨서는 안 되겠다.

건 강

성인병과 복막염·늑막염·간장병 등이 오기 쉬운 체질이다. 그러나 약을 쓰면 곧 회복되니 생명에는 지장이 없다. 여자의 경우는 가벼운 설사로 시작하여 맹장염에 이르기까지 민감한 반응을 일으켜 맹장 수술을 받기 쉽다. 또 난관이나 정관 장애로는 난관 유종에 주의해야 한다.

금 전

자금 조달을 꾀하였을 경우 금융기관에 머리를 쓰면은 무리한 이야기가 될 것이다. 소상인은 다소의 재물이 들어오나 부동산 매매 등의 금전 거래는 어려울 것이다. 이럴 때일수록 지출을 줄이는 것이 현명하며 거래처와도 상부상조하여라. 금전 면에서는 모두가 좋지 않은 운수이니 당분간 주춤함도 좋겠다.

연 애

너무 긴 봄이 되지 않도록 일찍 손을 쓸 필요가 있다. 행복의 파랑새는 눈 앞에 있으므로 지금 당장 붙잡을 일이다. 능숙한 오르가즘의 패팅을 구사하면서 남성처럼 돌발적이고 전신을 격렬하게 경련하며 횟수도 많은 편이며 쾌감을 즐기며 섹스에 능수 능란하고 충분히 발산하여 만족도가 높은 성의 품위를 지니고 있다.

궁 합

서로가 좋아하며 불꽃을 튀기는 사랑을 하고 있으나 혼인까지는 시기 상조다. 좀더 기다려 다른 배필을 만나는 게 쌍방이 좋을 것이다. 재혼자도 강하게 추진하면 이루어지겠으나 결혼 후 후회할 일이 생길 것이다. 아늑하고 의지가 되는 아리따운 환경을 꾸려갈 수 있는 수풍정·수뢰돈쾌를 만나면 원앙의 한 쌍이 되겠다. 여성은 23 세, 27 세, 남성은 26 세, 29 세, 31 세, 34 세 좋은 해가 된다.

부부궁

부지런하고 성실한 편이나 한 번 틀어지면 여간해서 설득하기 힘든 성품. 사랑에 이해함을 자신처럼 해야 할 것이다. 설령 남편이 옛 일을 고뇌하거나 밖에 신경을 쓰더라도 모르는 체 감싸 주면 오히려 원앙으로 둔갑할 것이다. 사랑이란 스스로의 자책과 저울질해가며 이해하고 감싸 주면 화락해지기 마련이다. 초산은 딸을 낳겠다.

시험운

본의 아니게도 불안정하다고 단언하지 않으면 안 될 상태이다. 진학이나 취직이 자기의 목표에 도달하기에는 아직도 거리가 있기 때문. 마음이 흔들리고 있다. 그럴 때가 아니니 마음을 굳히고 도전하면 무리가 따르지는 않는다. 그러나 무엇이든 관철하겠다는 투쟁심이 빨간 불꽃이 되어 타올라 기쁨을 맞이할 시기가 올 것이다.

이 사

마음에 드는 집이 나타날 때까지 기다려라. 너무 넓은 마당이나 청소할 일이 많게 꾸며진 구조가 복잡한 집은 신경질이 나 집을 구하러 갔다 되돌아설 것이다. 번화한 거리에서 쑥 들어가 떨어진 조용한 집이 좋고 언덕의 꼭대기보다는 조금 낮은 지대가 이상적이며 서남쪽을 향한 주택 행운의 숫자는 8 이며 이사 길일은 8 일, 17 일, 26 일이다.

풍 지 관
風 地 觀

이 괘는 바람을 의미하는 손괘가 위에 있고 땅을 의미하는 곤괘는 아래에 있어 땅 위에 바람이 불고 있는 상태이다. 이 바람은 만물이 소생하는 새봄에 불어오는 훈풍이요, 따사한 봄바람인 것이다. 즉 나라에 훌륭한 임금이 있고 어진 신하들이 보필하는 듯한 상태이다. 이것을 살피는 것이 이 풍지관의 괘상이다.

● 운명을 다스리는 자세

천하 교란할 때, 밤하늘의 별을 혼자서 보는 기분으로 냉정히 정세를 파악하여야 할 것이다. 고난을 면하기 어려운 계시다. 물심 양면이 사면초가가 되기 쉽고 바위를 등에 지고 계단을 오르는 것 같은 느낌이 강요되는 운세이다. 도중에서 등에 쥔 바위를 버리면 더 무거운 짐이 어깨를 짓누를지 모른다. 아픈 충치로 호도껍질을 깨는 각오로 난국을 타개할 각오가 필요하다. 정신면의 노고를 짊어지는 일이 많은 사람이다. 땅 위에 큰 태풍이 부는 형상으로 생각지도 않는 일로 고생하는 상태를 보이고 있다. 그러나 세상의 동태와 인심의 동향을 잘 관찰하여 주위에 진동하지 말고 성의로 선처하면 당신의 지위는 확립하리라. 당신은 사물을 너무 신경질적으로 생각하여 끊임없이 남의 마음을 기웃거려보거나 안색을 살펴 자기 자신을 스스로 괴롭히는 면이 있다. 따라서 이리 저리 마음이 흔들리는 일이 많고 그것이 고조되면 노이로제에 빠지기 쉽다. 머리의 회전이 빠르고 지혜가 있으며 마음 속에 큰 야망을 품고 있기 때문에 한층 현저하게 나타난다. 가끔 모순된 기분을 조성하기도 한다. 별다른 이유도 없이 불안한 동요를 느끼거나 또는 이상한 매혹을 맛보게 되기도 한다.

1, 2월 안 될 일은 일찌감치 포기하고, 새로운 마음가짐으로 새출발하는 것이 상책이다. 그러나 매사가 뜻대로 되지 않을 때이니 옛 것을 현상 유지하면서 기다리는 것이 좋다. 지속되고 있는 연애 상태는 환경이 너무 달라서 사귀기는 하지만 결합하기는 어렵다. 심히 망설인다. 적극적으로 진행시키려고 해도 장해가 많다. 일이월은 혼인을 서두르면 좋지 않다. 결국은 다른 상대자와 결혼을 하게 될 것이다.

3, 4월 원대한 포부를 가지고 있으나 때가 이르지 않았으며 펴지 못하고 있다. 더 기다려야 한다. 아직은 움직일 때가 아니니 섣불리 나서지 말라. 얼마만 더 기다리면 귀인을 만나서 큰 도움을 얻을 것이다. 반가운 사람은 만나나 도움이 없다. 여인의 도움을 받아 작은 소원을 이룬다. 큰 일은 될 듯하면서도 안 된다. 직장을 옮기지 말라, 실패한다. 작은 재물은 들어오나 나가는 데가 더 많다. 마음을 안정하라. 머지않아 회복된다.

5, 6월 지금까지 감싸고 있던 악운이 서서히 사라지고 호운으로 돌아선다. 마른 풀이 봄바람을 맞아 파릇파릇하게 돋아나는 운기이다. 상하가 화목하다. 분수를 지키고 살아가면 복록이 가득하다. 집안에 경사가 있다. 혼인 아니면 득남수이다. 재앙이 사라지고 복이 오니 만사가 형통한다. 옛 친구를 만나서 회포도 풀겠다. 경영자는 평안하겠고, 직장인은 횡재수가 있다. 열심히 살아온 보람을 느낄 수 있겠다.

7, 8월 입신 출세할 상이요, 관직·공직·일반 직장에서도 승진할 것이다. 서서히 발전되어 나가는 운세이니 꾸준히 노력하라. 외부의 치장보다는 내실을 기하는데 역점을 두라. 구름과 안개가 사라지니 재앙이 말끔하게 가신다. 뜻대로 재물이 들어오니 만사가 형통할 것이지만 매사에 신중을 기해라. 선배나 웃사람의 조언도 새겨들어라. 업무 상 여행은 길하며 맡은 바 임무를 수행하겠다.

9, 10월 재물의 근원이 마르지 않으니 내 손으로 천금을 얻겠다. 지금까지 소원하던 일이 점차 구체적으로 실현된다. 다소 늦어지는 일은 있겠으나 이루어질 것이다. 현재 진행 중인 연애는 축복받은 한 쌍의 사랑이다. 혹 연상의 여인일지라도 결혼하면 행복해질 수 있다. 중매 결혼인 경우라면 지연되기는 하지만 성사된다. 결혼 후에도 금실이 좋겠고 시부모 사랑을 한몸에 받는 며느리가 되겠다.

11, 12월 운세는 순탄하고 몸이 건강하니 이에 더욱 바랄 일이 없겠다. 업무 상 먼길 떠나겠다. 원행 또는 이사할 운세이다. 귀인이 서쪽으로부터 찾아오면 꾀하는 일이 쉽게 이루어진다. 웃사람에게 발탁되어 호전할 기회이다. 직장에 나가는 사람은 지금의 직장이 아주 좋다. 당장은 불만스러울지 모르지만 장차 인정을 받아서 크게 향상될 수 있겠다. 집안에 기쁜 일이 있겠고 미루었던 해외 여행도 가능하다.

주요운세

직 업

뭇사람의 신망을 얻어서 사업은 대성하겠다. 마음이 모질지 못하고 자비심이 강하니 성직자나 종교가가 바람직스럽다. 또는 인간과 물건을 서로 연결짓고 맺어 주는 일이라면 작은 것에서부터 적합하지 않은 것이 없다. 심지어는 복덕방에서 시작하여 바이어에 이르기까지 다 좋은 직종이다. 현재 있는 직장은 고수이다.

건 강

불의의 부상만 피하면 건강은 하자 없다. 식욕부진·설사·호흡기 등은 조금 질환이 생길 염려는 있으나 강력한 저항력을 발휘하는 기능을 비장하고 있어 겉으로는 약해 보여도 강인한 체질이다. 이를 과신하여 사소한 병을 무시하다가 큰 결과를 초래할 우려도 있다. 제때 식사 등으로 위의 부담을 덜어 주고 특히 잠들기 전에 음식 먹는 것은 삼가하자.

금 전

친구나 친척에게 협조를 구하면 소액은 융통된다. 그러나 큰 돈을 융통하려면 뜻하지 않은 마각이 들어와 결렬될 것이다. 분수에 맞지 않는 큰 욕심을 부리면 돌이킬 수 없는 수렁에 빠지고 만다. 금전을 어떻게 파낼지 몰라 고민하는 계시다. 좋은 타개책이라면은 연경 영자의 지혜나 지식을 빌려 봐라.

연 애

첫사랑이라면 '바람과 함께 사라지다'와 같은 허무함이 암시되어 있다. 사랑의 경력이 있는 경험자라면 주저는 금물이다. 적극적으로 어프로 치한다. 귀에 솔깃한 호흡소리만 들려도 주위도 의식하지 않고 성기를 돌발적으로 강도높여 흔들어대는 타입이다. 질의 깊이는 얕은 편이면 서 복숭아형으로 위쪽에 붙어 있어 성감을 고조해가는 명물이다.

궁 합

초혼자는 장애물이 가로 놓여 있다. 당사자끼리는 정열을 불태우고 있 으나 혼인 문제가 나오면 부모의 벽에 부딪치게 된다. 가경 사정, 사업 등이 대립을 이루고 있기 때문인데 여성의 말을 따르면 모든 일이 풀 릴 것이다. 재혼자도 길하다. 그러나 가족 관계로 쌍방이 망서리고 있 지만 쌍방이 서둘러서 맺어봄이 바람직하다. 여성은 22 세, 26 세, 30 세, 남성은 29 세, 34 세에 여성 운을 만나게 될 것이다.

부부궁

몸과 마음이 바쁘고 일생이 번화하여 잠시도 머무를 줄 모르는 성품으 로 행복이 이어지지 않는 흠이 있다. 이 운을 받으면 조급해서도 안 된 다. 사랑은 연륜처럼 나이테가 춘하추동을 지나 형성되는 것이니 억지 로 바라거나 만들려고 노력해서는 안 된다. 만남이 쉬우면 헤어지기도 쉬우니 한 번만났음은 천생 연분으로 알고 지킬 일이다. 의사의 도움으 로 난산하겠으나 초산이면 아들을 낳겠다.

시험운

무슨 일이든 노력을 하면 목적을 달성할 수 있는 법이지만 이 괘에서 열심히 노력해도 희망은 달성할 수 없는 계시다. 연합고사생은 담임선 생님과 한두 차례 의논해봄이 바람직할 것이다. 한 단계 무리하면 그 결과가 가까운 장래에 치명상이 될 가능성이 있다. 그러나 예, 체능계 응시자는 무난하다. 또 운전면허 필기 시험 정도라면 행운의 문이 열리 는 계시다.

이 사

옮기기 싫어도 옮기게 된다. 새는 둥지를 만들고 짐승은 동굴을 만든다. 새는 날아가 짐승의 안식처를 탐하지 않으며 짐승은 나무를 타고 올라 가 둥지를 취하지 않는다. 모든 생물은 성격과 적성과 취향에 따라 각 기 맞는 보금자리가 있기 때문이다. 서북쪽에서 고층 아파트가 기다린 다. 행운의 숫자 7이며 이사 길일은 7 일, 16 일, 25 일이다.

풍 산 점
風 山 漸

바람과 산은 점이다. 이 괘는 점진의 상태를 말한다. 나무를 의미하는 손괘를 상괘로, 산을 뜻하는 간괘를 하괘(下卦)로 하고 있어 산에서 나무들이 천천히 순서대로 조금씩 조금씩 자라나고 있다. 이렇게 모든 일은 순서를 밟아 차근차근히 처리하라고 주역은 가리키고 있다.

●운명을 다스리는 자세

맞선 선수를 따라서 정정당당히 해나가야 길할 것이다. 뇌작용은 지식과 활용의 능력을 발휘하고 깊은 사고력과 변설력이 일치하기 때문에 임기응변에 능통하고 재치가 뛰어나서 응변술이나 문장력에도 다각적인 지성을 소유하고 있다. 당신은 남의 진심이나 애정에 감싸여 있는 절호기이다. 뜻하지 않은 사람으로부터 지지나 지원 따뜻한 우정을 한몸에 받아 주위의 우상적인 존재가 될 것이다. 바라는 것이 모두 이루어질 정도로 융성 운이다. 단 경계해야 할 일은 자만심이나, 인기를 내세워 콧대를 높게 지니고 있으면 운도 쇠퇴한다. 지원을 해주는 장래에 대한 계획을 치밀하게 세워나가야 할 것이다. 즉 출발을 잘못하면 결과에 커다란 차이를 가져올 것이다. 지성파로 이성에 따라 행동하는 타입으로 보이지만 본질적으로는 정에 흐르기가 쉬운 타입이다. 무엇을 하던 외곬수로 곁눈도 팔지 않고 폭주하기 쉬운 면도 강하다. 단 불타오르는 것도 빠르지만 타버리는 것도 순식간이다. 그러나 남의 미움은 절대로 받지 않을 것이다. 절대로 미워할 수 없는 사람이다. 그것이 남달리 동정심이 많고 남에게 친절하며 애정이 깊은 사람이기 때문이다.

1, 2월 여러 사람이 나를 도우니 어려운 일이 물러간다. 남쪽이 유리하니 그곳에서 재물을 얻겠다. 집안 식구가 뜻과 마음을 같이 하니 구하는 바가 여의하다. 귀인이 도우니 기쁜 일이 있겠고 계약 관계 성립된다. 외국 여행이 길하다. 동행자가 있으면 좋다. 출산은 순산을 하겠고 딸을 낳겠다.

3, 4월 계획했던 일 실천에 옮겨서 큰 성과를 보겠다. 모든 일에서 예상 외의 효과가 나타난다. 거래처와의 교섭도 대체적으로 스무스하게 진행된다. 신규로 거래를 튼다든지 새 얼굴과의 교섭도 원만하게 이루어진다. 혼인은 여성이면 호쾌한 남성을 만나고 남성이면 얌전한 규수 만난다. 그리고 성사될 것이다. 입시 준비생들은 무사히 합격한다. 노력 여하에 따라서 좌우되지만 합격은 무난하겠다.

5, 6월 동쪽에서 경영하면 모든 일이 대길하다. 집안에 혼인이나 득남하겠다. 소원도 순조롭게 이루어지겠다. 지출보다 수입이 많으니 재물로 고생을 하지 않는다. 일이 성사되니 마음이 가볍다. 모든 근심이 사라지니 집안에 웃음이 그치지 않는다. 집안이 화락하니 재물도 그 안에 있다. 여행 떠나는 것이 아주 좋다. 뜻밖의 귀인을 만나겠다.

7, 8월 자녀로 집안이 풍파. 옛 것을 지키고 경거망동 삼가라. 동에서 얻되 서에서 잃으니 해될 것도 없고 이득될 것도 없다. 건강 상태는 지병이 재발되면서 악화될 우려가 있다. 일단 악화되면 어렵다. 고혈압·신경통·간장병·불면증 등을 조심하라. 노인을 모신 사람은 노환에 주의하라. 친구로 인해 구설수에 오를 수 있으니 말 조심하라.

9, 10월 이그러진 달이 구름 사이에서 나오니 다시 운세가 회복된다. 바라던 일 성취되고 매매하면 이득이 있겠다. 구름이 걷히면서 달을 볼 수 있으니 재성이 몸에 따르니 가도가 창성한다. 기쁜 소식이 문 앞에 이른다. 혼인의 경사가 아니면 남의 천거로 녹을 받게 될 것이다. 가정 문제도 화합하니 집안에 웃음이 가득하다. 도와 주는 귀인을 만나서 재물을 얻을 수다. 복록이 이르니 큰 부자 부러울 것이 없다.

11, 12월 달이 구름 속으로 들어가니 사방이 캄캄하다. 하는 일마다 실리가 없다. 그러나 정성껏 노력하면 액을 면하겠다. 남에게 의혹을 사는 문제가 생길 것같으니 매사 분명히 처리하라. 애정 문제로 삼각 관계 일어나겠다. 신경성 질환이면 오래 간다. 치아가 좋지 않고 소화불량이 예상된다. 폭음 폭식을 특히 주의하라. 화재수가 있다. 불조심을 철저히 하라. 이성 문제와 도장, 문서 등에 조심해야 한다.

주요운세

직 업

운기가 길한 만큼 출세도 빠르다. 생각이 깊고 빠르니 무역에 종사함도 좋겠다. 만약 공업 일이 아니라면 의술을 전공하여 의술에 능한 의사가 될 것이다. 본래 지능이 다양하여 인체를 다루고 병을 고치는 일에 천부적인 재능을 발휘할 것이다. 직장인은 승진의 조짐, 직장을 옮기면 현재보다 직위도 오르겠다.

건 강

자기 진단이나 아마튜어 요법은 금물이다. 사소한 상처로 여겼던 것이 실은 상당히 중증이었거나 나쁜 병원균이 침투해 고생을 할 가능성이 짙다. 적당한 약으로 병을 고치려하면 악화되기 쉬우니 의사의 진단에 따르자. 과로를 피해야 할 것이고, 특히 성에 대한 절제와 균형은 건강의 열쇠다. 특히 47세, 49세, 57세는 주의하라.

금 전

운이 급속히 돌아와 큰 재물을 만지겠다. 즉 꾸어준 돈이 약속 날짜보다 빨리 돌아온다는 계시다. 매우 건실한 금전 운이다. 유산 상속과 같은 타의적인 것이 아니고 자동적으로 남는 금전 운을 나타내고 있다. 큰 금전 운의 약속은 변함이 없다. 그러기에 돈은 눈덩이처럼 들어오고 있다. 부도 난 회사는 부도처리하여 줄 귀인이 나타난다는 계시다.

연 애

애인의 마음을 점쳐서 이 괘가 나왔을 때에는 깨끗이 잊을 일이다. 미련을 두고 전화를 걸거나 편지를 해도 아무 소용이 없다. 성미가 급하여 쉽게 달아올라 분위기를 조성할 여유도 없이 달리기 시작하여 어느 사이 골 지점에 도달한 뒤에야 숨을 돌리는 돌발적인 형이다. 속전속결인 만큼 정상의 높이도 가까운 곳에 있다.

궁 합

축복받는 한 쌍의 사랑이다. 혹 연상의 인연일지라도 결혼하면 행복해질 수 있다. 중매 결혼은 방해자가 있어 지연되기는 하지만 좋은 인연으로 성사된다. 결혼한 후에도 금실이 좋겠고 시부모 사랑을 받는 며느리 또는 장모의 사랑을 받는 맏사위가 될 것이다. 풍산점괘는 산지박·지천태·지뢰복괘를 만나면 행복의 재미를 맛보며 살 것이다. 여성은 23 세, 25 세, 31 세가, 남성은 26 세, 29 세, 31 세, 36 세때 호운이다.

부부궁

궁지에 몰려도 좌절하지 않는 확고한 신념과 끈기가 있고 뱃짱이 세며 수단이 좋다. 절세가인격이니 따르는 이도 많고 친구도 많다. 남자 친구를 얻으려 하지 말고 이성을 적으로 봄이 좋겠다. 금실에 흠이 없어도 스스로 만족의 도가니에 넣지 못하면 항상 가슴이 비게 되고 그래서 채워야 할 일도 많아진다. 초산은 약간 난산이나 아들을 낳겠다.

시험운

최종적으로는 자신이 바라는 곳으로 들어갈 수가 있다. 그러나 남보다 한발 늦은 감이 있다. 진학의 경우는 재수· 취직의 경우에는 지연될 염려가 있다. 초조한 마음은 금물이다. 사소한 걱정은 떨쳐버리고 느긋한 자세로 목표에 도달하기 위한 계획을 세우도록 하자. 검정 고시 도전자라면 몇 과목은 무난히 달성하겠으나 기타 과목은 다시 도전하라.

이 사

이사는 대길이다. 인간은 누구나 안식처가 필요하지만 아무 집이나 다 좋은 것은 아니다. 주택에 대한 욕구를 지니는 것은 지극히 자연스러운 일이다. 인간은 누구나 집이 필요하기 때문. 호화롭고 훌륭하기보다는 개성적이며 강력한 하나의 단위로서 독립이 보장된 주택을 원할 것이다. 동남간이 좋고 행운의 숫자 6 이며 이사 길일은 6 일, 15 일, 24 일이다.

풍 수 환
風 水 渙

바람과 물은 환이다. 이 괘는 바람의 손괘가 위에, 물을 의미하는 감괘가 아래 있다.. 바람이 물 위에 불고 있는 상태다. 바람이 불어 물 위를 덮고 있는 모든 더러운 것을 씻어내는 상태다. 이와 같이 모든 우울했던 관계를 벗어나 싹 씻어버리고 밝고 명랑하게 대개혁을 단행하는 괘다.

● 운명을 다스리는 자세

순풍에 돛을 올린 상태. 풍수환괘를 얻은 당신은 지금까지의 곤란이 해소되고 점차로 희망이 다가오는 것을 뜻한다. 그러나 밝은 전도가 전망된다고 하여 방심하거나 경솔한 일은 피함이 마땅하다. 이 괘는 흩어지나, 산란하다는 뜻도 있는 것이므로 굳건하고 확고한 자가 노력을 소홀히 하면 모처럼의 행운이 전락할 염려가 있다. 조그마한 행복, 평범한 행운에 불평불만을 갖는 것보다 감사하라. 이것이 행운을 가져오는 열쇠일 것이다. 거만한 마음을 삼가하지 않으면 모처럼 일기 시작한 새로운 조류도 날 수 없고, 이제까지의 노력도 수포로 돌아간다는 신의 경종이다. 선배들의 지혜를 빌리는 것도 잊지말아야 할 것이다. 결단은 자신의 의지로 내리도록 하라. 전반적으로 어물거리기 쉬운 때이나 때로는 몸을 내던질 정도의 각오도 필요하다. 당신은 사물의 판단력이 있음에도 때로는 자신을 상실할 때가 있다. 선견지명이 있어 사물이 돌아가는 것을 알고 있어도 도중에서 포기하거나 행동을 하지 않는 경향이 있다. 신용성이 결여되기 때문에 중요한 일이나 책임 있는 일은 맡길 수 없어 다른 사람들의 선두에는 절대로 설 수 없을 것이다.

1, 2월 무슨 일이든지 순조롭게 풀려나간다. 고난을 이겨낸 보람을 느끼게 된다. 발전과 성공이 약속되어 있고 보장되어 있다. 그러나 지금까지 겪었던 고난을 거울삼아 꾸준히 노력하고 또 적덕을 해야 한다. 그것이 복록을 오래 누릴 수 있는 비결이다. 우물 속의 물고기가 바다로 나가니 의기양양하다. 그러나 겸손하라. 장사를 한다면 천금이 들어온다. 직장인은 승급의 운세이며 존경받는다.

3, 4월 마음을 바로 하고 덕을 쌓으면 반드시 귀인의 도움을 얻는다. 남에게 베풀어라. 몇 갑절이 되어서 되돌아올 것이다. 재앙이 사라지고 복이 오니 평안을 얻는다. 혼인의 경사가 아니면 자손의 경사가 있을 것이다. 점차 운세가 좋아진다. 물가에서 생업을 하면 순조롭다. 티끌모아 태산을 이루니 이후에는 머물러도 좋으나 하는 일도 길하다.

5, 6월 처음에는 물심 양면으로 소모가 많을 뿐 아니라 희망하는 바가 성취되지 않으매 좌절하기 쉽겠다. 그러나 차츰 좋아지는 운세를 가지고 있는 괘이니 용기 백배하여 노력하라. 재물은 들어오나 집안에 우환이 있다. 일희일비의 운세이다. 집안에서 하찮은 일로 쟁론이 일겠다. 마음 속에 갈등과 번민이 있지만 결단을 내려라. 어차피 악은 멀리해야 한다. 형제나 자매간에 불화가 있겠다.

7, 8월 정직과 성실, 그리고 선하게 생활하면 차츰 소원이 성취된다. 또 뜻하지 않은 협조를 얻게 되어 길하겠다. 작은 일부터 도모한다면 차츰 성사되어 나갈 운수이다. 집안에 길한 경사가 있겠고 자손의 영화가 있다. 남쪽이 좋으니 그곳에서 재물을 얻을 것이다. 명성과 이익을 얻으니 양 손에 가득하다. 의식에 부족함이 없으니 무엇을 더 바라겠는가.

9, 10월 믿었던 사람, 가까운 사람에게 의외로 배신당할 수 있다. 경계하는 한편으로 사랑을 베풀어라. 참고 기다리며 꾸준히 노력하라. 자성하라. 서서히 악운이 걷히면서 새 희망이 보일 것이다. 현재 감기 등 하찮은 질병으로 고생한다. 충치, 기생충, 결핵 등의 질병에 조심하라. 출산은 유산될 염려가 있으니 의사와 상의하라. 약간 난산하겠으며, 초산이면 아들을 낳겠다.

11, 12월

가까운 사람을 주의하라. 혹 나를 해칠까 두렵다. 옛 것을 지키고 경거망동하지 말라. 수고는 하지만 공이 없으니 시간만 헛되다. 주색을 가까이 하면 재물 잃고 건강 상한다. 하는 일에 장해가 있고 은인이 원수가 될 수도 있다. 말을 삼가하고 은인자중하라. 그러면 큰 재앙은 면할 수 있겠다. 남에게 인정받지 못한다고 불평만 하지 말고 내 생활 태도를 자성하라.

주요운세

직 업

악운이 사라지고 호운으로 돌아선 당신은 본래 상업에 능한 사교술이 있으니 어떤 장사를 해도 성공한다. 특히 백화점을 경영하면 능하고 재력이 부족하면 수퍼마켓이나 잡화상이라도 성공은 따 놓은 것이다. 상업에 종사하면 불만이 없고 만족함을 느낀다.

건 강

치질·월경불순·성병 등 오래된 질병도 회복될 것이다. 그러나 중년기에 접어들면서 허리에서 발바닥까지의 좌골 신경에 통증을 느끼게 되는데, 이는 냉이나 감기 등의 원인임을 알아야 한다. 신경 계통의 약화가 원인이 되어 편도선도 생긴다. 만약 비대증이 생긴다면 췌장의 쇠약으로 인한 비뇨기관의 질환에도 주의하고 당뇨에도 신경을 써라.

금 전

큰 돈을 융통함은 힘들겠으나 희망이 아주 없는 것은 아니니 동서쪽에서 귀인을 찾도록 하라. 대인 관계를 끈질기게 절충함으로서 소기의 목적을 달성할 수 있다. 상대방도 마음 속으로는 타협하기를 바라고 있으니 도중 하차하는 일은 없어야 한다. 상대방의 의견에 따라 어느 정도 양보하려 들면 거래나 교섭도 순조롭게 이루어진다.

연 애

삼각 관계라면 차라리 좋겠지만 사랑의 앞길을 가로막는 방해자가 서너 명은 있는 것 같다. 당연한 일이지만 트러블은 피할 수 없고 어둠 속에서 날라오는 돌팔매는 막을 길이 없다. 사교에 능한 아름다운 몸짓으로 사랑의 연금술사가 되어 기교를 마음대로 조작하는 광적인 여자. 성적인 욕구 불만으로 잠자리에서 벌떡 일어나 육체를 감추고 밖으로 뛰쳐나가는 인간이다.

궁 합

초혼자는 혼담이 없던 사람도 곧 혼담이 이루어지며 친구로 사귀던 이성간의 사랑이 결혼까지 이르게 되었으니 천생 연분이다. 놓치지 말고 서둘러 인연을 맺어라. 상대가 정확하고 주도 면밀한 성격의 소유자이긴 하지만 자식들과 함께 가정을 행복의 요람으로 만들어갈 수 있는 상대이니 더 이상 바랄 게 있겠는가? 남성은 26 세에 최고의 여성 운을 만나고 여성은 23 세, 25 세때 좋은 운기다.

부부궁

언어와 행동이 정직하고 붙임성이 있으며 외교 수단이 좋은 편. 약간 자유분방한 면은 있으나 성품이 고상하고 용모가 빼어나다. 초년에 부귀가문에서 행복을 누렸으나 중년에 곤액이 따라 부부간의 트러블이 잦은 편. 누구를 만나든 만족은 자신에게서 멀리 떨어져 있으니 자만심을 버리고 고향을 찾아나서지 말고 머물러 고향을 만들지 않으면 항상 허전함은 면치 못하리라. 출산은 순산을 하겠고 아들을 낳겠다.

시험운

사전 조사나 준비를 게을리해서는 치밀한 전략을 짤 수 없을 뿐만 아니라 지금의 시점에서 이미 라이벌과 격차가 나 있는 것이 된다. 본인은 전력을 다하고 있는 셈이지만 주위에서 보기에 아주 딱한 상태다. 서투른 공작은 주위의 빈축을 사기 마련이다. 자신의 실력과 능력을 판단할 줄 알아라. 냉정한 눈으로 자기 자신을 바라보고 무엇을 하고 싶은지 분명히 생각할 일이다.

이 사

변동수와 이동수가 따르니 이사함으로서 안정을 찾겠다. 활동해야 하는 적당한 공간의 안위를 찾을 아늑한 보금자리와 취미를 살릴 여유가 맞아야 하고 조립된 구조와 치장된 색깔의 성미와 맞거나 맞지 않음에 따라 위축될 수도 있고 성장해갈 수도 있다. 작은 공간의 아파트라도 조용한 곳이라면 이상이 없을 것이다. 서남간 방향이 좋고 행운의 수는 6 이며 이사 길일은 6 일, 15 일, 24 일이다.

손위풍 巽爲風

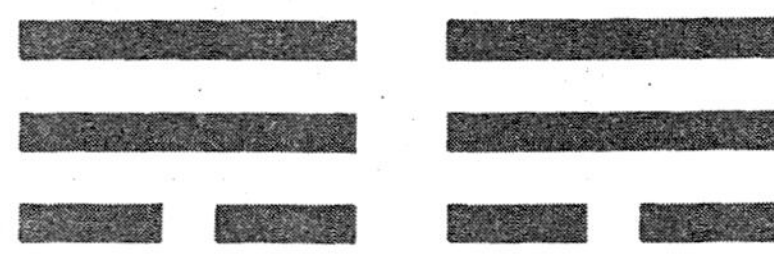

손은 바람이다. 이 손위풍괘는 손괘가 겹쳐서 이루어졌다. 손은 바람의 형상이며 바람 위의 바람이므로 크게 형통하지는 못하나 조금은 통한다. 이 바람은 무엇이건 피해가며 먼저 숙이는 부드러운 바람이다. 겸손하고 부드럽게 대처한다는 뜻이다.

● 운명을 다스리는 자세

만사가 바쁘고 들떠 있을 때 마음을 가다듬어 신중하게 대처해 나가야 할 것이다. 바람은 어느 틈바구니로 찾아 들어가는 성질이 있다. 즉 부드럽고 유순하다는 뜻이다. 체력도 튼튼하면서도 또는 완력이나 파워가 있으면서도 싸움은 피하려 든다. 그러나 싸움에 끼여들면 단 한 방으로 끝낼 작정으로 계략을 짜거나 끈질기게 덤벼들어 승리를 따내고야 마는 집요함도 있다. 차분하게 관찰하고 주시하는 통찰력과 세상을 침착하게, 그리고 신중하게 판단하고 몸을 도사리는 완벽주의자이며 완전주의자다. 매사를 철두철미한 준비를 해 둠으로써 후일의 후회를 가져오지 않는 이상형을 지녔다. 그러나 성품이 좋은 만큼 쓸 데 없는 고생을 짊어지기 쉬운 타입이기도 하다. 반면 대인 관계가 좋고 너무 팔방 미인이어서 자기를 잃기 쉬운 경향도 있다. 결단력이 결여되고 갈림길에 서면 어쩔 줄을 몰라 남에게 의존해 버리는 일도 때로는 볼 수 있다. 어름어름하고 있다가는 진퇴를 결정짓지 못하는 일이 생길 염려가 있다. 모든 일에 겸손하고 부드러운 태도로 성의를 다하여 몇 번이고 거듭하면 마침내는 모든 것이 순조롭게 성취될 것이다.

1, 2월 성심성의껏 노력하면서 때를 기다려라. 장래는 유망하나 지금은 옥구슬이 흙에 묻혀서 빛을 발하지 못할 때다. 그러나 장래는 보장되어 있다. 굴욕스런 점이 있어도 참아라. 소원이 차츰 이루어진다. 미혼자는 혼담이 오가고 좋은 배필도 나타난다. 여행은 레크레이션을 위한 여행이나 업무 여행인 경우는 길하겠다. 입학은 안정권에 든 곳이면 무난히 합격한다. 선택에 어려움이 따르겠지만 무난히 합격한다.

3, 4월 하던 일을 가지고 현상 유지를 하면서 때를 기다릴 시기다. 베풀고 후회하거나 돌아오기를 바라지 말라. 때가 되면 몇 갑절의 복이 되어서 반드시 돌아온다. 절도 있는 생활이 성공의 비결이다. 입시 준비생은 우선 노력이 앞서야 한다. 합격할 수 있는 가능성이 칠할 정도이다. 혼인은 중매결혼인 경우 좋은 혼처가 나선다. 결혼 후에도 부부생활 원만하겠다. 그러나 조급하게 굴지는 말라.

5, 6월 나는 절제하려고 하나 주위의 유혹이 많다. 그래도 이런 유혹과 장애를 물리칠 수 있는 의지와 신념이 있어야 할 때이다. 근검 절약하여 저축에 힘쓰라. 저축보다 더한 것은 덕을 쌓는 일이다. 금전 거래를 삼가라. 만일 아내의 우환이 아니면 자손으로 인한 근심이 있겠다. 구설수를 조심하라.

7, 8월 만사가 잘 풀린다. 그러나 자꾸 지연되어가는 일도 있을 것인데, 그것은 자기 고집을 너무 앞세운 탓이다. 지금도 늦지 않았으니 내 고집을 꺾으라. 모든 일이 형통할 것이다. 경영자는 편안하겠고, 직장인은 횡재수가 있다. 열심히 살아온 보람을 느낄 수 있겠다. 상하가 화목하다. 분수를 지키고 살아가면 복록이 가득하다. 집안에 경사가 있다. 혼인 아니면 득남수이다.

9, 10월 하던 일을 가지고 현상 유지를 하면서 때를 기다릴 시기다. 조급하게 생각하지 말라. 두 걸음 약진하기 위해 한 걸음 후퇴하는 경우도 있음을 명심하고 기를 쉬게 하고 기르도록 하라. 곧 호운이 찾아올 것이니 그때에 가서 꿈의 나래를 펴라.

11, 12월 춘풍에 얼음이 녹으니 계획했던 일이 반쯤은 풀린다. 집안이 화락하니 심신이 곤고한 가운데 안정을 되찾는다. 마음을 안정하고 바른 생활을 하도록 힘써라. 귀인이 들어 차츰 호운을 만나겠다. 귀인이 나를 도우니 몸은 높은 자리에 오르고 재물은 왕성하다. 직장을 옮겨도 상관없겠다. 이사를 하는 것이 좋겠고 뜻과 같이 된다.

주요운세

직 업

현재까지 쌓아온 기초를 중시하고 부분적인 개혁은 매우 격찬할 일이다. 사업에 잔재주를 부린다는 것은 위험이 따른다. 어떠한 분야에 있어서도 자기 페이스로 꾸준히 노력하면 착실하게 계단을 오를 수가 있다. 남에게 뒤지고 분한 감정이 남아 있어도 사업가라면 웃음을 잃어서는 안 된다. 차분하고 부드럽게 대처해야 직장인으로 상급이다.

건 강

체질적으로 청년기부터 감기·췌장·간장 계통의 질환이 침투하기 쉽다. 여자의 경우 작은 일에도 쉽게 피로가 오는데 그 원인, 즉 신경기관의 예민성 탓이며 그로 인해 두통이나 감기가 따라다니기 쉽고, 신경통으로 늘 몸이 곤하겠다. 낮잠을 즐기고 한증탕을 자주 찾는 것이 좋을 것이다.

금 전

비록 손에 쥔 돈이 없다고 하더라도 예정외 또는 뜻하지 않은 지출이 겹쳐 산재를 면치 못할 입장으로 몰릴 것이다. 마지막으로 믿었던 꿈마저 끊기고 마는 상태다. 특히 실망과 고난의 연속으로 심신이 다같이 피로해 지쳐버리는 상태를 계시하고 있다. 부동산 매매로 인한 재물은 다소의 시일이 걸린다.

연 애

험난한 고개를 겨우 넘었는가 하면 그 앞은 절벽이라는 절망적인 계시이다. 본 뜻은 아닐지 모르나 단념을 하고 다른 코스를 골라야 할 것이다. 남편이 소극적이면 스스로 주도권을 장악하여 전희에서부터 시작하여 상위의 성교로 단숨에 클라이막스까지 이끌어 후희의 완벽을 기한다. 섹스에 대한 억제심이 강하면서도 타인을 의식하지 않고 불을 붙이는 타입이다.

궁 합

초혼자는 너무 들떠 있는 계시다. 마음의 안정을 찾을 때다. 재혼도 좋고 초혼도 좋은 해년이다. 여기저기서 초혼이 들어오고 있으나 결정을 내리지 못하고 망서리고 있는데 때가 왔으니 선택하라. 천수송·천뢰무망괘를 만나면 신뢰할 수 있는 높은 덕망과 친절한 서비스 정신으로 일관하여 가정에 신선한 바람을 넣어줄 것이다. 여성은 23세, 24세, 25세, 27세, 27세에 좋은 인연을 만나고, 남성은 26세, 29세, 34세에 호운이다.

부부궁

대장부다운 활달한 성격이나 참을성이 없어 초목이 서리와 찬바람을 만난 격이다. 일생 부부간에 풍상이 많고 신세가 가련하여 탄식으로 세월을 보내는 예가 많다. 사랑은 깊고 애닯아 금실이 하늘에 이르는데 자식이 운이 좋지 않아 낳으면 잃기 쉬우니 슬하의 근심이 뒤따른다. 금실이 화락하면 반드시 자식에게 액이 있으니 둘을 다 가지려하면 이별수가 생기기 쉽다. 약간의 어려움이 따르겠고 초산인 경우는 딸을 낳겠다.

시험운

어두운 전망이 아무래도 호전되지 않고 그대로 있을 가능성이 있다. 이런 경우 희망하던 학교나 직장 시험은 변경하는 편이 현명하다. 라이벌로부터 완전히 패배당했다고 생각되나 기적이라는 것이 있으니 마음에 가는 곳마다 응시하고 볼 일이다. 제 아무리 필사적으로 잡으려해도 그것은 무리한 일이다. 초조하거나 잔재주를 부려서는 안 되지만 선수를 취하는 방법을 모색하라.

이 사

이사는 길하다. 꾸미고 사는 집안이나 집의 위치 등을 보아 성격을 짐작할 수 있다. 곧 집은 성격이 형상으로 나타난 것과 같다. 번화한 거리를 벗어나 막다른 골목쪽이나 안쪽으로 쑥 들어가 앉으면 편안함을 주며 높게 올라가서 다른 집들보다 약간 위가 좋으나 꼭대기는 싫다. 항시 밝은 태양을 맛볼 수 있는 남향이 무난하고, 행운의 숫자 6이며 이사길일은 6일, 15일, 24일이다.

풍 뢰 익
風 雷 益

바람과 우뢰는 익이라. 이 괘는 위 것을 덜어서 아래에 보태는 상태이다. 백성이 바라는 백성의 이익과 행복을 위하여 성의를 다하고 노력을 바치는 그런 정치를 하라는 괘다.

●운명을 다스리는 자세

마음 속으로 울어도 얼굴은 웃는 꿋꿋한 심지를 가진 것이다. 국가가 큰 토목 공사를 하여 주민에게 이익을 주는 것과 같으니 지금 당장 이익이 나오거나 돈벌이가 되는 것은 아니지만 높은 차원에서 지금 남을 위하여 혜택을 베풀면 그것이 장차 몇 갑절의 큰 것으로 되돌아올 것이다. 한 마디로 남을 도울 수 있는 때는 성운에 있는 것이다. 자기보다 약한 위치에 있는 사람을 도우는 것은 성의에서 하는 것이지 남의 강요나 또는 갚음을 바라고 하는 마음은 아닌 것이다. 그러기에 손해보는 것 같으면서도 결국은 큰 이익을 얻는 것이 이 운수의 계시이다. 처음부터 큰 행운은 바랄 수가 없다. 건실하게 한 발자욱씩 전진하면서 시도하면 사는 보람이 나타날 것이다. '하늘은 스스로 돕는 자를 돕는다'를 명심하여 한결 같은 최선을 다할 일이다. 그렇게 되면 귀신도 이를 방해하지 않고 화창한 인생 가도가 약속될 것이다. 전진을 위해서는 후퇴도 때로는 필요하며 그 후퇴야말로 플러스가 될 확률이 높을 것이다. 그러나 승부나 사업도 선수 필승이라는 것이 상식이나, 선수를 친다는 것은 거의 이기고 들어가는 것과 같다. 그런데 지금은 선수를 칠 수 없는 상황이다. 어쩌면 앞서간 사람을 필사적으로 뒤쫓고 있는 상태다. 버드나무 밑에 항상 미꾸라지가 있다고는 보장 못한다.

1, 2월 분주하게 뛰어다니지만 별로 소득이 없다. 그러나 낙심은 금물이다. 열심히 노력하면 현상 유지는 가능하다. 부하를 조심하고 그로 인해 손재수가 따르겠다. 재물은 들어오나 나가는 것이 더 많다. 여행가는 것은 길하지 못하다. 질병에 걸릴 위험 있고 도난당할 염려도 있다. 특히 미혼 여성은 조심하라. 얼마 후에는 모든 것이 다 풀릴 것이니 용기를 잃지 말고 기다려라.

3, 4월 집안이 중흥하고 명성을 얻게 된다. 직장인은 상사에게서 인정을 받게 되고 미혼 남녀는 좋은 배필을 만나게 될 것이다. 과부나 홀아비도 재혼의 운세를 만나니 기쁨이 많으리라. 바르고 화순하게 살아가면 집안에 경사가 있고 경영하는 일마다 기쁜 일이 있으리라. 밖에서는 일이 잘풀린다. 뜻밖의 귀인을 만나서 서광이 있으리라.

5, 6월 가정적이고 원만하겠다. 또 잔잔하고 여성적인 운세다. 매사가 평온 무사하게 이루어지므로 자칫하다가는 무사 안일주의로 빠지게 된다. 남성인 경우는 좀더 뜻을 높은 곳에 두고 도전하는 것도 바람직하다. 취직을 하려는 사람은 웃사람이나 부녀자에게 부탁하고 자주 만나보라, 가능하다. 직장에 나가는 사람은 지금의 직장이 아주 좋다. 당장은 불만스러울지 모르지만 장차 인정을 받아서 크게 향상될 수 있겠다.

7, 8월 경거망동하지 말라. 구설수를 만날 것이다. 손재수도 있으니 주색잡기 삼가하고 덕을 쌓기에 힘쓰라. 그러면 면할 수 있다. 사물과 인심을 예의 관찰하고 대처하라. 우선 정직하고 성실하게 일하면 뜻하지 않은 원조자가 나타나서 도울 것이다. 자기 위주로, 혹은 이기적으로 행동하다가는 나중에 크게 후회할 것이다. 먼저는 근심하나 나중에는 기쁨이 있다. 건강 관리 유념하고 성급한 마음을 안정시켜라.

9, 10월 가정 내에서는 부부 금실이 좋으나, 그러나 그것이 도리어 화근이 되어 신병을 불러오는 일도 있다. 매사에 조심하고, 노부모를 모시는 사람은 부모에게 관심을 기울이라. 동쪽에 재물이 있고 얻을 수도 있다. 평범하되 공정하면 만사가 형통한다. 소원은 지성을 드리면 귀인을 만나서 성취할 것이다. 고대하던 소망이 이루어진다. 건강 상태는 젊은이는 곧 완쾌되나 노인은 시일이 거릴 것이다.

11, 12월

마음이 안정되지 않아서 우왕좌왕할 것이다. 망동하면 불길하다. 언행을 조심하고 그렇지 않으면 구설수가 따를 것이다. 동쪽 사람이 나를 해치니 송사가 일어나겠다. 재물은 서쪽에 있으니 그곳에서 찾아라. 일은 뜻과 같이 되지만 뒤숭숭한 일이 많겠다. 분수에 넘치는 일은 삼가하라. 분수에 넘치는 일을 꿈꾸다가는 화를 입게 된다. 가까운 사람으로부터 배신당할 수가 있으니 경계하고 모든 일에 자중하라.

주요운세

직 업

백성을 위한 정치가 되어야 한다. 가족이나 사회에도 환원할 수 있을 때 더욱 보람된 것이다. 그 일 자체를 찾아야 하고 그 일 자체에서 보람을 찾고 또 승부를 걸어야만 옳은 직업이 된다. 직업은 나 자신만을 위한 수단으로 선택되어서는 안 된다.

건 강

한 가지 질병이 두 가지로 발병할 위험이 있다. 오래도록 병 중인 사람은 의사의 진단을 받자. 큰 병이라도 목숨을 건질 수는 있지만 주의를 게을리해서는 큰 화를 입는다. 여하간 현재는 신통치 않은 건, 강운이므로 조심하고, 담배, 술도 줄이도록 하자. 간장·신장·불면증·시력 감퇴 등 모든 병을 다 끌어들일 수 있는 체질을 가지고 있다.

금 전

무슨 일이든 노력을 하면 목적을 달성할 수 있는 법이지만 이 괘는 무엇을 해도 희망을 달성할 가망이 보이지 않는다. 운명을 주저하기 전에 이제까지의 낭비를 반성하고 앞으로의 금전 철학을 재정비하는 것이 현명하다. 돈이란 흐르기 시작하면 걷잡을 수 없는 세력으로 돈은 등을 돌리고 만다. 당일의 달성은 꿈으로 끝나는 경향이 있다.

연 애

힘찬 사랑으로 끌어당기는 힘에 자기도 모르게 끌려갈 것이다. 질이 깊어 짧은 성기를 만나면 용기가 필요로 하며 또 남성이 하체를 뻗는 타입이라면 섹스에 대한 쾌락의 정상을 넘어보지 못한다. 패팅의 잔재주도 없으면서 중년에 쇠퇴하고 마는 별 볼일 없는 남성. 속전 속결인만큼 정상의 높이도 가까운 곳에 있다.

궁 합

초혼자는 의기 상합하여 뜨겁게 이루어지고 있다. 또 순조롭게 성취되고 결과도 길하다. 재혼자는 그 결과는 좋지 않은 편이나, 사주 팔자가 그렇다치고 억제하면서 아름다운 사랑을 만들어라. 택지췌괘를 만나면 지나칠 정도로 정확하고 주도면밀한 성격의 소유자이기에 너무 피곤한 감이 들 것이다. 천지부·천산둔괘 등은 그런대로 무난하다. 남성은 23 세, 29 세, 30 세 때가 좋으며, 여성은 19 세, 23 세, 30 세 때가 찬스이다.

부부궁

성실, 겸손, 근면하며 능수능란한 사교술까지 겸비하고 있는 성품. 또 성품이 활달하고 개방적인 데다 재주가 있다. 사랑은 하고자하여 되는 것이 아닌데도 작정을 하니 테크닉이 좋고 분위기를 형성해감에 남다른 재주가 있다. 질감 있는 애정보다는 기교 있는 무대를 만드니 관중이 떠난 뒤 당하는 허전함도 있다. 출산은 순산하며 딸이다.

시험운

진학 응시 다같이 전망이 밝다. 그러나 입학이나 입사를 할 수는 있어도 다소의 고생이 연속되기는 하나 노력하는 데서 실마리를 찾게 될 것이다. 매사에 남다른 의지와 노력이 있었기에 이같은 승리를 얻은 것이다. 무슨 일이든 무난히 해치울 수 있는 남보다 한발 앞선 재능도 타고났다. 학교나 회사에서 앞으로 인생의 커다란 자신을 주게 될 것이다.

이 사

신축이나 개축도 좋고 이사도 길하다. 자연이 쾌적하고 풍부한 빛의 리듬을 맞춘 막힘이 없는 아담하고 고상한 주택을 원할 것이다. 때문에 창문이 없이 어둠이 깔린 집에 가면 앉기도 전에 벽을 뚫어야만 직성이 풀린다. 광선이 차단된 집은 좋지 않으며 소음이 나고 곤충 따위가 자유롭게 사는 음침한 곳은 질색이다. 동물들의 축사가 가까이 있거나 드나들 수 있다면 신경이 날카로와진다.

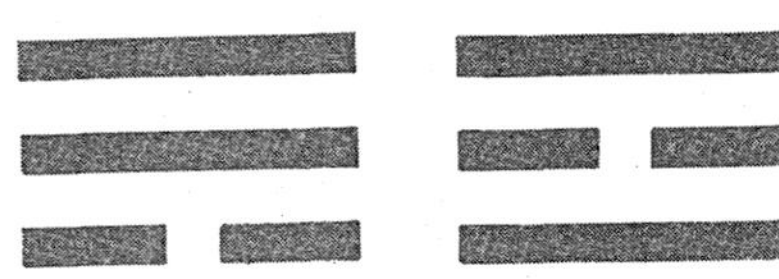

풍화가인
風火家人

바람과 불은 가인이다. 이 괘는 바람을 뜻하는 손괘가 위에, 불을 뜻하는 이 괘가 아래에 있다. 불이 타면 바람이 생긴다. 가인은 가정의 뜻이다. 불이 나면 바람이 일어 크게 확대시킴과 같이 가정이 바르게 다스려지면, 그 힘이 국가와 사회로 뻗어나감과 같은 것이다. 가하(家夏)는 인간 사회의 기본이요, 인간 생활의 기본인 것이다.

● 운명을 다스리는 자세

가정적이고 원만하다지만 여성적이고 잔잔한 운세. 마음놓고 인생의 즐거움을 맛볼 때 결혼 생활도 평온이 지나쳐 바람피워 보고 싶을 때를 상상해 보자. 모든 작업을 쉬고 거둬들인 오곡백과로 풍족한 초겨울의 성격이다. 부족함이 없이 넘쳐나는 지혜로 빠르고 자유롭게 지성과 관능의 조화를 이루는 낙천성을 유발시킬 것이다. 자유롭고 풍족한 생활력은 넓고 많은 부족함이 없는 것을 요구하는 성격으로 형성된다. 그러나 진인사 대천명이란 말의 뜻을 알고 있고 힘을 다하였다고 여기지만 다하지 못한 경우가 가끔 있는 법이다. 이 괘의 특징이 그것으로 천려의 일실도 또한 인간다운 점이라고 할 수 있으나 실패해서는 안 된다는 계시다. 매사에 경솔하지 않고 기반 다지기를 게을리하지 않고 선수를 치는 자세로 임하면 찬스를 잡을 수 있다. '군자의 교제는 담담하면서도 친밀도가 깊고 소인의 교제는 달콤하면서도 단교한다. 이유없이 만나는 자는 이유없이 헤어진다'와 같은 일이 없이 교제면에서는 남의 마음을 소중히 하도록 세심한 주의를 요한다. 이 괘에서는 일이나 사생활의 모든 면에서 평범한 사람이 많고 이렇다할 매력적인 부분이나 존경할 만한 점은 신통치 않다.

1, 2월 한 마디로 대통한 운기다. 무슨 일을 하더라도 육감이 들어맞고 매사 바라는 대로 이루어진다. 또 남의 공감을 불러일으키고 인정도 받게 된다. 공직자에게는 스카웃의 영광이 기다리고 있으며, 정치가는 의외의 행운을 맞게 된다. 기업인에게는 행운이 따르고 회사는 번창한다. 거부가 될 괘이다. 작은 기업을 경영하는 사람도 적소 성대하여 중류 기업으로 발전한다. 농사군, 이민 등 모두 좋다.

3, 4월 승진 대상으로 발탁되나 자신을 과신하다가 실수할 수도 있으니 조심하도록 하라. 수입은 매우 좋은 편이며 예상 외의 재물도 생긴다. 투기성 있는 일에 손을 대는 것도 무방하겠지만 지나침은 하지 않는 것만 못하다. 큰 욕심 부리지 말고 신중하게, 그리고 서서히 하면 반드시 좋은 결과가 있을 것이다. 입시 준비를 한다면 일류 공립 학교에 합격한다. 단 무리한 지원은 하지 말라.

5, 6월 금과 옥이 집안에 가득한 형국이고 해가 중천에 떠 있는 괘이다. 빛나는 태양처럼 만사가 번창할 때이며 뜻대로 모든 일이 이루어진다. 부부, 자손 모두 화목하여 가정에서 웃음꽃이 필 것이고 공직자를 비롯해서 어떤 직업을 가지고 있든 소원하는 바가 이루어진다. 앞을 가로막던 악이 사라지고 선이 찾아오니 선과 더불어 모든 일을 행하라. 이사는 옮기지 않아도 무방하나 옮기면 길하다.

7, 8월 모든 일이 잘 풀리게 되면 도리어 긴장이 풀어질 수도 있는 법이다. 긴장이 풀어져서 매사를 소홀히 하다가는 급전직하 쇠운을 맞을 수도 있다. 현상태로 나가는 것이 길하다. 또 욕심을 내서 확장하거나 무리하게 밀고 나가는 것은 불리하다. 연애 상대자는 서로 성격이 비슷한 사람끼리 사귀게 된다. 똑같이 이지적이거나 자존심이 강한 사람을 만나겠다.

9, 10월 여기 저기서 이해를 해주지 않아 고민스럽고 답답한 데다가 자신도 고통스런 일이 있어서 목적하는 일에 전념할 수 없다. 어쨌든 마음이 상하는 때이다. 무심코 뱉은 말이 화근이 되어 피해를 보겠으니, 언행을 모두 조심하고 매사를 양보한다는 마음가짐으로 임하도록 하라. 소원은 장해가 많아서 이루어지기 힘들겠다. 그러나 부분적으로는 이루어진다. 운이 불길해서 당장은 성취되지 않는다.

11, 12월 항상 말과 행동을 조심하라. 그렇지 않으면 남과 충돌이 일어나기 쉽다. 서로 의견이 통하지 않으니 협력자도 되지 않는다. 그러므로 새로운 사업은 구상하지도 말라. 자포자기는 금물. 용기를 잃지 말고 때를 기다려라. 행복할 날이 있으리라. 마음 속의 갈등을 해소하고 즉 극기는 이런 때일수록 필요하다. 자신이 자신을 이기는 것보다 더 훌륭한 일은 없는 법이다.

주요운세

직 업

하던 사업보다 좀더 뜻을 높은 곳에 두자. 도전하는 것이 바람직하기 때문이다. 건실하게 전진하면서 시도하면 사는 보람을 찾게 된다. 예능인이나 예술인이 아니라면 풍류객이 되어 인간 사이의 교류에 일익을 담당하는 일에 종사하게 될 것이다. 직장인은 현재 있는 곳이 좋고 지금은 불만이 따르더라도 장차 인정을 받게 되며 크게 향상된다.

건 강

정력감퇴·신장질환 등에 문제가 따른다. 정기적으로 건강 진단을 받으며 치료도 중요하지만 예방에도 신경을 쓰도록 하자. 회복되기 쉬운 체질이니, 신장질환 정도는 육체의 희생을 요구하지 말고 양식을 돕는 충분한 휴식을 즐기자. 주색으로 오는 건강은 보약도 없음을 주시하라. 14세, 17세, 62세 때 가장 질병에 약하다.

금 전

남성은 여성과 상담함으로서 사업자금을 잡을 수 있는 징조가 내포되어 있으나 부정 행위가 뒤따른다면…… 돈과 숨바꼭질하고 있는 상태다. 기색을 엿보면서 잠행하여 탐색하는 것이 가장 효과적인 작전이라 할 수 있다. 이곳 저곳 부탁한 것이 모두 풀어져 실망하고 있는 상태다. 그러나 시기가 촉박하였기에 그러하다. 기다리면 곧 풀린다.

연 애

이미 두 사람의 마음은 텅 비어 있고 앞날을 타성으로 살아가게 된다. 적극적이고 돌발적인 정열의 소유자로 분위기를 예술적으로 연결하는 일은 별로 없으나 어느 순간 폭도처럼 밀어닥치는 타입. 식성이 좋은 미식가처럼 태우면 태울수록 추구력이 강해지는 성도착증을 연상할 만큼 적극적인 침실을 꾸민다.

궁 합

상호 이해심이 많은 사람끼리 좋은 인연이고 순조롭게 이루어지며 끌인하면 화목한 가정을 꾸려 나가겠다. 재혼은 약간의 잡음은 있겠으나 치명적인 것은 아니니 전화위복으로 사랑을 더욱 확인하는 계기가 될 수도 있다. 생활의 리듬을 잃지 말고 영원히 지속해갈 수 있는 수천수·수풍정괘 등은 아주 좋은 인연이다. 여성은 26 세, 남성은 31 세 때 호기이다.

부부궁

자기 주장만 내세우려는 과격한 성격 때문에 귀먹은 구설을 많이 듣는 성품. 아내는 쉽게 만족치 못한 것은 아니요, 내 욕심이니 내가 남편을 행복하게 해야 의무라고 생각하고 노력해야 한다. 남편은 설령 재혼의 기회가 왔다하더라도 마음의 문이 열리지 않으면 불행하니 아내를 다른 어떤 것과도 비교하거나 낮게 봐서는 안 된다. 출산은 딸을 낳겠지만 의사와 의논하여 산모 건강을 수시로 체크하자.

시험운

진학, 취직 시험은 최강의 길상운(吉祥運)이다. 비록 큰 적에 둘러싸여도 두려움없이 전진하면 신은 반드시 편을 들어줄 것이다. 직종은 어느 분야에 배치되어도 남보다 한층 높은 활약이 보장된다. 장래에는 지도권이 있는 지위를 확보하게 될 것이므로 사소한 일에 신경을 쓰지 말고 실력을 발휘하도록 하자. 특히 예, 체능계 응시자는 온세계의 박수갈채를 받을 것이다.

이 사

가족 모두가 찬성이라면 이사해도 무방하다. 호수나 강 또는 계곡에 자연을 가까이 느낄 수 있는 그림 같은 주택이라면 무난할 것이다. 번화가에서 쑥 들어간 쪽의 위치라야지 번화가는 짜증이 난다. 주위가 둘러싸이거나 자연의 조화를 동시에 느낄 리가 없고 무리한 설계나 계획된 디자인이라도 좋다. 동남을 향해 앉으면 무난하다. 행운의 숫자 6 이며 이사 길일은 6 일, 15 일, 24 일이다.

풍택중부
風澤中孚

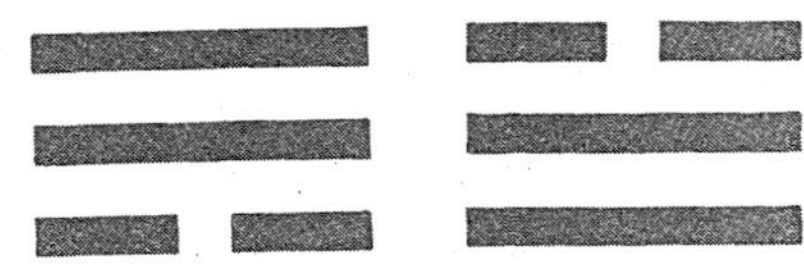

바람과 못은 중부다. 이 풍택중부괘는 바람이 못 위를 불어가
는 상태다. 바람이 불면 물결이 인다. 즐겨하며 따르니, 성의
로써 나라를 감화시킨다. 남을 감동시키고 따르게 하려면 순
수하고 열성으로 가득찬 참된 마음이라야 한다고 주역은 가르
친다.

● 운명을 다스리는 자세

새 새끼가 보금자리에 앉아 있다. 정직하고 근면한 사람에게는 대길할
것이다. 정의를 다하여 전진하면 큰 일을 성취할 수 있는 괘다. 평균적
이며 평안한 인간임을 계시하고 있다. 구태여 특징을 든다면 다정다감
하며 화려함을 좋아한다는 점이다. 특히 눈에 띄는 재능을 지니
고 있지 않지만 매사를 빈 틈 없이 요리하는 솜씨는 가지고 있다. 이런
괘를 지닌 상사에게는 기분을 잘 맞추어 주면 뜻하지 않게 신세를 받
을 가능성도 있다. 부하라면 컨트롤 여하에 따라 잘 활용을 할 수 있을
것이다. 그러나 자신의 재질를 과신하고 선배나 손위의 충고를 소홀히
다루다가는 큰 화를 면치 못할 것이다. 목표를 향해 남 이상의 노력을
쌓는 경우에는 실효를 얻어 달성이 가능하다. 그러나 태만스럽게 접하
면 역전되어 땅바닥으로 떨어지는 흉운으로 바뀐다. 매사에 전진적인
자세와 재빠른 처리가 길조를 유발한다. 허언을 토하지 말고 진실하게
타개하여 협조를 구하면 재능도 인정받고 발전도 한다. 또한 수동적으
로 임하는 것보다는 적극적으로 어프로치하는 것이다. 머뭇거리고 있
으면 으뜸괘를 사용할 기회를 놓치고 만다. 정확한 판단, 그리고 노력
과 선제 공격이 행운을 끌어들이는 열쇠가 될 것이다.

1, 2월 재앙이 변하여 복이 되고 구하면 반드시 이루어진다. 동쪽과 서쪽에서 형통한다. 재물과 관운이 모두 길하다. 재물의 근원이 샘물같으니 복이 들어온다. 서둘러서 일을 해결하는 것이 좋다. 선배의 도움으로 뜻밖의 성공을 하게 된다. 여러 사람이 합심하여 협동하는 일이라면 대성할 수 있겠다. 여행은 떠나도 무난하나, 동반자가 있으면 길하겠다.

3, 4월 현재의 처지에 만족하고 현상 유지하는 것이 길하겠다. 일을 새로 시작하는 것은 좋지 못하다. 여자 문제로 사소한 언쟁이 일어나기 쉽겠다. ·측근자의 조언을 받아들여 참작하라. 구설수에는 여전히 조심하라. 소송은 강행하면 불리해질 뿐이니 화해하도록 하라. 이익될 것이 없으니 서로 타협하도록 하라. 출산고통은 좀 있겠으나 무사하겠다. 예정일과 맞지 않아서 당황하겠고 딸을 낳겠다.

5, 6월 항상 말과 행동을 조심하라. 그렇지 않으면 남과 충돌이 일어나기 쉽다. 서로 의견이 통하지 않으니 협력도 되지 않는다. 그러므로 새로운 사업은 구상하지도 말라. 정신적으로 안정되지 않는다. 서두르면 실패하기 쉬우니 우선 마음을 안정시켜라. 건강 상태는 급성병을 조심하라. 자칫하면 급성 질환에 걸리고 성격탓으로 악화된다. 고열·심장병·안질 등도 주의를 요한다.

7, 8월 미혼자에게는 혼담이 오가겠고 미혼자가 아니더라도 한 가지 소원은 성취된다. 사업 종류를 바꾸든지 새 사업을 시작하는 것이 길하겠다. 얼마 후면 기회가 성숙될 것이고 영달을 이룰 수 있겠으며 안정도 되겠다. 좋은 아이디어 또는 창작이 떠오를 때이다. 여행은 즐거운 여행이 된다. 동행자가 있으면 길하다. 동행인이 본인까지 세명이라면 길하다.

9, 10월 금전은 풍성하다. 돈을 버는 스케일도 크다. 연애 상대는 이상적인 상대를 만나겠다. 남성은 상냥하며, 여성은 이지적인 면이 있다. 여성은 직업을 갖는 데도 적임자요, 큰 가정을 다스리는 데도 적임자이다. 출산은 순산하는데 초산이면 아들이고, 두 번째면 딸을 낳겠다. 산후에 산모 건강에 주의하라. 이사는 좋은 주택이 생기겠다. 신축하는 것도 길하겠다. 팔 목적으로 산다든가 새로 신축하면 잘 팔린다.

11, 12월

가정에 경사가 있다. 직장인은 변동수 있고 변동하면 길하다. 나아갈수록 좋은 운수이다. 중도에서 단념하는 것은 아까운 기회를 놓치고 마는 결과이니 밀고 나가라. 도와 주는 귀인을 만나서 재물을 얻을 수다. 복록이 이르니 큰 부자 부러울 것이 없다. 남의 힘을 빌어서 재물을 얻는다. 집안에 경사도 있으니 반드시 귀한 일이 생기겠다.

주요운세

직 업

동조자가 있는 사업이라면 순조롭게 이루어진다. 정직하고 근면한 사람은 꿈꾸던 것보다 더 좋은 결과를 가져올 것이다. 문인이나 학계, 혹은 정치계에 관심을 표명하고 그로 인해 생업을 삼게 될 것이니 항상 공부하는 태도로 사는 탓이다. 즉 교육자적 자세가 매사를 성공하게 한다. 만약 정치에 꿈을 두면 대정치가로 부상하여 역사를 주도하게 될 것이다.

건 강

변비, 시력장애 등이 뜻밖으로 악화될 수 있으나 대수롭지는 않다. 정신적으로 스트레스가 몸을 곤하게 하는 것 같다. 노년에 접어들어 위염, 종양, 대장 부위에 생기는 수종 등을 조심하자. 이들은 신경의 스트레스에서 발달되기 때문이다. 가장 좋은 약은 마음의 평온이다. 그것이 없이는 건강체를 바랄 수가 없다. 시력장애는 27 세, 36 세, 42 세, 50 세가 넘어서면 시력장애에 유의하는 것이 상책이다.

금 전

취미 생활이나 이성 관계 때문에 비용이 많이 소모되는 운기다. 그러나 이같은 일로 인해 큰 재물을 얻을 수도 있겠다. 상대방이 거래면에서 선수칠 염려가 있으니 이쪽에서 적극성을 띠지 않으면 이루어지기 힘들다. 뜻밖의 지출로 인해 막히는 일은 있으나 웃사람과 의논하면 사업 자금 정도의 금전 융통은 꾀할 수 있다.

연 애

신뢰와 성실 위에 서서 토대를 튼튼하게 굳혀가고 있는 사람의 모습을
나타내고 있다. 지능적으로 사랑을 예술로 고조시켜가는 성미이기 때
문에 돌발적이거나 원초적인 성의 자극을 주거나 받지도 않는다. 결혼
하지 못할 사람끼리 하는 연애가 많다. 순진한 남녀라면 상대방에게 속
고 있는 일이 많다는 뜻이다.

궁 합

초혼은 양가 부모가 완고하여 난관에 부딪칠 염려는 있으나 뜨거운 사
랑을 속삭이고 있다. 또는 생활 정도가 맞지 않아 장애가 되는 수도 있
으나 사람 나고 돈 났으니 걱정할 필요는 없다. 수지비·수산진괘를 만
나면 영원히 신혼 생활과 같은 즐거운 생활을 유지하고 달콤한 이야
기나 몸짓을 주고받을 수 있는 연인이 될 것이다. 남성은 29 세, 31 세
이며, 여성은 25 세, 28 세 때가 인연을 찾을 것이다.

부부궁

의리와 인정이 많아 남의 일에도 의협심이 발하여 도와 주지 않고는
견디지 못하는 성품·사업 등에 연결하면 대성할 소지는 있으나 호탕하
여 주색을 놀이로 생각하더라도 아내가 받는 상처가 크고 가정엔 불화
가 깃드는 법이니, 한 번 앉으면 평화의 탑을 쌓는 기개를 키워야 한다.
혼례는 오직 한 번이 가장 성스러운 것임을 잊어서는 안 된다. 순산하
고 아들이나 산후 몸조심을 해야 한다.

시험운

취직 시험은 전반적인 길조를 바라는 것은 무리일 것이다. 다소의 파란
이 예측된다. 단 자격증을 소지하고 있는 기술 분야는 그렇지가 않다.
엔지니어 관계라면 취직 운은 길운이라고 여겨도 좋을 것이다. 지망하
는 학교에 실패해도 다른 학교도 많이 있다는 여유가 중요하다. 너무
빡빡하게 생각하지 말고 느긋한 자세로 임하라. 결국은 길이 열릴 것이
다.

이 사

이사도 길하며 주택을 매입하겠다. 자연미가 아름답게 가꾸어진 의젓
한 바위처럼 계절의 변화를 지켜보는 숲속의 집. 소음은 질색이므로 방
음에 신경을 써야 하며 차라리 지하실처럼 외부와 차단된 집이 편리함
을 느낀다. 그러나 계절의 변화를 한 눈으로 즐길 수 있도록 화단이나
나무를 심어 정원을 가꾸면 더욱 좋다. 남향이나 동향으로 앉은 주택은
싫증이 없다. 행운의 숫자 7 이며, 이사 길일은 7 일, 16 일, 25 일이다.

풍천소축 風天小畜

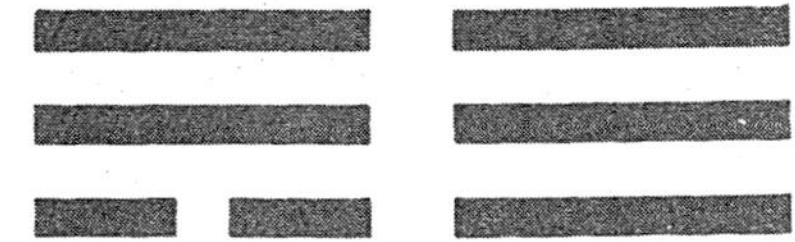

바람과 하늘은 소축이다. 풍천소축괘는 상승의 양기를 음이 완전히 막아 축적하여 짙은 구름이 되어 있는 형태이다. 밀운(密雲)은 곧 비가 되어내린다. 그러나 아직 내리지 않는 기다림의 상태다. 멀지않아 일어날 전진과 성취의 준비를 조금씩 비축한다. 그리하여 독이 퍼지듯 통쾌한 형통이 이루어진다. 이 괘는 모든 양효 속에 단 하나의 음효로써 견제하여 강강(強剛) 속에 한 가닥 부드러움이 견제하는 형이다.

● 운명을 다스리는 자세

마치 구름이 비를 배태하고 있으나 아직 비가 되지 못하고 있는 상태다. 그러기에 아직 당신은 만사가 때가 오지 않았다는 것을 스스로 깨닫고 기다려야 할 것이다. 그러나 훌륭한 몽상력과 예감력, 혹은 직감력을 충분히 발휘하는 일이면 뭐든지 좋다. 의지의 강함은 타의 추종을 불허할 정도다. 타협이나 중도 포기라는 말은 당신에게 해당되지 않는다. 다른 사람을 돌보는 것도 철저하게 납득이 갈 정도로 수행한다. 그러나 결코 대상이나 보답을 생각하지 않는 정의파이므로 신뢰도는 뛰어난다. 또 돌다리도 두들겨서 건너는 신중성이 있어 대기만성형이라고 할 수 있다. 오랜 동안 신뢰 관계를 유지하면 행운이 찾아올 것이다. 폭이 좁은 강의 흐름은 빠르고 큰 강의 흐름은 느리다고 하는데 바로 대하와 같은 당당한 힘을 간직하고 있기 때문이다. 그러나 흐름이 느리기 때문에 빠른 템포로 갈 수는 없을 것이다. 서둘지 말고 나아가는 것이 좋다는 계시다. 모든 일을 장기전으로 진행시킬 필요가 있는데 보답이 크기 때문에 전체적으로 보면 길상이 된다. 무엇이든 삼켜버리는 바다와 같은 포용력과 만물을 소생시키는 봄날의 평야처럼 직감적이기도 하고 신비스럽기도 한 영육의 양면성을 동시에 지녔고 또 이해하기도 하는 다양성을 지녔다.

1, 2월 정신적으로 안정되지 않는다. 서두르면 실패하기 쉬우니 우선 마음을 안정시켜라. 관재수와 병액이 있어 매사가 잘 될 듯하면서도 이루어지지 않는다. 현상 유지를 하는 것이 길하겠다. 사업은 허식과 과장을 배제하고 실속 있게 꾸려나가는 게 좋다. 목전의 이익에만 급급하지 말라. 단기적인 사업은 이익을 보겠지만 장기적인 사업은 심사 숙고하라.

3, 4월 미혼자에게는 혼담이 오가겠고 미혼자가 아니더라도 한 가지 소원은 성취된다. 근본적인 변동이 아닌, 즉 전업이라든가 전직 등이 아니라, 취급 상품 또는 거래처 등의 변동으로 길하게 된다. 기반은 튼튼하다. 그러나 세 가지 요건 가운데 한 가지만 빠지더라도 그 기반은 무너질 것이니 매사를 튼튼히 처리해 나가도록 하라.

5, 6월 근심 가운데서 차츰 서광이 비쳐온다. 나아갈수록 좋은 운세이니 중도에서 단념하는 것은 아까운 기회를 놓치고 마는 결과이니 밀고 나가라. 당장은 어려움이 따를지 모르나 반드시 좋은 결과가 있다. 두 가지 마음을 가지고 일을 착수하면 좋지 않다. 뜻밖의 여색 조심하고 서쪽은 불리하니 그곳에 출행하지 말라. 고집을 부리는 것은 신상에 해롭다.

7, 8월 운기가 점점 성해지면서 만사가 발전 번영한다. 웃사람의 인도로 승진되고 전근을 하더라도 영전되는 등 환경의 변화도 많겠다. 그 동안 사이가 안 좋았던 사람과 우연히 화해를 하는가 하면, 옛 친구와 해후하게도 된다. 어쩌면 옛애인과 우연히 다시 만나게 될지도 모른다. 목마른 자 물을 만나고 배고픈 자 밥을 만난다. 수액이 있겠으니 강과 바다를 가까이 하지 말라.

9, 10월 귀인을 만나서 협조를 받겠으니 길한 일이 있겠다. 길운이 다가오고 본인 아니면 자손의 경사가 있겠다. 결혼할 운세도 있다. 남의 의견을 참작해서 협조를 얻도록 하라. 백 번 쏘아 백 번 맞으니 재물에 부족함이 없다. 음양도 상합하니 좋은 인연을 맺을 수 있겠다. 먼 곳에서 반가운 소식이 있겠다. 재물은 여전히 넉넉하다.

11, 12월 출행은 좋지 않고 이성 문제 조심하라. 근심을 자초할 수 있다. 송사에 위험이 있으니 도장과 문서를 조심하라. 분주 다사하나 별로 소득은 없다. 병약자는 악화되면 어렵다. 고혈압·신경통·간장병·불면증 조심하라. 암 계통의 질병이 발병할 염려가 있다. 의사 혹은 한의사와 상의하도록 하는 것이 좋다.

주요운세

직 업

서투른 공작은 주위의 빈축을 살 뿐이다. 지금은 꾹 참고 기회가 오기를 기다려야 하며 새 사업을 위해 정보를 수집할 때다. 순풍에 만선이 약속된 상이니 어업에 종사하면 실패는 없겠다. 추운 겨울이 가면 꽃피는 봄이 오듯 멀지않아 대운이 찾아오니 양어장을 경영하거나 어류 등을 재료로 하는 통조림업 등도 대성할 것이다.

건 강

감기가 원인이 되어 폐렴·기관지염 등 발병이 되겠으나 쉽게 완치될 것이다. 여자는 운동부족으로 인한 냉한이 원인이 되어 무릎과 팔굽의 아래에서부터 발가락 손가락에 이르기까지의 골절이나 신경통 등으로 고통이 따르기 쉽다. 전체적으로 컨디션이 나쁠 때이니, 건강 진단을 받는 것이 현명할 것이다. 특히 여자는 30 대 이전 신경 계통의 장애가 따르니 사전 대비책을 써라.

금 전

취미 생활이나 여행 등을 즐기는 관계로 많은 경비가 지출될 때다. 사업가는 상대방의 의견을 존중하면서 밀고 나가면 거래나 교섭은 이루어지고 또 마음 먹었던 소규모 사업도 번창할 것이다. 상대방의 입장을 고려해가며 그쪽의 이익을 배분한다면 이쪽의 이익도 가능하다. 성공의 비결은 성실한 자세로 임하고 온건책을 쓰는 데 있다.

연 애

여하간 일방적인 치우침을 볼 수 있고 두 사람의 사이는 조화가 잘 안
된다. 온갖 방법 등을 동원하여 남성을 리드해 가는 청순하지 못한 타
입. 아내는 수줍고 부끄러워 입술 한 번 내밀지 못하고 침대에서도 결
코 알몸을 노출시키지 못하는 순진형. 욕정에 굶주린 숫강아지처럼 기
회만 있으면 돌발적으로 해치우는 돌격의 사내이다.

궁 합

초혼자는 서로 호흡이 잘 맞지 않아 다소 우울한 편이다. 또 상대방의
가족 중 반대자가 있어 난관에 봉착하나 시일이 흐르면 성립된다. 재혼
은 스무스하게 이루어질 것이다. 서로가 서로를 이해하고 살면 평생 무
난하겠다. 뇌수해·뇌하풍쾌를 만나면 단조로운 면은 있으나 좋은 상
대가 될 것이다. 여성은 22 세, 27 세이며,남성은 26 세, 31 세, 34 세가
최고의 이성 운이다.

부부궁

정직하고 매사에 철두철미하며 차분하게 관찰하는 성품. 사랑은 원만
하여 정분이 맞는데 간혹 떨어져 살아야 하니 이별수를 조심할 일이다.
지성으로 노력하여 가정을 꾸려가고 주어진 임무로 여겨 희생을 감수
하는 덕택으로 어려움이 여러 번 사라지고 다시 정분을 찾는다. 사랑하
나 헤어질 수밖에 없는 경우를 당하여도 불공드리는 마음으로 임하면
극복될 것이다. 출산은 유산할 가능성도 있으나 아들이다.

시험운

전진적인 자세를 갖고 노력을 계속하는 것이 중요할 것이다. 차분한 노
력이 보답되는 때가 반드시 오고 만다. 예상 이상으로 나쁜 방향으로
진전되기 쉬우나 굳건한 마음으로 고난을 넘으면 길은 열리게 된다. 고
생 끝에 잡은 승리는 값진 것이 될 것이다. 그리고 그 끈질긴 정신은
희망하는 학교나 직장에 들어가서 활력이 될 것이다. 매사에 용의주도
하게 임할 일이다.

이 사

움직이지 않는 것이 좋겠다. 움직인다면 아름답고 평화로운 조용한 분
위기로 조화를 이룬. 호화로운 주택을 택할 것이다. 행운의 빛깔인 푸른
색을 넉넉히 써서 방을 꾸미고, 설비에 구리나 놋쇠 등을 써서 나무의
무늬를 살리며 욕실 바닥에도 예쁜 타일이 깔리는 게 좋다. 대도시의
교외나 지방의 중심도시가 알맞으리라. 번화가를 기피할 의사는 없다.
동서 방향. 행운의 수 5 이며 이사 길일은 5 일, 14 일, 23 일이다.

뢰 지 예
雷 地 豫

우뢰〔雷〕와 땅은 예(豫)다. 예는 미리 준비하는 것이므로 도리에 순응하여 움직인다. 그러므로 도리에 순응하여 움직이면 나라는 크게 발전하여 공 있는 자에게 제후를 봉하고 역 자는 정벌해도 좋다. 천지의 도리에 순응하여 찌푸렸던 겨울 날씨가 개이고 만물이 소생하는 생명력의 발동의 충만한 화창한 봄날 처음으로 천지를 뒤흔드는 우뢰 소리를 듣는 것처럼 통쾌한 일은 없다. 또한 우뢰는 비를 동반하며 비는 모든 만물을 성장시킨다. 모든 것은 즐거워한다. 이렇게 희망이 샘솟듯하고 기뻐 즐거워하는 괘가 이 뇌지예괘인 것이다.

● 운명을 다스리는 자세

우뢰가 땅 위로 터져나와 하늘로 오르는 기세이기에 봄을 맞는 형상이라고 보면 좋을 것이다. 아름다운 광명과 희망이 넘치는 초봄을 맞이하는 계절과 성격을 부여받은 괘다. 당신은 장래의 전망을 밝게 해주는 동시에 기회가 무르익었음을 나타내는 괘를 얻었으니 고민이나 망설이는 일이 있어도 그것을 의도한 대로 진행될 것이다. 그러기에 약간의 모험 정도는 헤쳐나갈 수 있다는 뜻이다. 산이 있고 골짜기가 있다. 파도의 요동이 크고 영고의 차가 심한 인생을 보낼 사람이다. 모르는 사이에 재산을 이룩할 가능성도 크고 자신이 현재의 일이 알맞지 않다고 생각하면 신속하게 전진할 수도 있는 소질을 가지고 있다. 잠재한 영과 육의 생동감이 싹트기 시작하여 만물이 약동함은 다 포용한 대자연의 포용력이 발휘됨으로써 신비스러운 직감력과 생활에 대한 깊은 이해력으로 창조 의식이 강하다. 당신은 친구와 놀더라도 타인이나 상대방에게 폐를 끼치는 것보다는 오히려 희생을 당하는 편이 편하다. 넓고 푸른 바다와 봄날의 평야를 연상할 수 있는 낭만파이기 때문이다.

1, 2월 매사가 안정되나 이따금 잘될 듯한 일도 이루어지지않을 때가 있겠다. 현재로서는 미흡한 점도 있겠지만 곧 좋아진다. 점차 순조롭게 풀려나갈 운수이니 조급하게 생각지 말라. 지금 만나는 사람과는 피차간에 너무 안이하게 생각하고 있다. 일시적인 만족만을 찾고 있는 수가 많은데 좀더 차원을 높여서 생각해야 할 필요가 있다. 출산은 난산하겠다. 딸을 낳겠으며 발육이 좀 늦겠다.

3, 4월 웃사람을 밀어낼 정도의 강한 운세이다. 그럴수록 자기 고집을 내세우지 말고 순리대로 행동하는 것 좋다. 자칫하면 하극상을 일으킬 수도 있으니, 항상 유화한 마음가짐을 갖도록 노력함이 좋다. 작은 일로 다투고 또 주거 문제로 다투는 일도 일어날 수 있겠으니 조심하라. 자기 분수에 맞지 않는 사업 확장이나 직장에서의 경거망동은 금물이다.

5, 6월 소원하는 바에 따라 다르겠으나 사 개월 내지 오 개월 후면 기회가 와서 소원이 이루어지겠다. 현재는 이루어지지 않겠으나, 조금만 더 기다린다면 어느 정도 가량은 성취되겠다. 사소한 일상 생활에 관한 소원이라면 상대방에게 넌즈시 물어보는 것이 좋겠다. 매매는 급하게 서두르는 것은 손해만 볼 뿐이다. 가격면에서 손해는 보겠으나 매매는 이루어진다.

7, 8월 조직의 내부가 흔들려 허술하다. 규모가 작은 상점이라면 더 줄여서 건실하게 운영해볼 일이다. 점차 저조해 진다. 그러나 유흥업하는 사람에게는 오히려 번영할 수도 있다. 그 업종은 영화관이나 당구장·카페·카바레·요정 등이다. 현재 연애의 상태는 성립되지 않는다. 당분간 친구로 사귀는 것은 상관없겠지만 진실한 사랑이라고 믿지는 말라. 데이트 등으로 쓸 데 없는 돈이 낭비된다.

9, 10월 친구, 혹은 웃사람의 도움을 받을 꽤이다. 그렇게 되면 희망에 찬 전진을 한다. 쉽게 찾아오지 않는 이 기회를 놓치지 말 일이다. 사업차 외국 여행은 길하다. 협동해서 하는 사업도 길하겠고 또 순조롭게 진행된다. 순풍에 돛단배처럼 전진하는데, 친구라든가 웃사람의 도움도 받게 될 것이다. 소원은 귀인의 도움도 받고 순조롭게 이루어진다. 정의롭게 행동하라. 대학 입시 등은 합격하여 진학한다. 실력에 맞추어라.

11,12월 현재는 만족할 만큼 매우 좋다. 망설이지 말고 서둘러서 모든 일에 착수하는 것이 바람직하다. 특히 직장에서는 시험이라든가 승진 등에 힘쓰는 것이 바람직하다. 또 남의 공감을 불러 일으키고 인정도 받게 된다. 지금까지 부진한 상태에 놓여 있었던 일들도 비약적으로 추진될 것이며 들이는 노력의 여러 배를 얻겠다. 취직·입학 등에서 뜻을 이룰 수 있다. 경마·증권 등 투기성이 있는 일에 손을 대도 길하다.

주요운세

직 업

모든 사업은 차근차근 계단 올라가듯 하겠다. 상업으로 생애를 꾸려가면 대성하고 무예를 닦으면 문무를 겸비하니 호걸이다. 큰 공장이나 창고를 경영함은 물론이요, 작게는 곡상이나 생산공장 등은 천지를 뒤흔들고야 말 것이다. 문무를 겸비하면 권세가 사방에 미치고 명성이 높으리라. 마음이 강직하고 입이 곧 바르니 남에게 굽히지 않는 성품이다.

건 강

소화불량·타박상·식중독 등 가벼운 증세의 질병에서 다소 고생스럽겠다. 여자는 자궁·위암 등으로 오진받는 일도 있으나 암이 아니니 놀라지 말 것. 소화 기능이 약하기 때문에 식중독 등이 발병하겠지만 특히 여름철 조개·게 등 해물류를 삼가함이 식중독을 예방하는 길이 될 것이다. 마지막 병명은 자궁암 아니면 위암 등으로 생명을 잃고 만다. 병이 발생하는 시기는 57 세, 62 세이며 70 세가 넘으면 위험선이다.

금 전

설마할 정도의 행운의 금전 운이 돌아온다. 포기했던 빚이 들어오거나 결코 빌려줄 것같지도 않던 상대방이 자금을 제공할 수도 있다. 상당한 금맥도 기대할 수 있는 계시다. 이를테면 유산 상속 거액의 현상금·복권·주식 등으로 큰 돈을 맛볼 수 있다는 말이다. 자신이 지닌 실력 이상으로 재물의 성과를 얻을 수 있다.

연 애

인생의 파트너로서도 서로 그 이상의 상대자는 없을 것이다. 주위에서 그 어떤 방해가 들어오더라도 두 사람 사이가 무너질 염려는 없다. 질이 밑으로 자리를 잡고 있어서 기장이 짧은 사내를 만나면 기교를 부릴 때 큰 고통이 따르나 벼개를 사용하면 정상에 올라가는데 도움이 된다. 쾌락을 장시간 지속할 수 있는 이상 성욕으로 성생활을 연결짓는다.

궁 합

초혼은 이상형의 상대를 택했고 또 만나서 아기자기한 사랑을 속삭일 것이다. 초혼 남성은 얌전한 규수를 만나고 여성은 호쾌하고 건재한 남성을 만나 후회없는 부부 생활을 영위할 것이다. 남에게 지지 않으려는 성격과 완강한 고집은 다소 있으나 부부간에 굴곡이 없다면 아무런 매력이 없는 것이다. 여자는 19 세, 23 세, 27 세이고 남자 26 세, 27 세, 28 세, 29 세가 호운이 좋다.

부부궁

극단적인 일에 치우치지 않으며 언제나 균형을 유지하는 성품으로 정신이 일치한 아내가 이 운을 만나면 자존심을 빨리 버리고 남편의 의사에 따름이 좋으며 사랑을 받아내려고 앙탈을 부리면 의외로 일이 생겨 혼자 해결하기 어려운 지경에 처하고 말 것이다. 남편은 아내와 대등하게 맞서 사랑을 강요하거나 명령으로 사랑을 유도하는 식은 이별까지 걱정해야 할 일이 생긴다. 순산하며 딸이다.

시험운

마음이 약해져서 자신의 이상을 낮추는 일은 절대로 금물이다. 커다란 희망을 갖지 않는 사람은 크게 출세할 수가 없는 것을 명심해야 한다. 도중에 좌절하지 말고 굳건히 나가면 그 노력의 보답은 받을 것이다. 최후의 승리를 믿고 고난을 극복하는 정신이 행운으로 이어진다. 순조로운 듯이 보여도 뜻하지 않은 장해나 방해를 만나는 경우가 있어, 한 차례의 파란이 일어날 낌새가 있다.

이 사

신축해서 이사하는 것은 길하다. 안전하고 영원한 행복의 보금자리로 높고 굳은 담장을 둘러 요람 같은 주택을 원한다. 보호와 방위를 본능적으로 발휘하여 모든 외부의 여건으로부터 가정의 행복을 지키기 위해 단단하게 담장을 두르듯 완벽하게 조화를 이룬 성곽처럼 튼튼한 집이라야 한다. 서쪽을 향하면 이상적이다. 이사 일은 7 일, 16 일, 25 일이고 행운의 수 7 이다.

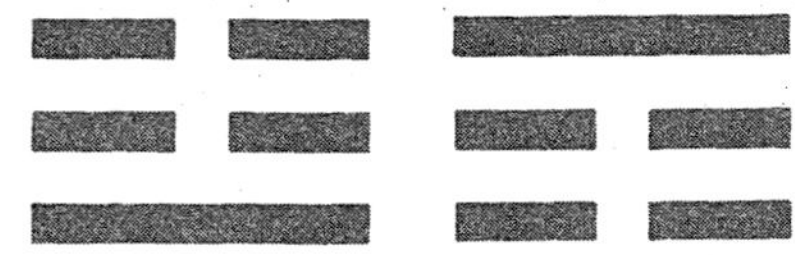

뢰산소과
雷山小過

우뢰와 산은 소과다. 이 괘는 상하괘(上下卦)가 서로 등지고 있는 상태다. 서로 협력이 안 되며 악이 선을 누르기 때문에 밝은 전망을 기대할 수 없다. 이럴 때는 모든 계획을 조금씩 작게 잡아 나아가면 된다.

●운명을 다스리는 자세

길상이 약속되는 괘지만 작고 가늘게 살아가야 할 것이다. 즉 능력의 한계에서 줄잡아 살아간다는 생활 태도를 잊어서는 안 된다. 위만 쳐다보고 달리다간 발뿌리가 위험하다는 것을 의미해 주는 괘이기도 하다. 그러나 다소의 곤란을 당할지라도 좌절하거나 노력을 중단하면 금광을 앞에 놓고 등을 돌리는 결과가 되므로 자신을 갖고 매진하기 바란다. 또 매진할 것이다. 지위, 재력은 있으나 고생이 많은 사람이다. 경우에 따라 겉으로 보기에는 행복하게 보여도 남에게 말 못하는 고난을 가진 사람이다. 그러나 공명정대한 위풍과 쾌활한 정열이 융합하여 명랑한 분위기나 격렬한 야생적인 절규를 연출한다. 이 신성한 정열은 억지로라도 친절을 베푸는 서비스 정신으로 연결되어 어둡고 침울한 것을 싫어하는 명쾌한 성격은 남에게 희망을 주는 지도자로서의 소질도 다분하다. 명랑하면서도 성미가 급하여 변덕스러울 때도 있고 묘하게 적막한 것은 그리워하기도 한다. 돈의 유무를 겉으로 나타내지 않는 차분한 성격으로 결코 허영심이나 자존심 따위의 노예는 아니지만 인간의 모든 자랑거리나 욕망은 지니고 있다. 끝으로 모든 일에 스스로 지키는 태도와 겸양의 덕을 발휘하여 남과의 평화를 유지하도록 권하고 싶다.

1, 2월 지금까지 기초를 잡아놓았던 일은 길하다. 그러나 신규 사업이나 대규모 사업은 신중을 기하라. 쉽게 이루어지지 않는다. 원행이나 해외 여행은 길하겠다. 믿을 만한 선배나 친구의 의견에 귀를 기울이고, 열심히 노력하면 훌륭한 성과를 얻을 수 있다. 출산은 약간의 어려움이 따르겠고 초산인 경우는 딸을 낳겠다. 두 번째라면 아들을 낳겠다.

3, 4월 주거 문제 해결되고 금전적으로도 별로 걱정없겠다. 도장과 문서에 조심하라. 표면으로는 대성한 듯하지만 아직도 성공할 여지가 남아 있다. 꾸준히 노력하라. 모든 일을 이룰 수 있다. 혹 헤어졌던 가족이 있으면 한 자리로 모일 수 있고, 손해가 이익이 되어 돌아올 운수이다. 소원은 지성을 드리면 귀인을 만나서 성취할 것이다. 고대하던 소망이 이루어진다.

5, 6월 가정적이고 원만하겠다. 또 잔잔하고 여성적인 운세다. 매사가 평온 무사하게 이루어지므로 자칫하다가는 무사 안일주의로 빠지게 된다. 남성인 경우는 좀더 뜻을 높은 곳에 두고 도전하는 것도 바람직하다. 그러나 무리는 통하지 않는 법이다. 자기의 능력과 재력, 건강 등을 십분 고려해서 계획을 세우고 추진해야 한다. 적선으로 모든 재앙을 예방할 수 있다. 주변을 두루 살펴서 도와줄 사람을 찾아 도와 주어라.

7, 8월 황룡이 여의주를 희롱하니 혼인 수, 득남 수가 있다. 사업은 귀인을 만나서 번영하고 매사가 순조로우나 독선은 금물이고 사업을 함부로 확장하지 않는 편이 좋다. 평소에 하던 거래나 교섭은 순조롭다. 지나치게 큰 거래나 교섭은 실리 없이 이루어진다. 혼인은 순조롭게 이루어진다. 좋은 인연이고 대길하다. 결혼한 후 약간의 잡음은 있겠으나 치명적인 것은 아니다. 전화위복으로 사랑을 더욱 확인하는 계기가 될 수도 있다.

9, 10월 정직하고 근면한 사람에게는 대길한 괘이다. 힘을 다하고 성심껏 일하면 노력의 댓가 이상의 효과가 나타난다. 상대편이나 웃사람이 나를 이해해 주고 인정해 주니 일할 의욕이 생길 것이다. 원하는 바가 성취된다. 특히 재능을 인정받게 될 기회이다. 학생은 논문 제출하면 좋은 결과를 보겠고, 특히 직장인은 아이디어를 제출할 때다.

11,12월 젊은이는 이성 문제 조심하고 사업은 동업함이 길하겠다. 진실되게 살자. 잔꾀를 부리다가는 자승자박하고 말 것이다. 협조를 구하라. 협조자가 생겨서 만사가 뜻한 대로 풀려나갈 것이다. 재물은 계획대로 들어오겠지만 반 이상은 다시 나가게 된다. 금전에 대한 과욕을 버려라. 그러면 매사 순조롭고 재수도 있겠다. 재물로 구제하라. 나보다 못한 사람이 주변에 있으니 횡액가 재액을 모두 면할 수 있다.

주요운세

직 업

초조하게 생각하지 말고 오는 운을 잡아보자. 사업에 관해서 부담이 가는 괘라고 볼 수 있으니 이제까지 장사를 해왔다고 한다면 곧 기회가 올 때까지 지속해 보자. 뜻 있는 사람의 조언이나 친구의 충고도 귀에 들어오지 않고 몸이 아픈 뒤에 비로소 정신을 차릴 것이다. 지금은 인간으로서의 내실을 기하기 위한 신의 시련이라고 받아들여 꼭 참고 견디어 보자.

건 강

갱년기에 오기 쉬운 심장병 · 신경쇠약 · 신경통 · 위장병 등에 치료 시기를 놓치면 오래간다. 관절운동을 무시하는 생활 환경이 된다면 발가락 손가락에 이르기까지의 골절이나 신경통 등이 의외로 빨리 올 수 있다. 또한 위장 장애로는 급만성 위염이 많고 40 대에는 위궤양까지도 악화될 수가 있다. 여자의 경우는 건강체면서도 진단이 나오지 않은 병을 자신이 알아서 지켜라. 그렇다면 그 병이 무엇이란 말인가?

금 전

금전 운이 쇠퇴해 있는 상태를 나타낸다. 금전에 대한 이야기는 정면으로부터는 물론 이면으로부터도 무리할 것이다. 계획적으로 착실하게 저축하는 것만이 가장 현명한 방법이니 노력하라. 법망을 빠지는 상법으로 달콤한 말을 걸어오는 악덕업자로부터 피해를 당할 징조가 보인다.

연 애

모든 면에서 밸런스가 잡힌 연애다. 더우기 계획은 마음 먹은대로 순조롭게 진행될 것이다. 멋진 사랑에 잠겨도 결혼을 결심하기까지는 자유스럽게 팽개치지는 않는 순결성을 지닌 강하고 성실한 처녀. 성적인 욕구가 강력하지 않지만 쾌락의 정상을 추구해가는 사랑을 한다. 청순한 사랑과 맑고 깨끗한 수줍음으로 사랑에 빠져들어가는 애정의 표현을 감치게 해내는 타입이다.

궁 합

초혼은 서로 의심 때문에 트러블이 일고 있다. 중매장이가 따른 혼사라면 꼭 중매장이의 거짓이 따른다. 설령 혼사가 이루어져도 상호간에 불만이 많다. 백 년 해로에는 문제가 될 것이다. 재혼은 이 괘를 뽑은 달을 피하면 좋은 연분을 만날 것이다. 원만한 성격인 수산진괘를 만나면 모든 일에 호흡을 잘 맞추고 생활 방침에 잘 복종할 것이다. 여성은 19 세, 26 세, 34 세이며 남성은 23 세, 30 세가 호운이다.

부부궁

성품이 쾌활하고 공명정대한 위풍과 정열이 야생적인 면이 있다. 억지로라도 친절을 베푸는 서비스 정신으로 연결, 어둡고 침울한 것을 싫어하는 성격이기도 하다. 사랑으로 인한 근심이 없을 것이며 날이 갈수록 더욱 더 깊은 애정에 빠져든 사랑은 잔잔한 호수에서 노는 원앙의 한 쌍일 것이다. 출산은 약간 난산이나 딸을 낳겠다.

시험운

결과가 좋으면 그 이상 바랄 나위가 없지만 여기서 한 가지 평가해둘 일은 과정에 있어서의 노력이라는 것을 새삼 인식할 일이다. 이 세상에 하느님도 부처님도 없는가 하고 불평을 하고 싶을 심정일 것이다. 모든 게 액운 때문이니 재수하는 방법을 택하자. 그러나 자격증 소지자로 필기시험 없이 면접으로 대처하는 곳이라면 가능하다.

이 사

현재 살고 있는 곳이 좋으니 움직일 때가 아니다. 청결하고 우아한 취미를 표현할 수 있는 도시와 고요를 함께 구비한 양옥집. 새롭고 청결하고 취미가 고상하므로 그런 분위기가 깃든 집이라야 한다. 청결과 우아한 취미를 표현한 도시의 문명과 시골의 고요를 동시에 구비할 수 있는 도시 속의 별장 같은 분위기 있는 집이 좋다. 동남향. 행운의 수 9 이며, 이사 길일은 9 일, 18 일, 27 일이다.

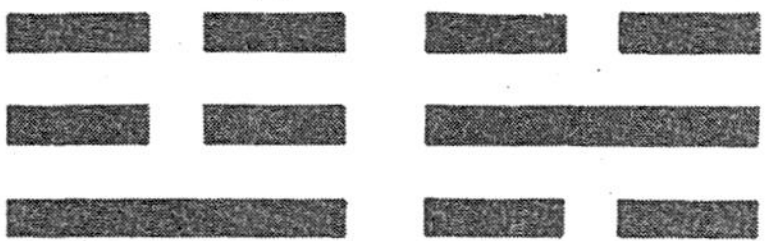

우뢰와 물은 해다. 이 괘는 우뢰를 의미하는 진래가 위에 있
고 물을 의미하는 감괘가 아래에 있다. 우뢰는 움직이는 것이
요. 물은 험난한 것이다. 움직이므로써 위험에서 해방된다는
뜻이다. 이 우뢰는 만물이 생동하는 봄의 우뢰다. 모든 생명
있는 자를 위하여 그들의 마음을 기쁘게 해주고 성장을 이끌
어 준다는 뜻이다.

●운명을 다스리는 자세

찬스를 얻어 빠른 시간에 약진할 수 있는 괘를 얻었다. 세상이 어떻게
변동되고 격동되더라도 거센 파도에 휩쓸리지 않는 매우 강한 운세라
고 하겠다. 비록 화살이나 총부리가 겨누더라도 구원의 여신이 나타나
재빠르게 변신할 수 있을 것이다. 겨울의 눈과 얼음이 풀리고 새싹은
돋고 강물이 흐르는 형상. 당신은 주위 사람들이 부러울 정도로 명석한
두뇌의 소유자이다. 선천적·후천적으로 명랑, 쾌활하고 정력이 넘치는
행동파이기도 하다. 결코 굴복할 줄 모르는 대담성은 사교장에서 모든
사람들의 표적이 될 것이다. 완벽함을 요구하는 반면 인정이 두텁고 성
실한 인품이므로 신뢰 관계가 잘 유지된다. 우정도 두터워 굳은 맹세로
맺어질 것이다. 사생활이나 직무상 좋은 이해자 또는 조언자로서 크게
믿을 만하다. 용감한 성품과 새싹을 의미하는 온순함도 동시에 지녔기
때문에 껍질을 헤치고 솟아나는 적극적인 위세가 생명이다. 때문에 두
각을 나타내는 위치에 서야 편하고 그렇지가 않으면 두각을 나타내기
위한 향상심이 불타 기발한 전술을 개척해 내고 의연하게 문제를 해결
해 나간다.

1, 2월 추운 겨울이 가면 꽃피는 봄이 오듯이 이제 얼마 안 있으면 호운을 맞게 될 것이다. 작은 기업이나 장사를 하는 사람은 현상 유지되고 사업 운도 좀 따른다. 사업의 신규 계획이나 사업의 운영 계획, 모두 선견지명으로 출중한 아이디어를 창출해 낼 것이다. 그것도 중요하지만 내부의 기강을 확립하고 서로 인화단결이 되도록 힘쓰는 일이 더 시급하다. 출산은 순산을 하겠고 딸을 낳겠다.

3, 4월 대체적으로 웃사람의 인정을 받아서 지위가 승진된다. 일신상의 변화가 있되 좋은 면으로 있을 때, 언행에 조심하면서 측근자를 앞세우면 더욱 길하다. 사업하는 사람은 뜻대로 풀리리라. 소원은 우연히 귀인을 만나서 소원이 성취된다. 소원하는 일에 집중하라. 큰 소망도 이루어질 가능성이 높다. 꾸준히 노력하라. 반드시 기쁨이 있을 것이다. 매매는 상승세. 파는 것은 남에게 의뢰하면 순조롭겠다.

5, 6월 매사가 풀리지 않는다. 날던 새가 길을 잃고 방황하는 격이지만 용기를 잃지 말라. 머지 않아서 행운이 찾아온다. 사업은 규모를 줄여서 실속을 차리는 것이 좋겠다. 처음에는 곤고하겠지만 차츰 운세가 호전되어 목적을 달성할 수 있다. 지금의 연애는 서로 의심을 하는 까닭에 트러블이 잦게 일어난다. 이상이 맞지 않아서 헤어질 염려가 있다.

7, 8월 고전을 하고 있겠지만 곧 기회가 온다. 초조하게 생각지 말고 오는 운을 잡도록 만반의 태세를 갖추어라. 신규 사업에는 차질이 생기기 쉬우니 그럴수록 마음을 안정하라. 초조하게 굴면 자멸하고 말 것이다. 기계류를 쓰는 사업이면 고장과 파손에 주의하고 종업원 단속 철저히 하라. 소원한 바는 욕심이 좀 지나치다. 소원을 이루려거든 마음을 깨끗이 하고 기원하는 마음 가짐으로 지성을 드려보라.

9, 10월 봉황이 새끼를 낳는 형국이요, 만물이 소생하는 괘이다. 한 마디로 좋은 괘다. 귀인을 만나서 소원을 이룰 수 있고 그 동안 곤고한 생활에서 벗어나 명성과 함께 재물을 듬뿍 얻을 수 있는 운세이다. 직장인은 상사에게 인정을 받게 되고 미혼 남녀는 좋은 배필을 만나게 될 것이다. 과부나 홀아비도 재혼의 운세를 만나니 기쁨이 많으리라. 우연히 귀인을 만나서 소원이 성취된다. 소원하는 일에 집중하라.

11, 12월 썩 좋은 운세이지만 당장에 매사가 이루어지지는 않고, 서서히 복이 다가올 것이니 잡념을 버리고 노력하라. 그 동안 해결될 가능성이 없었던 일도 차츰 풀려나갈 것이다. 하루가 다르게 번창해 나갈 운수이다. 혼자 떠나는 여행은 불리하지만 동행이 있으면 상관 없다. 여행지에서 옛친구를 만나게 되며 일이 이외로 발전하게 될 수도 있다.

주요운세

직 업

유능한 부하도 얻겠고 그 부하로부터 큰 도움도 받겠다. 벼슬을 하지 않으면 사업을 경영하여 충실하고 실속 있는 경영자 타입. 백곡이 풍성하고 가난한 백성을 도와 주는 아량과 선량을 겸비했으니 고을의 칭송이 가득하겠다. 천연 자원을 경영하여 수확하는 차분하고 결과가 확실한 업이 가장 이상적이다.

건 강

식체·위장병·심장병 등이 침투할 염려가 있으나 사소한 약에도 쉽게 완치된다. 생명의 비밀을 간직한 생식기능이 추구하는 건강의 목표이므로 이곳에 집중되는 에너지 때문에 심장과 위는 희생적인 부담을 감수할 수밖에 없다. 그리하여 심장의 장애로 부정맥증이 일기 쉽다. 특히 어린 학생들에게 많이 오는 위장병은 시간을 지키지 않는데에 있다.

금 전

금전은 풍성하다. 또 돈을 버는 스케일도 크다. 그러나 오래 지속되지 않는 게 흠이며 도중에 포기하는 성격을 버려야 한다. 매매는 생각했던 금액과는 차이가 나지만 순조롭게 이루어진다. 아직은 수입보다 지출이 많으나 펴지않아 때가 온다. 모든 사업에 지체하지 말고 즉시 결말을 내는 성격을 가져라.

연 애

유혹의 손을 뻗으면 상대방도 곧 이에 응한다. 불타오를수록 상대방은 그 이상의 정열을 쏟을 것이다. 달콤한 사랑을 꿈꾸며 흥분이 높아가면 고음으로 울어대는 열정의 소유자이며 성교의 기교를 부릴 줄도 모르고 요구하지도 않으며 조용한 성생활을 영위한다. 성교 중에도 조심스럽고 얌전하며 곧 깊은 잠에 빠져드는 타입.

궁 합

오래 끌어오던 혼담이기는 하지만 한 가지 일에 집중하지 못하여 들떠 있는 상태다. 재혼은 길하나 초혼은 마음을 정리하지 않으면 성사될 수 없겠다. 또 약혼이 파혼될 수도 있고 결혼을 해도 불행을 자초할 수 있겠다. 빨리 서두르도록 하라. 오래 끌면 성립되지도 않을 뿐더러 경제적인 피해는 물론 망신까지 당할 수다. 여성 22 세, 27 세, 34 세 때 남성의 운이 있고, 남성은 29 세이다.

부부궁

명랑하면서도 성미가 급하여 변덕스러울 때도 있고 묘하게 적막한 것을 그리워하기도 한다. 아내는 이 운을 만나면 아양과 애교를 배워야 한다. 서로 손내밀기를 꺼려하면서도 결코 떨어져 살지 않으니 애교와 아량으로 부드럽게 유도해가야 한다. 남자는 아량이 필요하니 더욱 더 사랑을 얻어내는데 몰두해야 할 것이다. 순산하겠으며 아들이다.

시험운

예비 고사생은 현재 품고 있는 목표를 한 단계 낮춰봄이 현명할 것이다. 자격증 소지자로 필기시험 없이 면접으로 대처하는 곳이라면 가능하다. 공무원, 국영기업체 시험에는 다소 무리가 따른다. 선택할 길은 얼마든지 있다. 귀중한 에너지를 가망성이 없는 것에 낭비하고 있으면 다음에 막대한 지장을 가져온다.

이 사

이사를 함으로서 정신적 고뇌에서 해방될 수 있다. 개성이 뚜렷하고 단독 단위로 강력한 독립이 보장된 고풍이 섞인 품위 있는 한옥집. 번화가를 약간 비켜선 자리로 평지보다 약간 낮은 지대가 좋고 서남서나 남남동을 향한 집이라면 가장 이상적이다. 행운의 숫자는 9 이며 이사 길일은 9 일, 18 일, 27 일이다.

뢰 풍 항
雷 風 恒

우뢰와 바람은 항이다. 이 뇌풍항괘는 우뢰와 바람이 함께 순응하여 움직인다. 우뢰를 뜻하는 진괘가 위에 있고 바람을 의미하는 손괘가 아래에 있다. 우뢰와 바람은 항상 움직이며 끊임 없이 지속된다. 이와 같이 어떤 상태나 운명이 중단되지 않고 한결같이 지속되고 있는 상태다. 이 상태는 끊임 없이 생동하고 성장되고 전진하는 상태다. 고정과 정지는 죽음을 뜻한다. 항구란 이런 정지가 아니라, 끊임 없이 움직이며 계속되는 상태란 뜻이다.

● 운명을 다스리는 자세

풍요해지는 시기, 그러나 표면은 성운으로 보이나 내면에 고민이 있는 것을 의미한다. 즉 역에서는 형세가 강한 것만이 반드시 길운이라고는 할 수 없다. 이 괘를 얻은 이는 모든 사물을 경솔하게 처리하면 타인과 충돌하는 등 말썽을 일으키기도 한다. 새로운 일에 손대지 말고 내부의 충실에 주력을 기울여 지키는 방향으로 밀고 나가자. 자금 조달을 꾀하였을 경우, 금융기관에 머리를 숙여도 무리한 이야기이다. 그러나 친척이나 친구에게 수단과 방법을 써서 공작을 꾸미면 가능성이 보인다. 당신은 남의 언동에 좌우되기 쉽다. 또 자주성, 독립심이 희박하다. 성품이 좋은 만큼 남의 의견에 흔들리기 쉽다. 반면 대인 관계는 좋은 편이나 결단력이 결여되고 갈림길에 서면 남에게 의존하려 든다. 사물의 판단력, 즉 선견지명이 있어 모든 일에 흐름을 파헤치기도 하지만 아직은 미약하다. 그러나 뜻하지 않은 사람으로부터 지지나 지원을 받을 날이 다가오고 있다. 예능 관계나 문화인에게는 좋은 운수로서 발전성이 크다.

1, 2월 소리는 요란하지만 실리는 신통치가 않다. 운세는 강하고 복도 있어서 번창할 소지가 있다. 경쟁자를 조심하라. 반드시 방해가 있을 것이다. 그러나 사랑으로 감싸고 어제의 적이 오늘에는 친구가 될 것이다. 선배나 웃사람의 협력을 얻으면 이름을 떨칠만큼 큰 일도 해내겠다. 경거망동하는 것은 불리하다. 마음의 안정을 스스로 찾고 남을 위해 봉사한다면 모든 액운을 물러가고 뜻하는 바가 서서히 풀리리라.

3, 4월 얼어붙은 대지가 녹으면서 새싹이 나오는 운기이니 지금까지의 고난을 벗어버리고 희망찬 내일을 바라다볼 수 있는 운기이다. 희망과 용기를 가지고 매진하라. 그러면 반드시 꿈과 소망이 이루어질 것이다. 부하나 친구의 도움으로 크게 발전하겠다. 그들이 제시하는 아이디어와 건의를 소중히 생각하라. 혹 옥중에 있는 사람이더라도 가석방되는 수가 있을 것이다.

5, 6월 새로운 일은 구상하지 말라. 조급히 서두르면 중도에 실망하고 좌절하겠다. 결코 악운은 아니지만 변화를 구하다가는 실망이 크겠기 때문이다. 부부 사이는 자칫 금이 갈 수도 있다. 담담하게 살도록 노력하라. 그러면 다시 사랑이 확인될 것이다. 또 재물로서 고아와 노약자를 돌보아라. 그러면 얻고 있는 행운이 오래 지속되어 안락한 생활을 영위해 나갈 수 있을 것이다.

7, 8월 자신이 지망하고 있는 변동 사항이 뜻대로 이루어지겠다. 모든 사태가 길하겠다. 소원은 웃사람의 협조를 얻어라. 그러면 대체적으로 소원하는 바가 얻어진다. 새로운 목적은 어렵게 되면 표면에 실력자를 내세우라, 그러면 성사된다. 거래는 상대방은 쉽사리 응하지 않겠지만 끈질기게 교섭하면 성사된다. 상대방은 능수 능란한 사람이다. 이사는 조용한 곳이 나타날 것이다. 지금이 바로 이사할 시기이다. 대길이다.

9, 10월 쉬지 않고 노력한다면 천운을 만날 수 있는 괘. 많은 사람으로부터 신임을 받게 되고 사랑도 받게 되나 서두르는 것은 금물이다. 낡은 것을 벗어버리고 새 것으로 갈아 입을 운세이니 개혁과 전업, 전직도 가능하며, 가옥의 수리, 개축 등 모두 좋다. 미비한 점은 무엇이든 고쳐나가라. 그러면 예상 외로 큰 성과를 올릴 수 있을 것이다. 건강 상태는 가벼운 증세이니 곧 낫겠다.

11, 12월 인사이동이나 영업 장소의 이동, 또는 영업 방침의 변경 등으로 좋은 결과를 얻을 수 있겠다. 순풍에 돛을 단 배처럼 아주 순조롭겠다. 모든 일을 대할 때 박력 있고 과단성 있게 처리하면 무난히 해결된다. 꾸준히 하던 일을 해나가면 발전하고 입신 출세도 할 수가 있는 괘이다. 여행은 순수한 그룹의 등산이나 도보로 떠나는 여행 동료들 간의 캠핑 등은 아주 길하다.

주요운세

직 업

사업상 좋은 일이 지속되니 오히려 권태를 느낀다. 수송 등 운수업이나, 교통업으로도 흥왕한다. 만약 접객업소의 경영이 아니라면 소개, 물건과 물건을 교차시켜 주는 일이 좋겠다. 끊임 없이 생동하고 성장되고 전진하는 괘상이니 어찌 거부가 안 되겠는가?

건 강

요통 · 신경통 · 위장병 등 만성병은 요양치료 기간이 오래 걸리겠다. 그동안 절제하지 못한 사람은 아직도 때가 늦지 않았으니 술, 담배, 자극성 있는 음식 등을 삼가한다. 특히 암계통의 질병이 발병할 염려도 있다. 신진대사의 속도가 느리므로 좀처럼 배설이 되지 않으니 정력제를 복용함이 좋겠다. 30 세 41 세에 오는 신경통은 오래 간다.

금 전

매우 행운적인 장사 운을 나타내고 있다. 도산된 회사지만 협력자나 종업원들이 들고 나서 재생시킨다. 의외로 희망적인 상황을 맞이하고 있으므로 과감하게 밀고 나가면 큰 재물이 들어온다. 마음에 집히는 사업이 있다면 멈추지 말고 서둘러라. 투기나 투자 등의 돈이 될만한 것에 착안하여 연구할 시기가 왔다.

연 애

표면은 들뜬 것처럼 보여도 현실적인 애정을 키우는 연애 감정이라고 할 수 있다. 온갖 방법 등을 동원하여 남성을 리드해가는 청순하지 못한 타입. 새롭고 낯선 만남이건만 거리낌 없이 온갖 기교를 부리고 애교를 떠는 긴 자크형으로 성감을 고조해가는 매력적인 여자다.

궁 합

상호간에 무리가 없어서 교제는 오래 계속되나 초혼인 경우, 쉽게 성사되지는 않겠다. 더러는 이 괘가 나왔을 때 이미 내연의 관계를 맺고 있는 경우가 있다. 피차간에 적극성을 띠여야 한다. 체면차리고 눈치를 살피다가는 못 이루는 수도 있기 때문이다. 투쟁을 밥먹듯 하는 노하풍, 노천대장괘는 피하는 것이 좋을 것이다. 여성은 23 세, 남성은 29 세때에 피크가 되겠다.

부부궁

인정이 많고 내성적이면서 남녀간에 한 번 정을 주면 변질되지 않는 성격의 소유자. 사랑은 깊은데 표현을 하지 않으니 평온한 가정을 이루는데 장애가 없다. 꽃이 시드는 아픔이 있으니 평소에 건강을 찾고 침실을 건전하게 지키는 지혜를 가진다면 부부궁은…… 순산하면 딸을 낳겠고 산모는 각별히 산후 몸조심을 요한다.

시험운

지망하는 학교, 회사 시험에 대해서 의문을 갖기 시작하여 공부에 전념할 수 없는 상태를 나타내고 있다. 장래에 대한 불만이나 초조감에 쫓겨 자기를 상실하는 경향이 있다. 그러나 구태여 방향을 전환하거나 자기를 필요 이상으로 낮추는 일은 피할 일이다. 길은 막히고 목표를 달성하는 일이 불가능하기 때문이다. 체육, 예능계 특기자는 무난하다.

이 사

현재의 위치가 길하다. 혈연적인 공통성과 같은 분위기의 집안 분위기는 형제간을 하나의 유형으로 만드는 가장 중요한 이유가 된다. 번화가에서 한 발짝 들어선 위치로 언덕에서 약간 내려오고 산이라면 아득하고 둘러싸이고 앞이 트인 낮은 곳을 좋아한다. 복잡한 곳과는 거리가 되어 있어야 하기 때문에 북동을 향해도 좋다. 이사의 길일은 7 일, 16 일, 25 일이며, 행운의 숫자는 7 이다.

진 위 뢰
震 爲 雷

진은 우뢰다. 이 괘는 우뢰를 뜻하는 진괘가 겹쳐져서 이루어 졌다. 천둥이 온 세상이 뒤집힐 듯 울리는 상태다. 가장 당황 하고 전률하여 제 정신을 못 차리는 아주 위급한 사태이다. 이 주역에서는 이런 위험, 공포 분위기 속에서도 침착하고 경건 하게 스스로를 지킴과 함께 굳은 신념과 태연한 기개로 동요 하지 말고 자기의 할 일만을 꾸준히 노력하면 새로운 전기를 마련할 수 있다는 뜻이다.

● 운명을 다스리는 자세

길은 험하고 풍우가 심하지만 구름 사이로 산정이 보이는 계시로 희망 을 달성할 때까지는 난이 겹칠 것이다. 당신이 얻은 뢰풍항괘는 앞을 보지 않고 성급히 돌진하게 되면 도중에서 파생되는 문제를 일으키기 쉽고 다른 사람의 섬세한 성격을 이해하지 못하기 때문에 도리어 큰 일에 흠이 될 것이다. 어떤 사업이나 이쪽에서 먼저 움직이지 말고 피 동적인 위치에서 협력자를 조종함이 호운으로 이끌어가는 길이다. 비 록 쓰고 단 것을 구별한다고 해도 일을 시작하면 엉뚱한 방향으로 흘 러 뜻하지 않은 일을 당하거나 헛수고가 될 경향을 볼 수가 있다. 이같 은 말을 새로운 일이 기획이나 교섭이나 지금 당분간은 보류하라는 뜻 이다. 또 현재 진행 중인 일도 조급히 추진하려 하면 도중에서 좌절되 기 쉬울 것이다. 당신은 현재 부부관계에도 마음이 동요되고 있어서 서 로 감정의 대립 같은 것이 싹트고 있기 때문에 반성과 이해로써 위기 를 극복하여야 할 때다. 길상이나 흉사로 끝나는 계시로 전형적인 용두 사미의 징조다. 날씨로 말하자면 갠 후에 풍우가 심하고 인물이라면 선 량하나 쓸모가 없어 실망하는 괘다. 중요한 일일수록 주의가 필요하다 는 괘이므로 시초가 화려한 일에는 극히 자중할 필요가 있다.

1, 2월 실물수가 있으니 주의하고, 친구로 인한 손재수도 따른다. 이사도 시기가 오지 않았으며, 노총각도 장가가기는 힘들겠다. 여행도 주말 여행 정도라면 그런대로 떠나되 긴 여행이라면 삼가하는 것이 좋겠다. 근심이 떠나지 않고 이일 저일 손대는 일마다 손재수가 따르고 구설수까지도 병행하지만 멈췄던 물이 다시 흐르기 마련이다.

3, 4월 재물이 조금 들어오다 곧 나가버린다. 번창했던 사업, 절정에 올랐던 인기 등이 점차 쇠해가고 있으니, 웃사람이나 선배들과 함께 상의해봄이 좋겠다. 이러한 달에는 일단 한 발짝 물러서서 현실을 직시하고 때를 기다리는 것이 좋다. 사업차 피치 못해 떠나는 출장은 건강을 조심하고, 먼 여행, 소송, 이사, 실물 등을 특히 주의하여라.

5, 6월 분수를 지키지 않고 경거망동하면 하던 사업에 착오를 안겨줄 것이다. 사업가는 특히 유월달에 이익을 생각 말고 손실을 밝은 자세로 임하면 실수가 없을 것이다. 우선 내가 하고자 하는 일이 내 능력에 맞는 일인가 살피고 그 동안 걸어왔던 내 인생의 길이 합당한 것인지를 자성할 일이다. 봉사하는 마음 가짐으로 남을 돕고 겸손하라.

7, 8월 귀인의 도움으로 작은 것을 팔고 큰 것을 얻는다. 연분이 좋은 사람들끼리 만나, 아름다운 사랑을 나누겠다. 그 동안 움추리고 있던 부동산 매매도 회복되어 팔고 싶어하던 물건은 곧 처분되며 매입하는 쪽도 유리하다. 장기간 여행, 해외에 나가 있는 남편도 고향을 찾아오는 달이니, 모든 일들이 성운에 접어 들었기 때문이다.

9, 10월 재물 걱정이 없으니 평탄한 운수이나, 다른 사람과 협조를 이루도록 하라. 결혼할 시기는 아니지만 남녀가 서쪽과 남쪽에서 좋은 인연을 만나는 달이다. 주색으로 재물과 명예를 손실할 것이며, 지나친 과음으로 건강이 약해질 것이니 조심하라. 현재 살고 있는 집이 부자유스러워 이사를 하고 싶지만 살던 장소를 떠날 때가 아니다.

11, 12월 작은 자본으로 큰 이익을 얻을 수 있으며 젊은 남녀는 혼인을 하면 화려한 부부생활을 영위할 수 있다. 상하가 서로 화목하니 가정, 사회, 직장에서 모든 일이 순조롭다. 매사를 새로 시작한다는 마음가짐으로 밀고 나가면 뜻하지 않은 결과를 얻을 수 있는 달이다. 특별히 이성 문제 조심하지 않으면 후일에 큰 후회를 하게 된다.

주요운세

직 업

한 가지 일에 전력을 쏟을 때다. 선배나 웃사람의 협력을 얻으면 만천하에 이름을 떨칠만큼 큰 일도 해 내겠다. 특히 이 괘는 여성에 한하여 성공 운이 나타난다. 그러나 대범한 일이어야 한다. 구직자는 경쟁은 심하나 가능성이 엿보인다. 목적을 한 곳으로 집중시켜서 노력하고 직장인은 자리를 고수함이 현명하다.

건 강

체질적으로 청년기부터 고혈압·신경통·간장병·불면증 등이 침투할 가능성이 보인다. 중년기에 이같은 질병이 재발되면 악화되어 위험 신호까지 올 수 있다. 대뇌작용이 민감하여 자신의 질병에 대한 진단이 의사의 진단보다 더 정확한 결론을 내릴 수 있으니, 자신이 알아서 치유함이 좋을 것이다. 36세 때 찾아온 신경통은 치료되기 힘들다.

금 전

문화 사업이라면 이익은 적더라도 사회적으로 성공할 수 있는 기회가 될 것이다. 금전 융통은 친구에게 부탁하면 되겠고 금전적으로는 부자유스럽지는 않겠으나 화려한 생활로 낭비가 따른다. 이에 손재수가 따르니 교제비를 줄이고 매사에 주의를 요한다. 수입과 지출이 비슷하니 잃은 것도 없거니와 얻은 것도 없다.

연 애

청결하고 순수한 연애를 꿈꾸는 감상주의자이기 때문에 쉽게 동요하지는 않지만 사랑을 아름답게 하려는 본능이 있어 조화하는데 게으르지 않다. 돌발적이기보다는 섹스에 기교를 즐기며 감상하는 성교를 즐기는 타입. 질이 깊으면서 왼쪽으로 자리를 하고 있어 상대의 육체를 접착시키는 데서 흥분의 변화가 온다.

궁 합

연분이 별로 좋은 사이가 아니니 초혼은 서두르지 마라. 혼담은 여러 곳에서 들어오지만 아직은 때가 아니다. 재미있게 즐기는 데에는 좋은 상대이지만 진지한 면이 없는 관계이다. 들뜨기 쉬우며 두 사람 중 한 사람은 또 다른 상대를 구하고 있는 중이다. 여행 중 사귄 상대라면 좋은 인연도 될 수 있다. 여자는 23 세, 27 세이며 남자는 26 세, 29 세, 34 세 때를 잊지 마라.

부부궁

차분하고 착실하며 어떤 곤경에서도 참고 견디는 인내의 정신이 재산 목록 제 일호다. 남편으로부터 많은 사랑을 독점하기 위해 투쟁하건만 스스를 지키려 하는 성품의 소유자로 이야기를 듣기도 하며 안 들으려 드는 데서 트러블이 일고 있는 점을 명심해야 할 것이다. 즉 사랑을 구사할 줄 알고 고정적으로 유도해가며 분위기를 고조시키라는 뜻. 출산은 약간의 난산이나 아들이다.

시험운

자기 자신에 관한 일이라도 스스로 자기 자신의 마음을 파악할 수 없는 것이 원인이 되어 가야 할 길을 찾을 수 없는 안타까움이 나타난 계시다. 모처럼 합격을 했는데 사소한 일로 자퇴할지도 모른다. 즉 생활이 만성화되어 매사가 싫고 기력이 쇠퇴하는 상태를 맞기 쉽다. 그러나 이것을 극복하면 앞길은 밝아진다. 이를 극복하는 방법을 점쳐보기 바란다.

이 사

전근, 전직 때문에 이사를 하면 길하다. 기발하고 개성적인 힘을 과시하는 깨끗하고 웅장한 설계에 의한 저택. 대도시의 에너지 시설을 다 이용할 수 있고 계절 감각도 만끽할 수 있는 도시와 교외의 중간쯤에, 남의 설계가 아닌 자기 설계로 세운 웅장한 집이 좋다. 행운의 빛깔인 진홍이나 노랑, 보라빛 등을 넉넉히 살려서 실내 장식도 화려함보다는 우아함을 살려서 설비해야 한다. 방위는 관계 없다. 행운의 숫자는 9 이며, 이사 길일은 9 일, 18 일, 27 일이다.

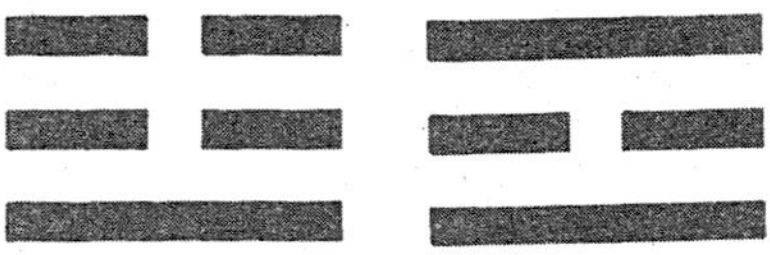

우뢰와 불은 풍이다. 이 괘는 모든 발전과 번영과 성숙이 가
득 차서 정점의 상태에 있는 것을 표현한다. 성운이다. 지혜
와 덕성이 구비된 성인이 선정을 베풀어 백성은 평화롭고 문
화는 발전한 상태가 풍의 괘다. 최고의 운에 도달해서 안이한
게으름은 용납되지 않는다는 뜻이다.

● 운명을 다스리는 자세

동식물이 활발한 약동력을 발휘하여 원기 왕성해지고 적극성을 띠어
힘차게 달리고 있으나 바라는 비는 오지 않고 천둥만 치고 있다. 즉 소
리는 있어도 형태가 없는 상태. 그러나 용감한 성품과 새싹을 의미하는
온순함도 동시에 지녔기 때문에 껍질을 헤치고 솟아나는 적극적인 위
세가 있다. 당신의 운세는 번창을 상징하고 복이 따르기도 하지만 경쟁
자가 많아 서로 방해하기 때문에 모처럼 잡은 행운도 소리만 있고 형
체가 없는 것, 즉 실리가 적은 결과를 가져오기 때문이다. 방대하거나
야심이 너무 커서 실패하는 일이 없도록 하기 위해서는 손위나 선배들
의 의견을 받아들여 침착하게 밀고 나가야 할 것이다. 또한 당신을 꾸
짖는 사람이 실상 당신의 편이라는 점도 명심하여라. 좋은 협력자를 구
하려고 자신은 노력하고 있으나 상대방에서 잘 들어 주지 않을 것이다.
한 구슬을 두 용이 쫓는 운기이기 때문에 그러하다. 그러나 비관하지
말고 남의 말에 감명되지 말고 희생되지도 말고 경제적인 정확성을 기
하면 쉽게 이루어질 것이다. 훌륭한 몽상력과 예감력, 혹은 직감력을
충분히 발휘하는 일이면 뭐든지 좋다. 신의 귀를 가졌으니 신비스러운
힘을 느끼게 될 것이다. 성직자처럼 자비 정신을 발휘하는 희생정신의
소유자로 예술에 도취하는 기막힌 소질도 가졌다. 한편으로는 현실쪽
에 서서 관능적인 즐거움을 목표로 삼아 열심하기도 하다.

1, 2월 평소 거래처와도 원만하게 진행될 것이다. 새집을 짓고 이사를 하겠으니, 아주 길한 달이다. 서로 협동해서 하는 일도 마음과 뜻이 맞을 것이고, 이쪽에서 이끄는 대로 잘 따라 주기도 한다. 이성 문제가 따르니 미혼자는 혼인을 할 것이고, 기혼자는 조심하면 된다.

3, 4월 작고 큰 일에도 이 달에는 방해하는 것이 있어서 생각대로 성취할 수만은 없다. 갈팡 질팡하지 말고 일정한 목표를 정하여 밀고 나가야 할 것이다. 부하 단속 잘하고 법원 문턱과 인연을 맺겠으니, 모든 일에 신중히 대처하라. 급진적이고 적극적인 행동은 좋지 않다. 매사 계단오르듯 올라가야 하는 달이다. 현상 유지로 만족하고 생각하면서 때를 기다려라.

5, 6월 상업을 한다면 많은 돈이 들어오는 달이다. 기다리던 사람도 상면하게 되고 증권도 상승할 것이며, 작은 소원도 성취되는 달이다. 변동수가 따르는 직장 이동·주택이전·신규 사업 등에도 아무 무리가 없을 것이다. 남의 말에 귀를 기울이지 말고 살아간다면 재앙이 변하여 복이 될 것이다. 폭음을 삼가하고, 40 대 중년은 규칙적인 부부관계로 건강을 유지하라.

7, 8월 자손의 근심이 따르나 지성으로 기원하였으니, 지나치게 신경 쓸 일은 아니다. 부부간의 애정을 이끌어가는 데도 약간의 공백이 생길 우려가 있으니 노력하자. 분주하게 뛰지만 아직은 소득이 시원치가 못하다. 소송이나 거래면에서 끈기 있게 밀고 나가면 순조롭게 이루어질 것이다. 팔월 말경 이사수, 직장 이동수가 따르니 움직이는 것이 좋겠다.

9, 10월 작은 규모의 장사를 하거나 농장을 하는 사람들은 금전 문제로 어려움을 겪지는 않겠다. 여행을 떠나면 마음과 뜻이 일치되어 직장인이라면 회사에 엄청난 득을 줄 것이다. 주색으로 재물과 명예를 손실할 것이며 지나친 과음으로 건강이 약해질 것이니, 조심하자. 이 달은 혼사 문제도 말만 오갈뿐 성립되지 않는다.

11, 12월 분수에 넘치는 일을 탐하지 말라. 길한 가운데 실물수가 따르니 매사 조심하고 뜻밖의 귀인을 만날 것이다. 평소에 적덕한 사람은 예외이나 분쟁 사건도 따를 수 있으니 상대방을 찾아 타협하자. 불굴의 투지와 노력으로 목표를 완수해 놓고 내년도부터는 수확을 할 수 있는 운기가 연장되고 있다.

주요운세

직 업

같은 업종의 사람들로부터 모범이 되어 그 이름을 천하에 알려지겠다. 이웃과 친척, 나만 못한 사람을 도와 큰 은덕이라 하겠다. 마음이 넉넉하고 현실에 조급하지 않으니 광활한 지구를 무대로 사업을 전개하면 대성할 것이다. 현실의 이익보다는 미래의 약속이나 일의 가치성에 만족하게 되니 큰 무역을 벌려도 순조롭겠다.

건 강

유행병·급성병 등으로 인하여 심장이 악화되어 있으니 통원하던 병원, 의사 등을 바꾸어 치료를 받는 것이 좋겠다. 건강한 사람이라도 꾸준한 운동으로 체력을 단련하여라. 장시간 한 자세를 유지함으로 말미암아 혈액 순환을 원활히 하는 우수한 혈관을 반대로 심장의 부담을 가볍게 하여 압력을 작게 하기 때문에 저혈압형의 체질을 만들게 된다.

금 전

금전은 바라는 대로 수중에 넣을 수 있는 운세로 거의 확고한 보장을 받을 수 있다. 웃사람에게 부탁하면 큰 돈도 융통할 수 있으니 동서쪽에서 귀인을 찾도록 하라. 상대방을 면밀하게 파악 거래에 응하며는 큰 돈을 얻을 수 있는 계시다. 교제나 거래 면에서 중간에 사람을 내세우면 순조롭게 이루어진다.

연 애

너무나 사랑하는 나머지 상대방에게 끈질기다는 인상을 주거나 상대방에게 지나치게 기대하는 것이 많아 부담감이 가는 등 트러블이 일어날 소지가 있다. 평상시에는 작아 보이지만 질내에 삽입되면 팽창되는 명물. 쉽게 달아오르지는 않으나 한 번 알게 되면 열정적이며 분비물이 충분하여 매끄러운 감각을 연출해내며 출산률이 높다.

궁 합

너무나 화려함을 택하지 마라. 결혼 후에 후회하게 된다. 혼담이 오가는 상대자는 숨어 있는 문제점이 있을 것이니 뒷조사가 필요할 것이다. 재혼은 빨리 이루어지고 좋은 연분이다. 풍지관괘는 의견이 충돌되고 가정을 돌보기보다 분열을 초래하기 쉬우며 산수몽괘를 만나면 매사에 신중하고 치밀한 계획에 의해 인생을 꾸며갈 것이다. 여성은 22세와 27세 때에 남성의 운을 만난다.

부부궁

희생 정신이 강하여 남의 고통을 보지 못하고 정신적으로나 물질적으로 친절을 다해야 직성이 풀리는 성품. 폭넓은 사랑을 베풀려는 이상주의자이다. 하나의 사랑에 만족하지 않고 새로운 분위기를 향해 건너가는 타입. 특정인보다는 그 여성 자체를 사랑하나 변명하거나 정당화하려는 비굴한 행위는 없다. 순산하며 초산은 딸, 두 번째는 아들을 낳겠다.

시험운

밀고 나가는 배짱이 유일한 무기로 오직 미는 길밖에 없다. 미는 데에 지쳐 한숨 돌리고 있으면 곧 라이벌이 앞지른다. 남보다 가일층의 노력을 한 다음에 행운이 돌아온다는 음미할 만한 성공 운이다. 자신의 노력도 필요하지만 주위의 도움이 필요하다. 그렇다고 단념해서는 안 된다. 결론을 내리기에는 시기가 빠르다는 이야기인데 그렇다고 소극적으로만 있을 수는 없을 것이다.

이 사

시기가 아니니 보류하는 편이 좋겠다. 교통이 편리하고 변화와 이동이 쉬운 호화로운 아파트나 도심지의 편리한 주택. 교통이 편리해야 한다. 네온사인과 빌딩 등에 둘러싸인 호화스러운 아파트의 일이 층이나, 탁 트인 현관이 대로와 접해 있어 답답하지 않고 거실 중심으로 설계되어 천정이 높고 창문의 위치를 바꿀 수 있도록 배려되어 있는 주택이 좋다. 남향으로 행운의 수는 7이고 이사 길일은 7일, 16일, 25일이다.

뢰 택 귀 매
雷 澤 歸 妹

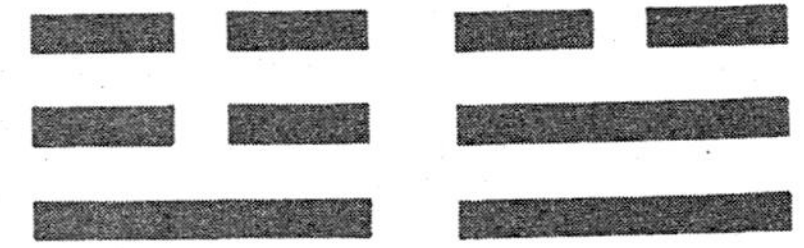

우뢰와 못은 귀매다. 귀매란 여자가 시집을 감을 나타낸다. 이 괘에서 시집가는 여자는 남자에게 먼저 사랑을 고백하고 남자는 고르고 얻는 것으로 되어 있다. 이것은 도리에 어긋난 일이다. 고로 이 괘는 복된 괘가 아니다. 출발이 잘못 되었으므로 예상과 달리 실망하는 일이 많이 생긴다. 무슨 일이나 충분한 주의가 필요하며 남자가 이 괘를 얻었다면 여자에 의하여 잘못이 있으니 당분간 여자를 멀리하라는 뜻이다.

● 운명을 다스리는 자세

여인이 시집가는 것은 상대가 원해서 이루어져야 좋을 것이다. 남녀 정사 관계, 비장됐던 일들이 표면화해서 문제가 생기고 금전상 고통, 기타 복잡한 사건 등이 야기된다. 당신의 운수는 젊은 여자가 남자를 움직이는 형태로서 겉으로 즐거운 듯이 보이나 출발이 잘못되어 있기 때문에 예상과는 달리 파가 일어나는 일이 많을 것이다. 그러기에 무슨 일이나 충분한 주의가 필요하다고 본다. 남성이 이 운수를 얻으면 색정의 잘못 등 여자로 인한 장애가 생긴다. 한 마디로 이같은 운수는 출발의 중대성을 가르킨 것이니 만사를 조심하라는 뜻이 있을 것이다. 별다른 이유도 없이 불안한 동요를 느끼거나 이상한 매혹을 맛보게 되기도 한다. 그것은 추론적인 두 개의 능력이 잘 연결되지 않을 때 나타나기 때문에 이것만 극복한다면 긴장이 팽팽해져서 임기응변적이고 외교관적인 예술적 행위가 우수하게 발전되기 때문에 번득이는 지혜의 조화에 주력하면 좋을 것이다. 뇌택귀매의 괘를 얻으면 사업, 남과 교섭, 연애, 취직 모든 면에서 적극적으로 밀지 말고 수동적으로 조심성 깊게 행동하여야 할 것이다. 청결하고 아름다운 사랑의 정신을 더욱 더 확대해가며 불결을 증오하는 양식과 인간의 허위나 거짓에 저항하여 넘어가서는 안 된다. 미와 조화의 정신과 청결한 삶이 일치하여 숭고한 정신의 소유자로 형성되어갈 것이다.

1, 2월 참고 견디기가 어렵다고 해서 마음의 동요가 있어서는 안 된다. 급한 것은 마음의 안정이요, 우물을 파도 한 우물을 파야 한다. 머지않아 귀인이 나타나서 돕는다면 만사가 형통한다. 하던 사업 밀고 나가라. 새사업을 시작하는 것은 위험하고 사업 규모를 조금 확장하는 것은 무방하겠지만 대폭적으로 확장하는 것은 불길하다. 여행운 보류하는 것이 좋다. 이성 문제로 인한 구설수도 있으려니와 여행지에서 병고를 겪는다.

3, 4월 원대한 포부를 가지고 있으나 때가 이르지 않았으며 펴지 못하고 있다. 더 기다려야 한다. 아직은 움직일 때가 아니니 섣불리 나서지 말라. 얼마만 더 기다리면 귀인을 만나서 큰 도움을 얻을 것이다. 소원은 중간에 장해가 있어서 성취되기 어렵다. 그렇더라도 조급하게 서두르지 말라. 더욱 어려워진다. 이사는 당장은 어렵고 이사를 해도 썩 좋지는 못 하다.

5, 6월 만사가 잘 풀린다. 그러나 자꾸 지연되어가는 일도 있을 것인데, 그것은 자기 고집을 너무 앞세운 탓이다. 지금도 늦지 않았으니 내 고집을 꺾으라. 모든 일이 형통할 것이다. 지금의 연애는 깊어진 관계이다. 선배나 친구의 도움을 받아서 결혼하는 것이 좋겠다. 처음으로 사귀는 사람은 상대방의 외모보다 내면을 깊이 살피라. 좋은 사람이 나타나겠다.

7, 8월 입신 양명할 수 있는 괘이다. 허세를 부리지 말라. 사치와 낭비에 조심하라. 외국에 나가는 것도 좋고 국내에서도 활동을 활발하게 한다. 분수에 넘치게 행동하거나 겉치레하다가는 실패한다. 규모를 가급적 축소하고 성실하게 대응하면 크게 성공하겠다. 당장은 눈에 띌 만큼 발전하지 않지만 장차 크게 발전할 것이다. 피서나 피한을 위한 여행은 좋다.

9, 10월 자기 희생과 봉사가 결과적으로는 몇 갑절의 보이지 않는 이익이 되어 나에게 다시 되돌아올 운기이다. 그러나 그런 것은 바라고 봉사하는 것은 불순한 사고 방식으로 도리어 해가 될 수 있다. 부부 화합하고 자식 복이 있으니, 가정생활도 원만하고 남부러울 것이 없다. 불만이 없겠으나 노인을 모시고 있는 사람은 정성을 다하라. 그 복이 또한 적지 아니하다.

11, 12월 고난을 이겨낸 보람을 느끼게 된다. 발전과 성공이 약속되어 있고 보장되어 있다. 그러나 지금까지 겪었던 고난을 거울삼아 꾸준히 노력하고 또 적덕을 해야 한다. 그것이 복록을 오래 누릴 수 있는 비결이다. 이사하는 것은 나쁘지 않다. 여행은 상관 없겠으나 동행자가 있는 것이 좋다. 여행지에서는 건강 관리에 주의하라.

주요운세

직 업

마음은 급한데 실익이 오르지 않는다. 안간힘을 다해도 손님은 오지 않고 잡상인만 찾아든다. 직장 여성의 길을 벗어나는 것도 꿈은 아니고 면밀한 계획과 자금 조달을 위해 전력 투구하면 경영자로서의 수환을 발휘할 때가 온다. 남성의 경우, 바라는 지위를 얻는다는 것은 매우 곤란할 것이다.

건 강

위장 등에서 오는 장애가 많다. 예민해서 값지고 맛 좋은 고급 음식만을 취하는 편이 건강 유지를 위해 좋을 것이다. 저혈압에서 오는 빈혈을 조심하고 식욕을 잃어 무기력한 체질이 되지 않도록 주의하여야 한다. 저혈압 증세가 오면 서둘러서 의사와 의논하는 게 좋을 것이다. 환절기에 감기나 호흡기병에도 유의하여야 한다.

금 전

하고자 하는 일이 계획과 같지 않고 머리만 아프다. 지금은 돈을 움직일 때가 아니다. 또 약속어음 증서 등의 차질에서 손해를 볼 수가 있으니 서투른 수작은 하지 마라. 애정이나 우정 때문에 지출이 많기는 하나 마음을 굳게 먹으면 득도 있겠다. 가까운 친구라도 돈에 얽힌 이야기는 피할 때다.

연 애

청순하고 차원이 높은 애정이 싹트는 계시이다. 이 점을 모르고 육체를 구하려고 초조해지기 쉬우나 찬스를 기다려야 한다. 쉽게 달아오르지는 않으나 한 번 알게 되면 열정적이며 분비물이 충분하여 매끄러운 감각을 연출해내며 출산률이 높다. 한 번 불을 당기면 온몸을 활활 태우지 않고는 미지근해서 견디지 못하는 타입이다.

궁 합

재혼은 길하나 초혼은 불길하다. 서로 사랑은 하고 있으나 성격에 문제가 있어 결혼을 하게 되면 가정 불화가 따르겠다. 산화비괘를 만나면 생활이 답답하고 신경질이 나게 되므로 가정불화를 자초할 것이며, 곤위지괘를 만나면 웬만한 일에 호흡을 잘 맞추고 생활 방침에 잘 복종하는 훌륭한 상대가 될 것이다. 여성은 23 세부터 27 세까지이고 남성은 26 세부터 32 세까지의 사이에 최고의 이성 운을 만나게 된다.

부부궁

성품이 날카롭고 냉정하며 낭만적이면서도 까다로운 면이 있어 아무에게나 마음을 주지 않는다. 조숙하고 애교에 대한 지식도 풍부하다. 오히려 부부간에 조용하고 담담한 편이나 사랑을 구사하고 유도해가며 분위기를 고조시켜 높은 위치에 올라가는 예술가이다. 웬만한 일은 이해하고 용서하여 평온한 분위기를 유지해가는 사랑을 펴낼 것이다. 순산하고 아들을 낳겠다.

시험운

진학이나 취직을 하기 위한 태세가 갖추어지지 않고 있음을 나타내고 있다. 내키지 않는 경우라면 몰라도 꼭 해야겠다고 생각하면 분발해서 앞으로 나아갈 일이다. 사전 조사나 준비를 게을리해서는 치밀한 전략을 딸 수 없을 뿐만 아니라 지금의 시점에서 이미 라이벌과 격차가 나 있는 것이 된다. 철저하게 정보 수집을 한 후에 초점을 두어 앞에서 뿐만 아니라 측면, 이면으로부터 공작을 할 필요가 있다.

이 사

안정된 상태에 있으니 이사하는 것은 좋은 편은 못 된다. 자존심이 강하고 번영 추구력이 드러나는 화려하고 우아한 높은 양옥. 햇빛 좋은 자리에 선뜻 눈에 띄도록 호화스럽게 꾸며진 다른 집보다 한층 정도 높은 우아한 양옥이 좋다. 자존과 번영의 힘이 집 자체에서도 넘쳐나야 하기 때문이다. 동남간. 행운의 수 6 이고 이사 길일은 6 일, 15 일, 24 일이다.

뢰천대장
雷天大壯

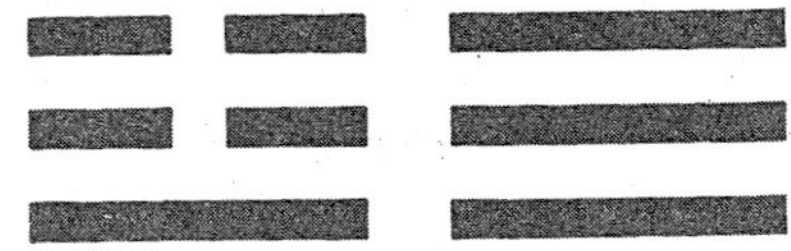

우뢰와 하늘은 대장이다. 이 뇌천대장괘는 양효가 네 개나 있으며 일효서부터 사효까지 연속하여 겹쳐 있어서 차차로 위로 상승하는, 크게 커가는 형세를 보이고 있다. 강장(剛張)하면서 크게 활동하므로 장성하다. 크면서 바르게 움직인다. 그 운행이 순조롭다. 우뢰가 하늘에게 크게 진동하는 상태를 뜻한다.

● 운명을 다스리는 자세

표면 경기는 좋아 보이나 내부에 손해, 좌절이 비장되어 있다. 전진이 지나쳐서 실패하는 일들이 따르겠고 적당하게 브레이크를 걸 줄 알아야 할 것이다. 당신은 승부에는 강한 운세이지만 놀라는 일이 있을 것이고 부상은 대수롭지 않으나 차는 대좌하였다는 것과 같은 사고가 나기 쉽다. 하늘의 천동 세력은 좋은데 지나치게 폭주할까 걱정이고, 장해에 걸려 전진하지 못하는 상태가 올 것이다. 우뢰가 하늘에서 명등하는 형상. 얼핏보아 좋은 것같이 보이면서 실질이 수반하지 못하고 있다. 오랜 가뭄이 계속되는 여름날 지상의 모든 생물이 지쳐 있을 때 우뢰가 소리치면 통쾌하다. 금방 비가 쏟아질 것같아서 기다린다. 그러나 우뢰는 소리뿐 좀처럼 비는 오지 않는다. 이러한 상태의 운세다. 당신의 세력이 너무 강성하기 때문에 주위가 압도되는 상태. 자기 의사만 너무 내세우면 파탄이 생길 것이다. 그러나 예의를 바르게 하여 도리에 어긋나는 일이 없으면 행복을 얻을 것이다. 자신의 재기, 금력, 세력을 믿고 남을 업신여기면 재난이 오고 윗사람으로부터 노여움을 받을 것이다. 평상시에는 바닥까지 들여다보일 만큼 맑게 보이는 성품이지만 반드시 강한 고독감이나 쓸쓸한 기질이 숨어 있다. 이는 독보적인 위치에서 행동하다가 홀로 남았을 때 감당해야 하는 고독감 같은 것이니 남보다 앞서거나 뛰어난 데서 오는 것이다.

1, 2월 계획했던 일이 있으니 계속 밀고 나가자. 차츰 실마리가 풀리면서, 재물도 들어오고 남에게 인정도 받는다. 사업에는 중간에 다소의 장애가 따르나, 머지않아 풀릴 것이다. 이사 문제도 당장은 안하는 게 좋겠다. 연애는 깊어진 관계이니 결혼까지 가능하다. 열심히 살아온 보람을 어느 정도 느낄 수 있을 것이다.

3, 4월 분수를 지키고 살아가면 복록이 가득하다. 집안에 경사도 있고 혼인, 득남이 있겠다. 결혼할 시기는 아니지만 남녀가 서쪽과 남쪽에서 좋은 인연을 만난다는 달이다. 내가 먼저 남을 도와 주면, 작은 것으로 큰 것을 얻는다. 봉사하는 마음으로 남을 돕고 겸손하라. 몸에 신병은 따르나 마음을 바로 갖고 덕을 닦으니 자연히 형통할 것이다.

5, 6월 다소의 재물도 들어 오나, 지출이 많은 달이다. 냉철하게 자기 자신을 한 번 돌아봄이 필요하다. 작고 큰 일에도 방해하는 것이 있어서 생각대로 성취할 수만은 없다. 책임만 무겁고 받는 것은 신통치 않으나 지출을 줄이는 데서 보충할 수 있겠다. 건강 상태가 별로 좋지 않다. 평소 복용하던 약이나 가벼운 운동 등으로 건강 상태를 체크해 봄이 바람직하다.

7, 8월 사업상 상대방에서 교섭이 들어오고 미혼 여성이라면 미모의 남성에게 구혼도 요청받게 될 것이다. 재앙이 사라지고 복이 오니 만사가 형통한다. 작은 소원도 성취되고 가까운 곳에 여행 수도 있는 달이다. 말단에 직장인이 승진과 영전을 하니, 순풍에 돛단배와 같이 출세한다. 가정도 화목하고 혼인도 좋으며, 자식운 또한 길한 달이다.

9, 10월 적은 자본을 가지고 사업을 시작해도 좋은 운기가 샘솟듯하니 차근차근 밀고 나가자. 적소성대(積小成大)하겠다. 낭비를 금하고 근검 절약하라. 금전 거래는 신중을 기하라. 동쪽은 길하나 서북쪽은 좋지 않다. 공정하게 사는 사람은 반드시 귀인을 만나서 협조를 받게 된다. 그리고 소원하던 일 형통할 것이다. 이익이 있다고 사업을 확장하지 말아라.

11, 12월 나보다 못한 사람이 많다. 적선을 잊지 말라. 그러면 모든 재앙을 미리 막을 수 있을 것이다. 재복이 몸에 이르니 귀인과 만날 수다. 집안에 기쁜 일이 있겠고 미루었던 해외 여행도 가능하겠다. 부하를 단속하라. 행여 배반하는 일이 있을지 모르겠다. 혼인의 경사가 아니면 아들을 낳을 수다. 가정 화목하니 욕심을 더 부리지 말라.

주요운세

직 업

남들이 부러워할만큼 규모가 장대한 사업가다. 직장인도 그럴 듯한 직장에서, 즉 판검사 등의 관권을 쥔 계시다. 그러나 자기 고집만을 내세우면 당장은 승복하겠지만 화근이 될 염려도 있다. 모든 사업이고 적극적으로 밀고 나가기 바라고 또 동조자를 구하면 반드시 대성이 기다리고 있으니 명성이 높다. 큰 무역을 경영하거나 종사할 능력을 소유하고 있는 계시가 있다.

건 강

육체보다 정신면에서의 지장은 염려된다. 스트레스나 욕구불만, 고민 등이 축적되어 그 극치에 달해 있을 가능성이 크다. 초기에 발산시켜 기분의 전환을 시도하여 정신의 정화를 꾀할 필요가 있다. 그대로 방치해두면 노이로제의 염려도 있으므로 어떠한 스트레스 해소법이 좋은지 점쳐볼 일이다. 특히 여자에게 많은 병이다. 욕구를 해소한다면 병원을 찾을 필요까지는 없을 것이다.

금 전

착실히 노력하는 데서 상당한 이익도 얻을 수 있고 하는 사업도 성공리에 이끌어간다. 자신이 지닌 실력 이상으로 재물의 성과를 얻을 수 있는 쾌이니 매우 행운적일 것이다. 남을 도와 주면 기분은 좋으나 친구나 친척들로 하여금 다소의 낭비가 따른다. 거래와 교섭은 시기가 빠를수록 유리하니 서둘러라.

연 애

비록 서로가 참된 사랑이라고 확인한다 하더라도 데이트 시간에 늦거
나 음식의 기호가 서로 다르는 등 사소한 일로 말다툼이 생긴다. 성교
자세나 기교가 단순하고 서툴며 시간도 짧은 데다 예술적인 면은 찾을
길이 없고 본능적으로 해소하려 든다. 냉각된 육체를 서로 녹이면서 서
서히 쾌락을 만들고 연결지어야만 꽃을 피우는 타입이다.

궁 합

초혼은 아직 인연이 아니다. 혼사말이 나온 곳이 있을 것이나 일단 보
류하는 편이 좋다. 현재 중매장이의 속임수에 놓여 있는 상태다. 풍수
환괘를 만나면 성질이 괴팍하고 모가 나기 때문에 웬만한 일에도 성질
부터 앞세우니 연분이 아니고 생활 방침에 잘 복종하는 지수사. 지리복
괘를 만나야 좋을 것이다. 이성은 24 세, 27 세, 32 세에 좋겠고 남성은
25 세, 36 세 때에 여성운을 만나는 운기다.

부부궁

말이 적고 무게가 있으며 정직하고 참을성도 많으며 부지런하고 성실
한 성품. 지능적으로 사랑을 예술로 고조시켜가는 성미이기 때문에 돌
발적이거나 지나친 자극을 주지 않는다. 즉 냉정한 면이 보여 사회생활
에 있어서 돌아가 쉬는 자연적이고 당연한 행위를 생각한다. 사랑을 남
용하지도 않고 조용히 한막 연극을 하듯이 연출해 낸다. 순산하고 딸을
낳겠다.

시험운

본인은 전력을 다하고 있는 셈이지만 주위에서 보자면 보기에 딱한 상
태이다. 서투른 공작은 주위의 빈축을 사기 마련이다. 자신의 실력과
능력을 판단할 줄 알아라. 냉정한 눈으로 자기 자신을 바라보고 무엇을
하고 싶은지 분명히 생각할 일이다. 주위에서 여러 말이 있을 테지만
결정하는 것은 자기 자신인 것이다.

이 사

내 손으로 지은 가옥으로 옮기겠다. 균형과 조화를 이룬 여유롭고 자유
로운 아담한 저택. 창문이 넓직하여 시야가 훤히 열리고 건강면으로 보
아 내부에 문화시설이 맞추어져 있거나 욕실 달린 방만 있다면 집이
크거나 작거나 별로 불편을 느끼지 않는다. 앞이 툭 트인 남쪽을 향함
이 좋겠다. 행운의 수 7 이고 이사 길일은 7 일, 16 일, 25 일이다.

화 지 진
火 地 晋

불과 땅은 진이다. 이 괘는 불을 뜻하는 이 괘가 위에 있고 땅을 의미하는 곤괘가 아래에 있다. 이 상태는 태양이 지평선 위에 나타나 점점 하늘로 올라가고 있는 기상이다. 지평선 위에 나타난 태양은 아침의 밝은 태양이다. 이와 같이 뜻대로 넓은 하늘을 힘차게 용감하게 달리는 괘다. 그러나 이 전진엔 벗어나지 않는 궤도가 있다. 그 궤도를 따라 자신을 지킬 줄 알고 다룰 줄 아는 사람이 돼야 한다는 뜻이다.

●운명을 다스리는 자세

드디어 동쪽 하늘이 붉어지며 먼동이 튼다. 대인도 오고 연인도 오고 승낙하고 만사 호전. 광명의 시기를 만났다고 본다. 당신의 운수는 지평선 위에 나타난 아침의 태양이 하늘로 오르고 있는 상태다. 높이 오르면 오를수록 광명은 더욱 더 커지고 어둠은 사라지고 말 것이다. 그러나 운기가 너무 강하다고 자만하여 겸손하지 못한 행동이나 나태한 마음을 가지면 모처럼의 행운도 놓치고 말게 될 것이니 명심하라. 자유롭고 풍족한 생활력은 넓고 많은 부족함이 없는 것을 요구하는 성격으로 형성된다. 그러므로 일상적인 생활에는 만족하지 않고 사회적인 출세에 의하거나 돈에 묻힐 정도로 충분한 만족을 요구하고 추구해간다. 운수는 점차 강성하여 만사가 발전하고 번영할 것이며 웃사람이 끌어올려 승진도 하겠고 전근 등으로 주거나 환경에 변화도 따르겠다. 또한 옛 친구나 옛날 애인들과 해우도 할 것이고 사이가 좋지 못하던 사람들과 화해도 하는 일이 생기겠으니 더한 기쁨이 어디 있겠는가. 돈의 유무를 겉으로 나타내지 않는 차분한 성격으로 결코 허영심이나 자존심 따위의 노예는 아니지만 인간의 모든 자랑거리나 욕망을 지니고 있는 성미다. 여기서 균형잡힌 인생관이나 처세와 생활 태도가 생겨난다. 어린 나이라도 어른스러운 행동이나 언어를 구사하는 것은 매사를 조급하게 다루지 않고 빠져들지 않으면서도 스스로 빼어났다는 숨은 의지와 자부심의 조화로서 생겨난다.

1, 2월 원하는 바가 성취된다. 특히 재능을 인정받게 될 기회이다. 학생은 논문 제출하면 좋은 결과를 보겠고, 직장인은 아이디어 제출할 때다. 힘든 일도 협조자를 구하면 순조롭게 이루어진다. 자기 실력 이상을 발휘할 수 있고 꿈꾸던 것보다 더 좋은 결과가 올 수도 있다. 당장은 장해가 있더라도 장차는 길하리라. 젊은이는 이성 문제 조심하고 사업은 동업함이 길하겠다.

3, 4월 매사가 풀리지 않는다. 날던 새가 길을 잃고 방황하는 격이지만 용기를 잃지 말라. 머지않아서 행운이 찾아온다. 도모하는 일마다 장해가 있다. 혼사가 없으면 자식을 낳을 수다. 마음이 두 곳으로 갈리니 일마다 성취되기 어렵다. 마음부터 안정하라. 그러면 차차 운이 트일 것이다. 사월 중순부터 모든 근심이 사라지니 집안에 웃음이 그치지 않는다. 집안이 화락하니 재물도 그 안에 있다.

5, 6월 호운이다. 지금하고 있는 일에 열중하라. 현상을 유지하는 것이 길하다. 신규 사업 생각하지 말고 무리한 투자도 하지 말라. 자녀의 근심으로 집안에 풍파가 일겠다. 옛 것을 지키고 경거망동 삼가라. 동쪽에서 얻되 서쪽에서 잃으니 해될 것도 없으려니와 이득이 될 것도 없다. 분주 다사하나 별로 소득은 없다. 병약자는 회복되며 매사가 서서히 풀리기 시작한다.

7, 8월 대운이다. 그러나 이런 대운도 그 사람의 노력 여하에 따라 대길할 수도 있지만 자칫하면 대흉으로 이끌 수도 있다. 한눈 팔지 말고 주어진 일에 충실하라. 현재하고 있는 사업은 순조로울 것이다. 그러나 신규 사업은 생각하지도 말고 사업 확장도 보류하라. 팔월달 중순이 지나면 운이 순조롭고 귀인이 도와서 부귀를 찾을 것이다.

9, 10월 이성 문제 특히 조심하라. 복잡하게 되고 구설수가 있다. 만약 이성 문제가 악화되면 다른 고통도 따르게 될 것이다. 남이 보기에는 부러울 만큼 규모가 장대한 사업을 한다든가, 그럴 듯한 직장에 나가고 있으나 그에 비해 실속은 없는 때이다. 말하자면 빛 좋은 개살구 격이라고 할까. 애정 문제를 조심하고 친구들 말을 경청하라. 그렇지 않는다면 애정 문제로 큰 망신당하게 될 것이다.

11,12월 목마른 자 물을 만나고 배고픈 자 밥을 만난다. 수액이 있겠으니 강과 바다를 가까이 하지 말라. 귀인을 만나서 협조를 받겠으니 길한 일이 있겠다. 웃사람 공경하고 형제 자매 우애를 돈독하게 하라. 금전 거래는 삼가고 주거지를 함부로 옮기지 말라. 특히 주의해야 할 직종은 운전 기사이므로 교통사고 조심하고 지성을 드려서 액운을 멀리하라.

주요운세

직 업

일찍 관문에 나서면 검사나 고급 장교가 될 것이니 권을 장악한다. 설령 문관이 되더라도 법조 관계나 행형 관계에 가까운 일을 해야 만족할 것이다. 또는 의학교수나 의사로서 명성을 얻게 되고 작게는 의료 계통의 일이나 간호원도 혹은 약사에게 의약품 관계의 경영에 이르기까지 대성이 약속되어 있다.

건 강

집안에 노인을 모시고 있는 사람은 특히 조심하여야 한다. 자신은 건강한 편이나 노인들에게는 전염병·심장병·식체·위통 등에 주의가 따른다. 위의 뒤쪽에 있는 췌장과 오줌의 배설을 담당하고 있는 신장의 혈액이나 정력이 결핍되고 악화되기 쉽다. 췌장·신장 질환은 38세, 42세, 49세, 56세를 주의해야 한다.

금 전

재물에 대한 최고의 상승세를 보이고 있어 사두었던 주식이나 증권 등이 처분할 때가 왔다. 부동산에 매매 등으로 큰 돈도 얻겠고 수출품의 인기도가 높아 큰 소득도 올리겠다. 이같이 금전 운이 좋은 때는 저축으로 얻은 이윤도 높을 것이다. 누구에게나 적극적으로 접촉하는 데서 큰 재물이 들어오고 있다.

연 애

현재 애인이 없는 사람은 주위를 둘러볼 일이다. 남몰래 당신을 생각하고 있는 사람이 있을 것이다. 유방의 꼭지에 손만대어도 깜짝깜짝 놀라는 소유자. 남편을 흥분의 도가니로 성공시키는 마술사로 둔갑하면서 주도권을 잡아 오르가즘으로 이끌어나가는 연출자이겠다.

궁 합

좋은 연분이니 적극적으로 추진하라. 그러나 재혼은 상대쪽에서 가족문제에 따른 고심에 젖어 있으나 성립될 수 있다. 성급하게 굴지 말고 기다리도록 하라. 헌신적인 사랑의 정신이 풍족하고 매사에 감사할 줄 알며 고락을 같이 나눌 수 있는 천산둔·천택이괘를 만나면 아주 좋은 연분이 된다. 고집장이 스타일이 풍뢰익괘를 만나면 불행을 초래할지도 모른다.

부부궁

크게 노하지도 않고 작은 소리로 말을 하는 여유 높은 품위를 보여 주고 지키려 드는 성품. 적극적인 면이 결여되어 있으나 한 번 문을 열면 수줍어하지 않고 유감없이 발휘하려 든다. 달콤한 사랑을 꿈꾸는 매력을 지녔고 쓸쓸한 미소와 정열에 불타버린 흐릿한 눈동자의 요염도 나타난다. 남성 그 자체가 사랑의 대상이며 구애해오면 아낌없이 준다. 순산하고 딸이다.

시험운

진학은 사학의 명문교보다도 공립이나 국립을 고르는 것이 알맞다. 극단적으로 눈이 높지 않으면 자기가 희망하는 학교에 들어갈 수가 있을 것이다. 취직 시험은 재능이나 기량을 충분히 살릴 수 있는 회사에 들어갈 수 있으며, 보수도 일반적 수준보다 높게 받을 수 있을 것이다. 당신의 실력을 사서 여기저기서 스카웃의 손이 뻗칠지도 모른다. 현명하게 전신(轉身)한다면 비약을 기대할 수 있을 것이다. 자기에게 가장 알맞는 무대에서 마음껏 활약할 수 있다.

이 사

이사를 꼭 해야 할 경우 적극적으로 찾아나서자. 좋은 일이 있겠다. 자유롭고 변화가 많은, 전망이 좋은 곳에 지은 이층집이나 좀 높은 주택. 집 주위를 산책할 수 있을 만큼 넓은 마당이 있는 집이라면 아주 좋다. 도시 복판에 있는 밀집된 주택에서는 답답해서 못 산다. 방위는 관계치 않아도 되며, 행운의 수는 6 이며 이사 길일은 6 일, 15 일, 24 일이다.

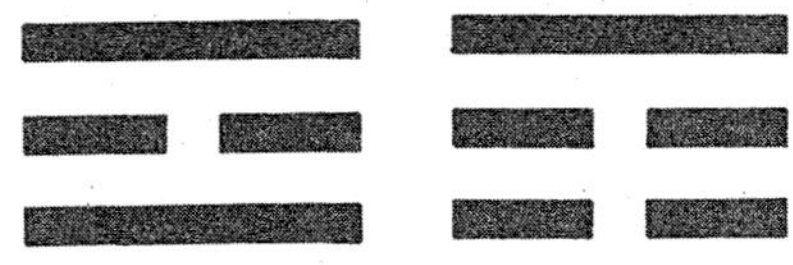

화 산 려
火 山 旅

불과 산은 여다. 이 화산여괘는 불을 뜻하는 이 괘가 위에, 산을 뜻하는 간괘가 아래에 있다. 불이 산 위에서 타고 있는 상태다. 불이 산 밑에서부터 활활 타오르고 있으면 그 세력은 거세게 산정으로 타올라 가겠지만, 산 위에서 타고 있는 불은 더 이상 태울 게 없어 가냘프게 그 명맥만을 유지하고 있을 것이다. 이리저리 그 태울 곳을 찾아 옮겨가는 산불을 주역에선 나그네에 비유한다고 했다.

● 운명을 다스리는 자세

심신에 안정이 없고 날 저물때 피곤한 다리를 이끌고 잘 곳을 찾는 모습이다. 언제나 쫓기는 것 같은 초조감에 사로 잡히고 또 마음이 쓸쓸하고 허전할 것이다. 그러나 너무 상심하지 말고 언제나 기다린다는 자세로 밀고 나가면 결국은 뜻을 이룰 것이다. 이 운수는 이름을 높인다는 뜻이 잠겨 있다. 즉 연구나 진학 따위는 좋은 결과를 얻기 때문에 수동적인 자세가 필요로 할 것이다. 높은 지식을 추구하기에 여념이 없으면서 한편으로는 가벼운 기지를 즐기며 노는데 몰두하기도 하는 낙천성을 지니고 있다. 균형이 잡힌 생활의 지혜를 찾는 것이 중요하다. 연구하다가 심취하기도 하고 정서에 매혹되는 감수성을 지녔다. 도리어 원초적인 행동 속에 자신을 던지기도 한다. 때문에 속도가 있고 적당한 변화와 자유로움이 있는 직장이 아니라면 싫증이 빨리 올 것이다. 깊은 지식을 추구하면서도 그 환경과 정서에 민감을 보이기도 한다. 신속하고 순간적인 추진력 때문에 언행으로 타인에게 상처를 입히고도 미처 마음을 싸서 치유하지 못하는 단순함 때문에 동료간에 조화를 유지 못한다. 겉으로 충분한 생활을 영위하고 있는 것처럼 보이더라도 문득 자아로 돌아가 인생의 커다란 과제에 눈을 돌리지 않고는 못 배기는 천성적인 면도 있다.

1, 2월 한 마디로 말해서 어려운 때이다. 재난이 생길 수 있겠고 특히 교통사고, 등반사고가 위험하다. 쇠운이어서 하는 일은 뜻대로 안 된다. 선배나 양식이 있는 사람을 찾아가서 간곡하고 겸손하게 부탁하고 어드바이스를 받는 것이 좋겠다. 운수가 쇠해져 있으며, 이익되는 일을 생각하는 것보다는 손실이 되는 일을 먼저 생각하라. 그리고 때를 기다려라.

3, 4월 안 될 일은 일찌감치 포기하고, 새로운 마음가짐으로 새출발하는 것이 상책이다. 그러나 매사가 뜻대로 되지 않을 때이니 옛 것을 현상 유지하면서 기다리는 것이 좋다. 하던 일을 계속하며 다른 일에 손대지 말라. 함부로 나서지 말라. 소극적으로 행동함이 길하다. 혼담이 있다 하더라도 정식 결혼은 뒤로 미루라. 무엇인가 속고 있다.

5, 6월 작은 일부터 도모한다면 차츰 성사되어 나갈 운수이다. 실업 등 곤고한 처지에 있을 때 이 괘를 얻으면 멀지 않아서 희소식을 받게 된다. 작은 소원이면 이루어진다. 정성껏 기원하면 큰 소원도 차츰 성취될 것이다. 그러나 기대를 크게 가지면 약간 실망하겠다. 출산은 예정일보다 늦게 분만한다. 약간 어려움이 따르겠고 아들을 낳겠다.

7, 8월 만사가 잘 풀린다. 궁핍한 생활을 하던 사람에게 뜻밖의 재물이 생긴다. 비록 큰 재물은 아닐지라도 학문, 종교, 연구 분야에 종사하는 사람은 길하다. 물질면은 수입도 많으려니와 서북쪽에서 귀인을 만날 것이다. 새로운 계획을 세워도 잘 되겠고, 새 사업을 착수해도 잘 돌려 나가겠다. 그러나 경쟁은 치열하다. 부단한 노력과 기발한 착상이 뒤따라야 한다.

9, 10월 먼 여행지에서 어쩐지 불안을 느끼게 되면 내 집을 그리워하는 심정의 운이다. 그러므로 여행지에서 불편을 느끼게 되는 것처럼 모든 일이 불편스러운 때이니 매사에 조심하는 것이 좋다. 어떤 곡선을 그리듯 사이클이 있는 것이니 너무 낙담치 말라. 가출인은 서둘러서 찾아라. 그렇지 않으면 후회하게 될 것이다. 두 사람이 동행되어 멀리 떠나려고 한다.

11, 12월 근심 가운데서 차츰 서광이 비쳐온다. 나아갈수록 좋은 운수이다. 중도에서 단념하는 것은 아까운 기회를 놓치고 마는 결과이니 밀고 나가라. 당장은 어려움이 따를지 모르나 반드시 좋은 결과가 있다. 연애하는 사이가 아주 좋은 이성과 사귄다. 그런데 아직 결혼을 생각할 때는 아니다. 지금 앓고 있는 환자는 대체적으로 회복될 가능성이 높다. 전염병·방광염 등에 주의를 요한다.

주요운세

직 업

때가 아직 도래하지 않은 상태이나 선수를 친다는 것은 이기고 들어가는 것이라 하겠다. 합작 투자와 신규 사업도 작전상 후퇴할 때다. 그러나 자동차, 문화, 보험 등의 외판원이라면 언변에 기질이 있어 유망한 직종이 될 것이다. 직장 문제에 현재로서는 제 아무리 노력해도 유감스럽지만 당신을 도와 수족이 되어줄 사람이 없다.

건 강

시력 감퇴, 허탈증의 침투가 가능하다. 여자의 경우 고혈, 심장병, 전염병 등이 한때 병세가 호전되다가도 다시 재발할 위험이 있으니 조심하자. 언뜻 보기에 어디가 뚜렷하게 나쁜 점은 없으나 병이 잠복해 있을 염려도 따른다. 건강 진단을 받고 평소의 발견에 힘쓰도록 하자. 잠복되어 있는 병은 이미 오래전이다. 16세, 18세, 22세, 그러나 사전 예방하면 건강하다.

금 전

어두운 전망이 아무래도 호전되지 않고 그대로 있을 가능성이 짙다. 오랜 기간 동안의 노력은 열매를 맺지 못하고 허탈감에 빠진 상태다. 징이나 북을 치며 떠들썩하기 전에는 금전 운은 눈을 떠지지 않는 계시다. 과감하게 밀고 나가면 경비만 소모시킬 뿐이니 연구 검토가 필요하겠다. 주의 사람의 애정이나 우정 때문에 자금 지출이 많다.

연 애

두 사람의 사랑의 불꽃은 불타오르는 일도 없고 그렇다고 꺼지지도 않는 어중간한 상태이다. 매끈하게 잘 생긴 데다 성기의 머리가 굵어 침실을 뜨겁게 만든다. 사랑을 예술로 고조시켜가는 성미이기 때문에 돌발적이거나 원초적인 성의 자극을 준다. 자기 본위의 섹스를 즐기는 편으로 차 안이라든가 화장실 등의 장소를 가리지 않고 흥분하는 타입이다.

궁 합

성격 상의 차이 때문에 다소의 갈등이 따르겠다. 우선 자신의 마음을 안정시키고 중매인을 적극적으로 활용한다면 가능하다. 간위산·지택림괘를 만나면 항상 청순하고 상부 상조하며 마음껏 행복을 누릴 수 있는 좋은 배우자가 될 것이다. 남성은 27 세, 31 세가 가장 좋은 결혼의 찬스이고 여성은 18 세, 24 세에 결혼하면 불행을 초래한다.

부부궁

어떤 일에나 열광하지 않고 우상이나 신도에도 깊이 빠지려 들지도 않고 믿지도 않는 성품. 파괴를 증오하고 미적인 무드를 희망하는 사랑에는 절대로 필요한 위치를 차지하고 만다. 과격하게 떠들어대거나 싸우지 않으며 부부간의 마음은 균형을 유지하여 온화하게 해결하는 재능의 소유자. 순산이며 초산인 경우는 딸이고 두 번째는 아들이다.

시험운

진학과 취직 시험은 자기가 지니고 있는 재능을 살리어 길을 열어가는 것이 기운이다. 취직 후에도 영속시키면 투지 만만하게 공부나 일을 할 수 있어 보다 더 큰 비약을 기대할 수가 있다. 연합고사 검정 고시 모두가 주위 사람들로부터 따뜻한 박수를 받을 것이다. 시험장에서 초조하지 말고 냉정을 찾고 성급하게 서둘지 않으면 좋은 결과가 따른다.

이 사

이사할 생각은 없으나 하게 된다. 좋은 집에서 살고 싶다는 것은 자신의 성격과 똑같은 또 하나의 인격을 만들고 싶은 충동이다. 번화가의 중간쯤도 좋고 평지가 안성맞춤이며 약간 높으면 더욱 좋다. 동남을 향하면 이상적이다. 행운의 수는 9 이고 이사 길일은 9 일, 18 일, 27 일이다.

화 수 미 제
火 水 未 濟

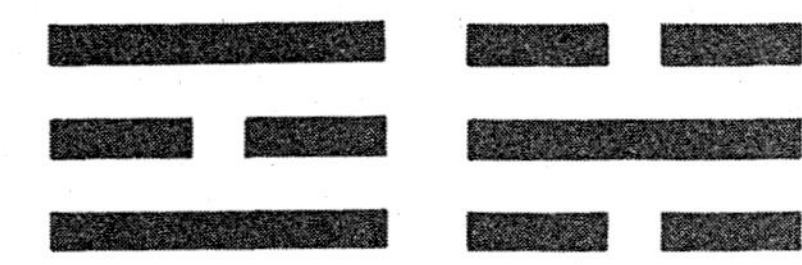

불과 물은 미제다. 이 화수미제는 불을 뜻하는 이 괘가 위에, 물을 의미하는 감괘가 아래에 있다. 불이 물 위에 있는 상태니 서로 일치하지 못한다. 그러나 그 효는 음양 상응의 관계를 이루어 비록 위치가 달라도 협력하기를 바라고 있다. 발전할 수 있는 소지를 갖추고 있는 괘다. 앞의 63 괘가 그 끝 기제에서 완전 무결하게 완성의 미를 갖추고 그 끝의 괘를 미제괘로 장식한 것은 주역의 기본 정신은 끊임 없이 변한다는 것이며 영구히 완전할 수는 없다는 그 사상은 참으로 주역다운 진리의 길이 있는 것이다.

● 운명을 다스리는 자세

근심 가운데 기쁨이 생기는 격으로 차차 어둔 영향권에서 탈피되어 서광이 비쳐온다. 겨울에 들어서는 입동의 계절이기 때문에 겨우살이를 철저하게 준비해야 하는 주의력을 게으르지 않게 갖춘 보수적이고 안전한 정신을 가졌다. 생명의 존재를 중히 여겨 개방을 피하고 비밀을 선택하며 폭로보다는 숨김을, 웅변보다는 침묵을 선택하기도 한다. 당신은 이제부터 희망을 가지고 소원을 성취할 일만 남아 있다. 그러나 조급히 굴지 말고 조금씩 점차로 전진하라. 마음먹은 일을 할까 말까 망서리고 있는데 차분한 관찰력을 가지고 밀고 나가면 뜻을 이루고야 말 것이다. 당신은 조사나 탐구면에 있어서 재능이 뛰어났다. 선비스런 생명의 구조나 불가사의한 일에 대한 조사나 탐색에 적합하다. 지식을 개발하기 위해 부여받은 호기심을 동원하여 신체의 기술이나 경기나 기능과도 상통한다. 떠들지 않는 차분한 성격은 비밀과 내성적이며 위대한 집중력을 지닌 탓이다. 신체적으로나 정신적으로 막강한 능력을 지녔지만 스스로 과소 평가하기 쉬운 것은 충분한 사교술이나 화술의 부족 때문으로 오니, 이 점만 배제시키면 성장은 확실해 진다. 겉으로 우둔해 보이는 것은 표현을 피하는 성품 때문일 것이다. 차분한 통찰력을 유지하면서 사교성이나 화술을 계발한다면 무한한 발전을 기약받을 것이다.

1, 2월 그 동안 침체했겠지만 이제부터는 희망을 가지고 활동해서 소원을 성취할 운수이다. 마치 아침 해가 바다 위로 불끈 솟아오르는 형국이다. 일은 서두르지 말고 서서히 할수록 좋은 결과를 얻게 될 꽤이니, 조급하게 구는 일은 금물이다. 이사는 좋은 주택이 생기겠다. 신축하는 것도 길하겠다. 팔 목적으로 산다든가 새로 신축하면 잘 팔린다. 옮기는 편이 좋겠다.

3, 4월 남에게 의혹을 사는 문제가 생길 것같으니 매사 분명히 처리하라. 뱃심이 필요할 때다. 운영하는 일마다 방해하는 것이 있어 순조롭지 못하겠으나 지성을 드리고 용감하게 대처하면 길하겠다. 소원은 연장자에게 또 한 번 부탁하라. 당장에는 이루어지지 않겠지만 집요하게 매달리면 성취되겠다. 혹 상대방이 있는 일이라면 평화적으로 협상하는 것이 좋겠다.

5, 6월 진퇴양난의 운세이다. 자칫 자포자기하기 쉽겠지만, 인생이란 그 운세가 돌고 도는 것이니 정신을 찾도록 하라. '호랑이에게 물려가도 정신만 차리면 산다'는 속담도 있듯이 바른 마음으로 견디면 머지않아 호운이 찾아온다. 사업은 적극성을 띨 때가 아니다. 신규 사업이나 사업 확장을 할 때도 아니다. 하던 사업으로 현상 유지하면서 때를 기다려라. 계약할 때는 특히 주의하라.

7, 8월 옥은 갈수록 빛을 낸다. 우물은 그 물을 퍼서 쓸수록 물 맛이 좋아진다. 부단한 노력을 한다면 길하겠으나 그렇지 않으면 만사가 막혀갈 뿐이니 고민도 많겠다. 부부 불화하겠지만 이혼에까지는 가지 않는다. 그러나 가정이 불화하면 만사가 귀찮은 법이다. 한 발짝 양보하라. 취직하려는 사람은 몹시 안타까와 한다. 될 듯하면서도 성취되지 않는다. 그러나 서광은 비치기 시작할 테니, 좀더 기다려라.

9, 10월 베풀고 후회하거나 돌아오기를 바라지 말라. 때가 되면 몇 갑절의 복이 되어서 반드시 돌아온다. 절도 있는 생활이 성공의 비결이다. 절제하는 생활, 근검 생활을 하면 호운이다. 지금의 연애 상태는 상당한 깊이에까지 진행된 상태이다. 헤어지기는 힘든 사이, 그러나 방해자가 있어서 마음의 갈피를 못 잡고 있다. 선배에게 의논하라. 묘책을 찾을 것이다.

11, 12월 입신양면하는 운기이다. 한 가지 지위를 얻게 되면 그것을 토대로 해서 다시 약진하고 승진하는 타입이다. 운기가 길한 만큼 출세도 빨라서 자신이 도취하여 주색잡기에 빠져들 염려도 있다. 그만큼 물질적·정신적·인격적으로 손실도 크리라. 자중하자. 혼인은 좋은 인연이다. 결혼한 후에도 금실이 좋겠고 시부모 사랑을 받는 며느리가 될 것이다.

주요운세

직 업

아침해가 바다 위로 불끈 솟아오르는 상태라 하겠다. 소심하지 않고 마음이 넓으니 상업을 하거나 경영주가 되면 하는 일마다 대성을 얻게 되겠다. 그러나 초로의 사나이가 젊은 여자에게 마음을 빼앗기고 고민하는 수가 있다. 평소 주변 사람들과 대인 관계를 원활하게 해왔으므로 호전되어가는 운세다. 용기를 잃지 말고 선배의 후원을 받도록 하라.

건 강

부인병·항문병·방광염 등에 문제가 되겠으나 대체적으로 회복될 가능성이 높다. 남성의 경우는 건강하지만 수술을 받을 것이다. 남녀를 막론하고 유년기부터 청년기에 이르기까지 편도선염과 인후염이 자주 발생할 것이다. 인후질환은 6세, 9세, 13세, 22세 때를 특히 주의하라.

금 전

공개적인 거래가 신용을 가일층 두텁게 하고 한층 고조될 것이다. 일단 마음 먹은 사업은 계속 추진하고 자유로운 개인 직업을 개척하는 것도 좋겠다. 도박성 등의 투기에도 행운을 붙잡을 수 있으니 신경 써볼 일이다. 재물은 예측한대로 빗나가지 않는다. 마음을 먹었던 사업을 추진한다면 대성의 노크가 암시된다.

연 애

여성측이 적극적인 행동으로 나오는 경향이 있다. 자칫하면 억지로 매달려 아내가 될지도 모른다. 분위기가 무르익어야만 꽃을 피우는 차분한 도전자이나 한 번 꽃을 피기 시작하면 밤을 새우는 강경도 높은 체질. 음모는 기장이 짧은 형으로 매우 풍성한 중형이고 적어도 검은 빛을 가지고 있으며 조용한 성생활을 영위한다.

궁 합

장기간 교제함으로써 이루어지겠으나 남성이라면 양자로 들어가면 길하겠고 여자는 집안의 책임을 맡을 수 있는 확률이 높다. 수산진·수뢰둔·수택절 등의 괘를 만나면 사랑의 균형을 유지해 주고 마음을 주고받는 좋은 상대가 될 것이다. 여성은 24 세, 27 세 때에 최고의 남성 운을 만나겠고 남성은 27 세, 29 세때 좋은 연분을 만난다. 그러나 26 세에 이루어지는 결혼은 이별을 예고한다.

부부궁

낭만적이면서도 차분한 성격으로 결코 허영심이나 자존심 따위의 노예는 아니지만 인간의 모든 자랑거리나 욕망을 지니고 있는 성미. 성에 빨리 눈을 떠서 일찍 고뇌하며 애정을 이해하고 관대하게 용서할 능력이 생겨 투쟁보다는 화해하는 태도로 부부의 사랑으로 들어간다. 때문에 차분하고 진취적이며 아름다운 분위기를 만드는데 어색하지는 않은 편. 순산하며 딸을 낳겠다.

시험운

달콤한 꿈을 꾸지 말고 좀더 현실적으로 차분하게 계획을 다시 세울 일이다. 이를테면 선택한 학교나 시험이 자기에게 알맞는가 여부를 착안해서 바꾸어 점을 쳐보자. 자기가 선택한 학교나 직장의 시험에 마음이 든다고 해도 난점이 있다는 계시다. 취직 후에도 영속시키면 자신만만하게 공부나 일을 할 수 있어 보다 더 큰 비약을 기대할 수가 있다.

이 사

서두르겠지만 뜻대로 되지 않는다. 사람이 어떤 집에서 어떻게 기거하느냐에 따라 후천성이 형성되기도 한다. 조화 속에 성품이 숨어 있기 때문에 스스로의 의사에 의해 꾸며진 분위기가 아닐지라도 그 분위기에서 영향을 받는다. 복잡한 도심지의 아파트나 사람들이 무질서하게 넘나드는 번화가는 질색이다. 동남 방향, 행운의 수는 4 이다. 이사수는 4 일, 13 일, 22 일이 되겠다.

화 풍 정
火 風 鼎

불과 바람은 정이다. 이 화풍정괘(火風鼎卦)는 불을 상징하는 이괘를 위로 바람이나 나무를 뜻하는 손괘를 아래에 두고 있다. 불이 나무 위에서 타고 바람이 이것을 부채질하고 있는 상태를 보인다. 서로 필요하며 도울 수 있는 사이다. 또 웃사람의 현명함에 아랫사람들은 겸손한 태도로 순종하는 모습이다. 서로 상하가 협력함을 다리가 셋 버티어 하나의 솥을 바치고 있는 정으로 표현한 것에 주역의 깊은 이치가 담겨져 있는 것이다.

● 운명을 다스리는 자세

조금 뒤에 삼각 관계가 이루어지면서 기회가 성숙되고 또 영달하고 안정을 얻게 될 것이다. 즉 성공의 근본이라면 협력자를 구하는 길이다. 당신은 남의 두목이 되는 운세를 가졌다. 선천적인 생활 신조가 균형과 조화로운 정신의 보유자다. 파괴를 증오하고 미적인 무드를 희망하는 사회에는 절대로 필요한 위치를 차지한다. 과격하게 떠들어대거나 싸우지 않으며 상호간의 마음은 균형을 유지하여, 어떤 일에든 모나지 않고 온화하게 해결하는 재능의 소유자다. 부조리한 인생이나 불안한 사회에 부딪쳐도 결코 종교적인 힘에 의존하지 않고 어디까지나 인간을 믿으려는 고매한 제휴 정신과 통한다. 지휘나 금전을 탐내는 마음보다는 창조의 미를 사회에나 직업면에도 살려나가는 마음을 지녔다. 친구와 동지적인 위치에 서기 때문에 열광적인 종교 계통이나 추악한 일등의 직장은 맞지 않는다. 당신은 묵은 것을 버리고 새 것을 받아들여 사물을 고쳐 새롭게 하는데 길하다고 했다. 신중하게 일을 처리하면 노력한 만큼 성과도 얻고 새로운 벗들을 얻는다. 또는 웃사람에게 기용되어 입신 출세도 할 것이다. 여자에게는 3 의 숫자가 인연이 있으니 결혼을 하여도 시어머니와 함께 산다면 모든 귀염을 독차지할 것이다. 두 사람만의 생활을 희망하면 뜻밖에 또 한 사람이 끼어들게 된다.

1, 2월 이그러진 달이 구름 사이에서 나오니 다시 운세가 회복된다. 바라던 일 성취되고 매매하면 이득이 있겠다. 선배나 웃사람 등에서 좋은 협력자를 얻게 되면 크게 발전한다. 귀인이 돕는다. 횡재수가 아니면 관록이 몸에 따른다. 집안에 경사가 있고 길한 일이 생긴다. 재수도 대길할 것이다. 여행은 떠나는 것이 아주 좋다. 동반자가 있다면 길하겠다.

3, 4월 집안에 기쁜 일이 생기겠다. 소원하는 바도 순조롭게 이루어지겠다. 지출보다도 수입이 많으니 재물로 고생을 하지 않는다. 일이 성사되니 마음이 가볍다. 모든 근심이 사라지니 집안에 웃음이 그치지 않는다. 여행하는 것이 길하겠다. 여행지에서 옛 친구를 만나게 되며 일이 의외로 발전하게 될 수도 있다. 소송은 정당한 일이면 승소한다. 출산은 순산, 아들을 낳는다.

5, 6월 썩 좋은 운세이지만 당장에 대사가 이루어지지는 않고, 서서히 복이 다가올 것이니 잡념을 버리고 노력하라. 그 동안 해결될 가능성이 없었던 일도 차츰 풀려나갈 것이다. 하루가 다르게 번창해 나갈 운수이다. 매매는 상승세이다. 파는 것은 남에게 의뢰하면 순조롭겠다. 이사는 신축해서 이사하는 것이 길하다. 개업하고 그곳으로 이사하는 것도 길하다. 입시생은 원하는 학교에 합격한다. 단 무리하면 어렵다.

7, 8월 대체적으로 웃사람의 인정을 받아서 지위가 승진된다. 일신상의 변화가 있되 좋은 면으로 있을 때. 매사에 조심하면서 측근자를 앞세우면 길하다. 계획했던 일 실천에 옮겨서 큰 성과를 보겠다. 모든 일에서 예상 외의 효과가 나타난다. 우연히 귀인을 만나서 소원이 성취된다. 소원하는 일에 집중하라. 젊은이들의 가까운 곳 여행은 길하다. 동행자가 있으면 더 괜찮다.

9, 10월 현재 하고 있는 직업을 굳게 지켜라. 먼저는 흉하나 나중에는 길하다. 해외 여행할 수도 있겠다. 그러나 바른 마음으로 적덕에 힘써야 겠다. 그러면 액운을 면할 것이다. 남과 다투지 말라. 무엇을 해보려고 마음이 움직일 것이지만, 아직 때가 아니니 기다려라. 그러면 손재를 보지 않는다. 여행하는 것은 떠나는 여행이든가 이성과 동행하는 여행은 가정 풍파가 일겠다.

11, 12월 추운 겨울이 가면 꽃피는 봄이 오듯이 이제 얼마 안 있으면 호운을 맞게 될 것이다. 초조하여 서두르면 낭패를 한다. 이런 때는 현상 유지를 하면서 느긋하게 살아가는 것이 최상책이다. 젊은이는 이성 문제 조심하고 사업은 동업함이 길하겠다. 진실되게 살자. 잔꾀를 부리다가는 자승자박하고 말 것이다. 협조를 구하라. 협조자가 생겨서 만사가 뜻한 대로 풀려나갈 것이다. 건강 상태는 감기가 원인이 되어 폐렴, 기관지염 등 발병될 듯하니 주의를 요한다.

주요운세

직 업

사업의 근본적인 변함은 없지만 내용을 혁신시켜야 할 때다. 사태는 매우 급하여 밀대로 밀고 나가서 거센 파도를 넘어서기만 하면 모든 일이 뜻대로 진행될 것이다. '물고기는 물을 타고 새는 바람을 타고 지자는 기세를 탄다'는 말이 있다. 물고기라면 어떤 것이나 물에서 놀고 그 어떤 새라도 바람과 어울릴 수가 있다. 또 지자는 찬스를 포착하는 것이 능하여 시류를 탄다는 것을 뜻한다.

건 강

호흡기병 · 변비 등을 조심하고 전에 다니던 곳을 피하고 다른 의사를 찾고 치료 방법을 바꾸도록 하라. 전염병 · 열병 · 두통 등은 곧 낫는다. 특히 과음을 하는 남성들의 경우 간장의 과중한 노동으로 간 세포가 파괴되어 소모됨으로써 일어나는 간염이나 간이 굳어지는 증상인 간경변증질환이 초로기에 나타나기 쉬우니 주의하라.

금 전

혼자보다 두세 명이 함께 하는 사업이라면 거래나 교섭면에서 큰 도움을 받게 된다. 매매는 시기가 좀 이르니 더 기다리도록 하고 거래와 교섭은 부분적으로 이루어지니 계약에 신중을 기해야 할 것이다. 금전적으로 부자유스러운 운기는 아니지만 화려한 낭비 때문에 교제비 등이 많이 든다.

연 애

서로 끌리는 점을 지니고 있으면서도 두 사람이 다 양보한 결과로 '사랑의 순례자'가 되는 것 같다. 또, 격렬한 사랑에 지친 연애라고도 읽을 수 있다. 색깔은 검은 색이면서 긴 편이나 소극적으로 임하거나 본능적인 욕구 해소로 끝내버린다. 성기가 들어갈수록 오무라드는 것이 특징이며 여러 차례의 성교에도 지칠줄 모르는 정력가 타입이다.

궁 합

혼인은 아주 좋은 괘를 만났다. 상대측에서 호감을 가지고 이쪽의 회신을 기다리고 있다. 그러나 재혼은 다소의 시일이 걸린다. 머지않아 좋은 인연을 만날 수 있다. 수산건, 감위수괘를 만나면 헌신적인 사랑의 정신이 풍족하고 매사에 감사할 줄 알며 고락을 같이 나눌 수 있는 연분이다. 남성은 27 세, 29 세, 30 세, 여성은 23 세, 25 세가 행운을 만난다.

부부궁

천부적으로 타고난 재치가 있으나 자존심 때문에 부부간에 친숙하지는 못한 성격. 외관상으로 지적인 풍모와 남성적인 육체의 매력을 갖추고 있어 여성의 유혹을 받기 쉽고 사귐도 빨라 거리가 없지만 안식처를 얻는데도 수고가 따라야 하는 타입. 사랑을 즐겁게 찾아나서는 경우가 많지만 보금자리를 파괴하지는 않는다. 순산하고 초산일 경우는 아들이다.

시험운

진학과 취직 시험은 대길 운이다. 잘 아는 전문 분야에서 의욕과 자신에 찬 자세를 유지하면 승리차로서의 품격도 몸에 붙어 장래의 가능성이 더욱 커질 것이다. 운이 급속히 돌아와 원하는 학교 문을 두들길 수 있고 보다 높은 위치에도 설 수 있는 계시다. 운도 중요시 되겠지만 매사에 남다른 의지와 노력이 뛰어났기에 승리의 기쁨을 만끽하게 된 것이다.

이 사

좋은 주택이 생기며 옮기는 편이 좋고 다시 팔거나 신축도 대길이다. 균형과 조화를 이룬 여유롭고 자유로운 아담한 주택. 신화 속의 궁궐 같은 집은 별로 기쁘지 않고 위풍을 과시하려고 외부를 유난스럽게 꾸민 집을 보면 혐오감을 느낀다. 나무가 없는 집 등은 신병이 날 만큼 싫어한다. 서남간. 행운수 6 이고 이사 길일은 6 일, 15 일, 24 일이다.

화 뢰 서 합
火 雷 噬 嗑

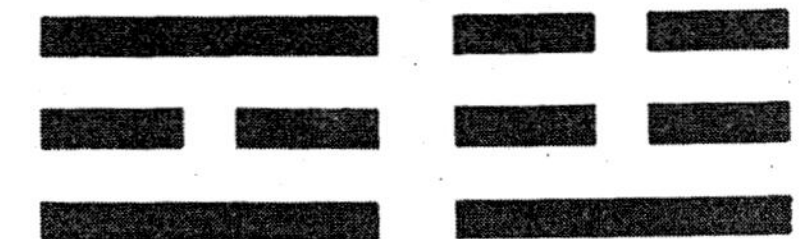

이 괘는 위 아래 턱 사이에 물고 씹는다는 형태이다. 사람이 무엇을 씹을려면 아래 웃턱이 협력하여 상하의 이빨이 맞닿아야 되듯이, 군주와 신하 백성들이 마음과 힘이 서로 합치하여 여러 어지러운 저항이나 어려운 일들을 처리함과 같다. 형벌과 징계를 상징하는 괘다.

● 운명을 다스리는 자세

자기의 뜻대로 움직이지 않으므로 초조하기만 하다. 남의 방해가 있어서 자신의 운기를 억누르고 있기 때문이다. 그러나 타인에 온정을 베푸는 따뜻한 모성애적인 활동력과 자상한 배려감이 있는 성미를 가졌기에 단호한 태도로 대처하면 점차 호조로 전환될 것이다. 뭐든지 해낼 수 있는 여유와 능력의 소유자로 자신은 물론 대중을 위한 보람된 일이라면 무엇이든지 쉽게 만족하고 참여할 것이다. 모든 일을 조급히 굴지 말고 신경질적인 행동을 피하며 온화하게 나가면 생각밖에 행복이 가까이 있음을 알리라. 당신의 운수는 매우 길운이다. 특히 상업에 강운이므로 신규 사업 등에 처음에는 다소 난관이나 차츰 좋은 길로 인도할 것이다. 당신은 공명정대한 위풍과 쾌활한 정열이 융합하여 명랑한 분위기나, 격렬한 야생적인 절규를 연출한다. 이같은 신성한 정열은 억지로라도 친절을 베푸는 서비스 정신으로 연결되며, 어둡고 침울한 것을 싫어하는 명쾌한 성격은 남에게 희망을 주는 지도자로서의 소질을 통하게 된다. 명랑하면서도 성미가 급하여 변덕스러울 때도 있고 묘하게 적막한 것을 그리워하기도 한다. 그러나 성미가 급하더라도 아침의 노여움을 저녁까지 끌고가는 소인은 아니다. 곧 잊어버리지만 한번 마음에 검은 구름이 덮히면 모든 일에 인색해지고 심술을 부리기도 하는 게 단점이다.

1, 2월 서서히 서광이 비쳐온다. 모든 일이 조금씩 풀려가고 있으니, 이 달은 준비의 기간으로 설정해 두는 편이 좋겠다. 기대와는 약간의 차이가 있으나, 작은 사업에서부터 큰 사업에 이르기까지 호전되어 가니 노력하라. 이성 문제 조심하는 게 좋겠다. 애인 정도나 친구 정도로 사귀어라.

3, 4월 처음에는 재물이 나가지만 후에 큰 이익이 되어서 돌아올 것이다. 경사는 따르는 달이지만 남과 다투면 관재수도 따를 수 있다. 변동수가 있으니 가까운데 이사는 무난하지만 이민을 떠나는 일은 삼가하라. 또 손을 대는 일마다 형통하니 더 바랄 것이 없다. 소원했던 일들이 차차 이루어지고 있으니 면밀한 검토와 확실성 있는 계획을 세워나가야 한다.

5, 6월 재물 걱정은 없으나, 다른 사람과 협조를 이루도록 하여라. 여행은 떠나도 좋지만 혼인 문제라면 아직 인연이 아니니 포기하는 게 현명하다. 민사 문제도 승소하며 팔려던 물건들도 고가로 팔려나가겠다. 특히 동료간에 언행 조심하고, 부부간에 갈등이 생겨서도 안 된다.

7, 8월 실물수도 따를 수 있고 들어온 재물도 관리 소홀로 나가겠다. 수액도 따르고 화재도 따르고, 증권이나 부동산에서도 이익이 없다. 모든 소원도 성급한 처리로 지연되고 날짜까지 잡아 놓은 결혼날도 연기되는 달이다. 작은 사업이라도 현상 유지만 되면 다행스러운 것이다. 사업가는 하던 일이나 계속 밀고 나가면서 때를 기다려라.

9, 10월 구름이 걷히고 밝은 달이 보인다. 귀인의 도움으로 작은 것을 팔고 큰 것을 얻는다. 재물 걱정이 없으니, 평탄한 운수이나 다른 사람과 협조를 이루도록 하라. 소원하는 것은 서서히 이루어진다. 그러나 분수에 넘치는 것이라면 성취되기 어려우니, 사욕은 금물이다. 지금까지 겪었던 고난을 거울삼아 꾸준히 노력하고 또 적덕을 해야 한다.

11, 12월 모든 일이 얼음 녹듯이 풀려서 대망을 찾는 일까지도 도달할 것이다. 민사 문제로 얽힌 것도 사람을 사이에 두면 무난히 풀리겠다. 증권이나 상품도 하락세에서 상승할 것이며, 밖에서 잃은 물건을 안에서 찾는 운기가 움트고 있다. 이사를 해도 좋고 장기간의 여행을 해도 좋겠다.

주요운세

직 업
종교를 상대로 한 사업이라면 장차, 큰 사업가가 되겠다. 만약 성직자가 되면 자비심이 강하여 신도들의 안식처가 될 것이고 종교가가 되면 종교 학자나 종교 단체를 통한 사회 사업의 능력을 발휘할 것이다. 자신을 가지고 용기를 내어 웃사람에게 부탁하면, 육영 사업이나 육아 교육 등에 종사하는 직장을 구할 것이다.

건 강
소화불량도 예상되고 과음 과식에 주의하여야 하며 암의 조짐도 보인다. 폭음폭식으로 인한 소화불량이 예상된다. 정력 감퇴로 다른 병이 발병하는 위험도 있으므로 엄중하게 주의해야 한다. 암의 질환이 침범하기 쉬운 나이는 40 세, 49 세이며 51 세, 53 세 때에도 과로가 누적되지 않도록 해야 한다.

금 전
매매는 매입하는 데서 유리하며 파는 데는 큰 이익은 없으나 쉽게 팔린다. 부동산·상품·주식·증권 등 모두가 억지로 처분하려 들면 다소의 손해가 따른다. 소액의 금액이라면 융통이 원활하겠지만 많은 금액이라면 다소의 시일이 걸릴 것이다. 웃사람의 의견을 받아 참고를 하면 더욱 많은 재물을 얻을 수 있다.

연 애

실패한 사랑, 울고 싶을 때에는 한없이 울 일이다. 매우 순진한 사랑의 계시를 나타낸다. 눈물이 마르면 다음에는 드라이한 연애를 할 일이다. 대낮에도 흥분을 감추려 노력하지 않고 때와 장소를 가리지 않고 분위기만 있으면 강력한 힘을 구사하여 감미로움이 고조되는 명물이다. 정력이 끊이지 않는 생명력 같은 샘줄기를 가지고 있다.

궁 합

친척의 방해도 있고 또 라이벌도 있어서 시끄럽기만 하다. 한 마디로 피차 장애자가 따라 힘들다. 부부 싸움도 자주 일어날 확률이 높다. 애정 관계 차이가 많은 뇌지예·뇌풍향·수뢰돈괘를 만나면 분열을 막기 어렵고 근본적으로 마음이 통하지 않는 까닭으로 힘든 연분이다. 여성은 22 를 넘기면 30 세, 34 세까지 다다르고 남성은 31 세 때 여성 운을 만날 것이다.

부부궁

말이 적고 정직하며 매사를 조급하게 다루지 않는 성격이나 한 번 비위가 틀리면 화해하기가 시간이 걸리는 성품을 지녔다. 사랑에 눈이 어두어지는 일은 결코 없으며 장점도 다시 지켜보는 습성이라 성실과 불신감을 동시에 느끼며 쉽게 불을 붙이지 못한다. 그러나 추구하는 마음조차 없는 것은 아니기 때문에 두 개의 마음의 중간에 있는 열정이 조화만 이루면 성화로 발전하지만 타고 있으면서도 냉기가 있을 수도 있다. 초산은 아들이 되겠다.

시험운

진학, 응시 다같이 희망의 달성은 꿈으로 끝나는 경향이 있다. 비록 입학, 입사를 할 수는 있어도 고생이 연속되어 지쳐버릴 것이다. 매사에 남다른 의지나 노력이 없으면 승리는 얻지 못하는 법이다. 꿈만 너무 부풀어 펑크당할 염려도 있으니 신중히 자신을 비판하는 것도 바람직할 것이다. 그러나 무슨 일이든 무난히 해치울 수 있는 남보다 한 발 앞선 재능도 타고났다.

이 사

이사는 서둘지 말라. 구설수가 따르겠다. 인간은 누구나 집이 필요하지만 아무 집이나 다 좋은 것은 아니다. 조그맣고 아담할지라도 쾌적하고 풍부한 자연의 빛을 조화롭고 리듬 있게 받아들여 막힘만 없다면 무난하다. 창문이 넓거나 많이 달린 집이 이상적이다. 빛이 충분히 들어와야 한다. 동남을 향함이 좋다. 행운의 수는 4 이고 이사 길일은 4 일, 13 일, 22 일이다.

이 위 화
離 爲 火

이는 불이다. 이위화괘는 불을 의미하는 이 괘가 겹쳐서 있다. 훨훨 타오르는 불이 겹쳐진 것이다. 불같이 타오르는 성운이다. 태양과 같이 밝고 영광에 찬 괘이다. 이 괘는 훌륭한 군주가 태양처럼 밝고 빛나는 정치를 베풀어 만인이 우러러보게 하며 불처럼 만인에게 행복과 문명을 향유할 수 있게 혜택을 주는 태평 성대의 길을 가리킨 것이다.

●운명을 다스리는 자세

오월의 밝은 태양 광선을 받으며 신록의 잎들이 싱싱한 젊음을 반짝이고 있는 기상이다. 그러기에 당신의 운수는 불과 같은 광명, 정열, 약동을 상징하는 것이라 하겠다. 태양은 하늘에 달려 있어야 천하에 광명을 보낼 수 있듯이 당신도 당신 자신이 종속하고 있는 자신의 위치를 지킴으로써 자신의 능력을 충분히 발휘할 수 있을 것이다. 고로 항상 자신의 위치를 바로 지키는 것만이 현명한 처사다. 미와 조화의 정신과 청결한 사랑이 일치하여 숭고한 정신의 소유자로 형성된다. 혼탁한 세상 속에 빠지지 말고 항상 신선한 생활에 마음을 맡기는 자세와 순진한 것을 그리워하는 태도를 지녀야 할 것이다. 평상시의 태도는 동심에 가까운 애교가 넘치지만 가정 생활에 있어서는 큰 약점이 된다. 때로는 고집이 세어 흉포해지기도 하나, 시간에 마음이 바로 잡히기도 한다. 불은 필요한 것이나 사용 방법을 그르치면 도리어 위험이 따를 것이다. 항상 바른 방법을 지켜야 함은 물론, 안으로는 안위를 요구하고, 밖으로는 순종하는 조화로운 평화 의식을 가져야 할 것이다. 마음이 항상 동요하고 옮아가는 상태에서 안정하지 않고 일정한 목적을 집정하지 못하면 실패의 근원이 될 것이다. 당신은 또한 애정 관계에 있어서 매우 정열적이긴 하나 마음이 항상 움직이고 있어 믿음성이 적은 것이 단점이다.

1, 2월 입신 출세할 상이요, 관직. 공직 또는 일반 직장에서도 승진할 것이다. 해외 나들이를 할것이나 어디서든 이성 관계를 조심하고 언행을 조심하지 않으면 구설수를 만난다. 서서히 발전되어 나가는 운세이니, 꾸준히 노력하라. 외부의 치장보다는 내실을 기하는데 역점을 두라. 사람을 쓰려면 속이 꽉 찬 사람, 박식한 사람을 참모로 거느리라. 자금도 중요하겠지만 충실한 사람 구하면 사업은 날로 번창한다.

3, 4월 기회를 잡을 수 있는 괘다. 발전할 수도 있고 성공할 수도 있는 기회인데 반드시 선배나 친구의 조언을 받고 실천해야 한다. 모든 일에 신중을 기하고 성실하게 대응하면 귀인이 나타나서 도와줄 것이다. 그리고 소원을 성취하고 크게 성공할 수도 있다. 초혼도 좋고 재혼도 좋다. 청혼은 들어오나 자신이 결정을 내리지 못하고 망설인다. 선배에게 의논하면 좋은 결과를 얻을 수 있을 것이다.

5, 6월 재물 걱정 없을 때다. 욕심을 크게 내지 말고 자선 사업 등에 헌금하라, 그것이 나중에는 몇 갑절의 복이 되어 반드시 돌아온다. 기쁜 마음으로 도와야 한다. 매사를 적극적으로 추진하라. 그러면 오히려 남의 협력을 얻게 될 것이다. 귀인을 만나 도움도 얻고 이익도 크게 볼 수 있는 운기이다. 기다리는 사람은 소식이 먼저 온다.

7, 8월 기쁜 일, 좋은 일이 오래 계속되니 오히려 권태를 느끼게 될 운기이다. 순탄한 세월을 보내는 동안에 지난 일을 생각하며 방탕하거나 낭비하지 말라. 그러면 안정되고 행복한 생활을 할 수 있다. 부부 사이는 자칫 금이 갈 수도 있다. 너무나 변함없는 생활에서 오는 권태로움이 그 원인이다. 담담하게 노력하라. 그러면 다시 사랑이 확인될 것이다.

9, 10월 소리는 요란하지만 실리는 신통치가 않다. 운세는 강하고 복도 있어서 번창할 소지가 있다. 경쟁자를 조심하라. 반드시 방해가 있을 것이다. 그러나 사랑으로 감싸고 은혜를 베푼다면 경쟁자도 탐복하고 어제의 적이 오늘에는 친구가 될 것이다. 선배나 웃사람의 협력을 얻으면 이름을 떨칠 만큼 큰 일도 해내겠다. 그런 귀인을 대할 때는 진정으로 대하라.

11, 12월 선배나 웃사람 등에서 좋은 협력자를 얻게 되면 크게 발전한다. 그러나 지출이 많아서 실소득은 불만스럽다. 사업이 잘된다고 해서 너무 경거망동하지 말라. 새로 구상하는 사업은 시작을 하지 않는 편이 낫다. 두 가지 일을 꾀하고 있으나 한 가지 일에만 전력 투구하라. 여행은 장해는 있겠으나 길하다.

주요운세

직 업

허식과 과장을 배제하고 실속 있게 꾸려가야 할 것이다. 장기적인 사업은 심사숙고하고 단기적인 사업은 이익이 따른다. 이웃을 위해 희생한다는 마음가짐으로 사업을 한다면 그 이름이 천하에 드날리게 될 것이다. 강직하고 꾀를 부리지 않으니 주어진 일에 충실하고 만족하다. 힘이 세고 건강이 우수하니 체육을 연마한다면 체육인으로써 자리를 확보할 것이다.

건 강

자칫하면 성격 탓으로 급성질환에 걸릴 염려가 짙다. 고혈압·심장병·안질 등도 찾아올 가능성이 농후하다. 한 번 발병하면 예상 외로 오래 가겠다. 특히 심장병에 걸리기 쉬우므로 평소에 건강 진단을 자주 받고 신경과민이 오지 않게 느긋한 기분을 유지하도록 한다. 18 세, 23 세, 52 세 때도 가벼운 증상이 있으니 주의해야 한다.

금 전

금전 운은 지금부터 행운을 맞이하게 됐다. 거의 바라는 대로 수중에 넣을 수 있는 운세로 확고한 보장을 받을 수 있다. 의외로 희망적인 상황을 맞이하고 있으므로 과감하게 밀고 나가면 큰 재물을 만나겠다. 상당한 보수를 기대할 수도 있겠고 타 회사의 선불을 받는 일도 있다.

연 애

한결 같은 마음은 알 수 있지만 나를 잊고 사회적인 책임을 포기하거
나 주위와의 감정적인 트러블을 일으키거나 하면 바람도 거세진다. 냉
정을 되찾는 것이 중요하다. 질이 밑으로 자리를 잡고 있어서 기장이
짧은 사내를 만나면 기교를 부릴 때 큰 고통이 따르니 용기를 사용하
면 정상에 올라가는데 도움이 된다.

궁 합

초혼은 다소의 장애가 따르나 재혼은 길하다. 혼담이 여기 저기 있어
마음이 몹시 동요되겠으나 될 듯하면서도 바로 이루어지지 않으니 마
음의 준비에 열중하라. 항상 생동감이 돌게 가정 분위기를 변화시키는
능숙한 솜씨의 소유자인 천수송·천풍구·천화동인 괘를 만나라. 남성
은 26 세, 28 세, 30 세에 행운을 맞겠고 여성은 25 세나 34 세에 언연을
만나겠다.

부부궁

활발하고 외향적으로 하고 싶은 말을 속에 담아두지는 못하는 성격. 사
랑을 하면서도 다른 것을 생각하고 있을 만큼 몰두하기 어렵고 흥분
속에서도 남성을 몰래 살피는 성격이므로 가정을 원만하게 유지하는
데도 상당한 노력이 필요하다. 주부라는 단조로운 위치에 빨리 동화하
지 않고 재고하는 이성의 작용 때문에 노이로제에 걸리기 쉽다. 출산은
쌍둥이의 징조도 있으나 초산은 딸이다.

시험운

한 단계 무리하면 그 결과가 가까운 장래에 치명상이 되고 마는 것이
니 입시생이 품고 있는 목표는 위험선을 신호한다. 연합 고사생도 학교
측과 학부모간의 많은 협의가 있어야 될 것이다. 취직 시험 역시 막다
른 상태를 나타내고 있으니 돌파구를 찾으려고 노력하면 다소의 희망
은 보인다. 혼선과 지체를 가져오는 때이므로 모든 일이 뜻대로 이루어
지지는 않고 있다.

이 사

어려움이 따르나 머물러 있어라. 번화한 쪽에서 안으로 들어가 있는 아
파트 하층이라면 더욱 이상적이다. 실내 장식은 목각이거나 나무 마루
등 사시사철 태양과 바람이 자유롭게 드나드는 개방적으로 설계된 아
파트. 산이건 언덕이건 주택가이건 간에 약간 낮은 지대가 적합하다.
남서나 동남으로 향한 집이라면 길하다. 행운의 수 6 이며 이사 길일은
6 일, 16 일, 24 일이다.

화 택 규
火 澤 暌

불과 못은 규다. 이 괘는 불을 뜻하는 이 괘가 위에 있고 못을 뜻하는 태괘가 아래에 있다. 불은 위로 타오르는 성질이 있고 물은 아래로 흐르는 습성이 있다. 서로 이렇게 어긋나 일치하지 못하는 상태이다. 그러나 주역은 하늘과 땅은 서로 다르나 그 영위하는 일은 같고 남녀는 다르나 그 뜻은 서로 통하고 만물은 서로 다르나 그 작용하는 바는 유사하다는 뜻이다.

● 운명을 다스리는 자세

모든 일이 올케, 시누이 사이에 내분으로 수습은 불가능할 것이다. 말과 행동을 항시 조심하여야 할 것이다. 서로의 의사가 맞지 않아 새로운 사업 기획이나 결혼 등에도 희망이 보이지 않는다. 남을 믿을 수도 없고 또 상사나 동료가 나를 미워하지도 않는가 하고 쓸 데 없는 걱정에 머리를 싸매기도 한다. 현재까지 잘못도 많고 고생도 많았고 또 쓸 데 없는 낭비를 많이 했을 것이다. 선과 악이라는 테두리를 협소하게 생각하여 단호히 벗어나 인간 본연의 위치에서 인간의 본성과 고독과 가치관을 이해하려고 노력하는 아량이 필요하다. 인간을 이해하여 악인을 보더라도 깊이 비장되어 있는 착한 마음씨로 살아가는 것 만이 당신의 악운을 바로 잡는 첩경일 것이다. 때로는 남과 싸움 끝에 상해사건 같은 것을 저지를지도 모르며 남성이 여성에 대한 점에서 이 괘를 만나면 대흉하기 때문에 특별한 조심이 없으면 그 여성으로 인한 큰 벼락이 떨어질 것이다. 일상 생활의 사소한 일에는 그런대로 밀고 나갈 수 있으나 큰 일에는 계속 고통이 따른다. 손웃사람과 선배의 의견을 존중하면서 앞으로 삼개월 이내에 희망이 솟아오르는 변화가 올 것이다. 용감한 성품과 새싹을 의미하는 온순함도 동시에 지녔기 때문에 껍질을 헤치고 솟아나는 적극적인 위세가 생명이다. 때문에 두각을 나타내는 위치에 서야 편하고 그렇지 않으면 두각을 나타내기 위한 향상심도 불타 기발한 전술을 개척해내고 의연하게 문제를 해결해 나가야 할 것이다.

1, 2월 집안 식구가 뜻과 마음을 같이 하니 구하는 바가 여의하다. 귀인이 도우니 기쁜 일이 있겠고 계약 관계가 성립된다. 계약에 신중을 기하되 계약대로 이행하면 길한 일이 있겠다. 가출인은 동남쪽으로 가면 빨리 찾을 수 있다. 입시생은 원하는 학교에 무난히 합격할 수 있겠다. 허나 너무 무리하면 안 되겠다.

3, 4월 하는 사업은 외적 면만 본다면 제대로 경영되는 것 같지만 내적 면은 그렇지가 못하다. 가정에서는 여성이 우위를 차지하고 있다. 가정이 불안정한 상태이다. 친구간에도 자칫하면 우의가 갈라질 상태이니 조심해야 겠다. 소송은 진행이 잘 되다가 일시 정체 상태다. 장기화될 기미가 있다. 늦지 않았으니 타협하라.

5, 6월 집안 식구가 뜻과 마음을 같이 하니 구하는 바가 여의하다. 귀인이 도우니 기쁜 일이 있겠고 계약 관계 성립된다. 계약에 신중을 기하되 계약대로 이행하면 길한 일이 있겠다. 여러 사람이 나를 도우니 어려운 일이 물러간다. 남쪽이 유리하니 그곳에서 재물을 얻겠다. 여행은 도로 여행보다는 선편 여행을 할 징조다. 동행이 있으면 더 길하다. 여행 도중에 횡재할 운이다.

7, 8월 집안에 기쁜 일이 있겠고 미루었던 해외 여행도 가능하겠다. 혼인의 경사가 아니면 아들을 낳을 수다. 가정 화목하니 부러울 것이 없다. 출산은 순산하겠고, 딸을 낳겠다. 이사는 현재 살고 있는 주택도 좋고 이사를 하여도 무방하고 길하겠다. 건강 상태는 정력감퇴·신장계 질환·감기 등에 유의하고 피로를 느낄 정도라면 휴양을 하면서 건강 상태를 수시로 체크해 봄이 적합하다.

9, 10월 재물 걱정 없을 때다. 욕심을 크게 내지 말고 자선사업 등에 헌금하라. 그것이 나중에는 몇 갑절의 복이 되어 반드시 돌아온다. 기쁜 마음으로 도와야 한다. 사업이나 영업하는 사람은 분주할 것이다. 먼 곳의 여행도 갖게 될 것이다. 모두 길하다. 출산은 순산을 하겠고 딸을 낳겠다. 입시생은 원하는 대학에 무난히 합격하겠다. 좀더 노력하는 것이 더 좋겠다.

11, 12월 재물 관리, 건강 관리를 철저히 할 때이다. 재물은 자칫 낭비하기 쉽다. 그리고 주색잡기로 건강을 해치는 수도 있으니 몸조심하라. 날마다 바쁜 일이 생긴다. 거래 관계자는 물론이고, 상사·동료·친구들에게도 신용을 잃게 되기 쉽다. 바쁠 때일수록 리듬 있는 생활을 함으로써 실수가 없도록 해야겠다. 건강하나 불의의 부상을 조심할 것. 식욕부진·설사·호흡기계 등의 질환의 조심을 요한다.

주요운세

직 업

자신의 내부에 갈등과 고민이 엉키어 있으나 적극적으로 밀고 나가면 풀릴 것이다. 차근차근 쌓아가는 사업 운이기 때문에 건실함과 개척 정신이 필요로 한다. 시간도 걸리고 고난도 따르지만 노력은 헛되지 않는다. 웃사람의 연줄로 작은 회사의 취직은 가능하겠지만 좀더 기다리는 마음이 현명할 것이다. 어물류·채소류 등의 도소매업은 많은 사람들이 모여들어 문전 성시를 이룰 것이다.

건 강

갖은 병이 따르는 체질이다. 허약자는 혈행불순·대소변 불통·정신불안·고혈압·호흡기·월경불순 등이 예상외로 오래 끈다는 것을 나타내고 있으나 위험하지는 않다. 특히 정신불안이 올 염려가 있으니 평소에 스트레스의 발산에 노력하라. 연애를 한다든가 하면 그 이상의 스트레스 해소는 없을 것이다. 또 남성의 경우는 노이로제에 걸려 식사를 할 수 없거나 반대로 초조하여 과음 과식을 할 가능성이 있으니 이에 조심하라.

금 전

마음을 먹은 채 일을 진행시키면 다가오는 금전 운도 약해지기 마련이다. 지금이 금전운을 잡느냐 못 잡느냐의 갈림길에 서 있다. 믿는 친구라도 돈에 얽힌 이야기는 피하는 것이 좋겠다. 분수에 맞지 않는 큰 욕심을 부리면 수렁에 빠지고 말 것이니 자중하라.

연 애

사랑을 사랑하고 있는 사람이라고 할 수 있다. 즉, 어른의 감정이 갖추어져 있지 않은 채 사랑을 존경하고 있는 것과 같다. 본능적으로 자신은 은닉하면서도 여성의 몸을 속속들이 들여다 보고 만지려드는 괴짜 남성의 타입. 음모는 작은 편이나 검고 윤기가 있으나 질은 표준형으로 음핵은 단단하고 돌출함이 늦으나 일단 굳어지면 장시간 적극적으로 임하는 타입이다.

궁 합

초혼은 성립되겠지만 재혼은 기다리는 편이 좋다. 부부 불화가 다소는 따르지만 오래 가지는 않겠다. 곤위지·지산겸·지수사 괘를 만나면 피곤하고 재미가 없는 거북스러운 사이가 되고 말 것이다. 좋은 괘는 풍택중부·풍뢰익 괘며 시기는 27세, 30세, 31세의 남자 운이고, 23세, 25세. 29세는 여성의 운을 나타낸다.

부부궁

배짱이 크고 임기 응변술이 좋아 주위 사람들로부터 수완가라는 별명이 붙어 있다. 소박하면서도 대범한 데가 있어 호화스러운 교제 등으로 사랑의 드라마가 연출되기 때문에 쓸 데 없는 지출도 많으나 아깝다고 생각하지는 않는다. 사랑을 한바탕 호화로운 무대로 장식하기 위해 대담한 용기를 내어 도전해가는 적극성이 있으면서도 허세를 부리지는 않는 소박함도 있다. 첫아이는 딸이다.

시험운

체육,예능계 특기자는 대길한 운세이다. 입시생은 한 단계 높이고 연합고사생은 담임 선생님과 의논하여 선정해 봄이 현명할 것이다. 무슨 일이든 노력을 하면 목적을 달성할 수 있는 법이지만 제 아무리 노력을 해도 별로 신통치 않은 희망이 보이고 있다. 전생애를 걸고 끝장을 보려는 태도로 임하면 기업의 응시자는 그런대로 문안하겠다.

이 사

액운이 끼어 있으니 움직이지 마라. 활동해야 하는 적당한 공간과 안위를 찾을 아늑한 보금자리와 취미를 살릴 여유가 있어야 하고 조립된 구조와 치장된 색깔의 성미와 맞거나 맞지 않음에 따라 위축될 수도 있다. 성장해갈 수도 있다는 것이다. 아파트라도 삼층 이하는 안 되고, 집안에서 벽난로의 장작불을 쬐며 조용히 쉴 수 있는 분위기라야 한다. 남향. 행운의 수 7이며 이사 길일은 7일, 16일, 25일이다.

화 천 대 유
火 天 大 有

불과 하늘은 대유다. 이 괘는 하늘인 건이 아래 있고 불을 상
징하는 이괘가 위에 있으니, 하늘 위에 있는 불은 태양을 의
미한다. 태양이 하늘 높이 있는 성운을 나타내는 괘다. 태양은
무한히 크며 모든 발전과 흥왕의 한계가 없다는 뜻이다.

● 운명을 다스리는 자세

공명 정대한 덕을 가지고 세상을 다스리는 군자의 모습이다. 태양이 높
은 하늘에서 빛나고 있는 형상으로 성운을 보여줄 것이다. 지구상에 존
재하는 천재들의 모임에 초대받았으니 어떤 분야든지 천재적임이 분명
하다. 적어도 지구상에 존재하는 천재들의 칠할 이상이 모이는 천재의
홀에 들었으니 설령 천재가 아닐지라도 남들이 천재로 인정할 것이다.
태양이 높은 하늘에서 빛나고 있는 형상으로 성운을 보여 주는 것이다.
물질보다 정신적인 면에서 더욱 길운일 것이다. 입학·취직·시험 등 새
로운 계획 모든 것이 순조로우니 자신의 호운을 마음껏 발휘 시켰으면
한다. 작은 일이나 계획에 있어서 세부적인 것은 남에게 맡기고 당신
의 중요한 중추적인 것을 파악하여 행동함이 좋을 것이다. 친척과 동료
혹은 여자 관계로 인하여 다소의 고민이 있겠으나 대수롭지는 않다. 조
직의 서열이 지나치게 존중되거나 관료주의적이라서 자신의 실력이 무
시되는 곳이라면 피하지 않을 수 없는 자연의 샘처럼 자신을 발휘해야
하는 성미다. 때문에 똑같은 일들이 반복되거나 기계적인 작업은 질색
이다. 갑자기 오는 기쁨에 망서리다 시기를 놓치거나 함부로 지나치게
행동하면 뒷날 반발이 오리라. 당신이 여성이라면 인기가 높고 좋은 연
분이 웃어른으로부터 오리라. 당신이 남성이라면 멀지않아 중요한 포
스트에 앉게 되리라.

1, 2월 정의롭게 행동하면 귀인이 돕겠고 무슨 일이든 성사된다. 해외 여행은 길하다. 현재는 만족할 만큼 매우 좋다. 망설이지 말고 서둘러서 모든 일에 착수하는 것이 바람직하다. 특히 직장에서는 시험이라든가 승진 등에 힘쓰면 뜻을 이룰 수가 있겠다. 혼기에 접어든 사람은 혼담이 들어오겠고 또한 혼사가 이루어지기도 하겠다. 내 집이 없는 사람은 내 집을 장만하는 운수이다.

3, 4월 성실과 겸손하게 생활하라. 그렇지 않으면, 화를 자초하는 수가 있을 것이다. 애정과다 징조가 있으니 이성 관계에는 주위할 것. 자기 분수 이상의 일을 맡을 수도 있다. 꾸준히 그리고 성실하게 대처하면 이루어낼 수 있겠다. 연애 상태는 별로 신통치 않겠다. 서로 성격이 비슷해서 고집을 부리거나 바쁘다는 핑계로 무드가 잡히지 않는다. 따라서 연애의 달콤한 감정은 맛볼 수 없다.

5, 6월 도장이나 문서의 사고가 있겠으니 주의하라. 근심도 있겠고 병고도 있겠으니 몸조심도 해야겠다. 상가에는 출입을 하지 않는 것이 좋다. 이 사람 저 사람 눈치 보기에 바쁘다. 그러니 자연 고생스럽겠다. 병액에도 조심을 해야하는 달. 손 웃사람에게는 금전 거래를 삼가는 것이 좋으며, 보증 따위는 절대로 서지 말아야 한다. 보증을 섰다가는 아주 불리한 일이 생기게 된다.

7, 8월 친구, 혹은 웃사람의 도움을 받을 쾌이다. 그렇게 되면 희망에 찬 전진을 한다. 쉽게 찾아오지 않는 아 기회를 놓치지 말 일이다. 사업차 외국 여행은 길하다. 협동해서 하는 사업도 길하겠고 또 순조롭게 진행된다. 순풍에 돛단배처럼 전진하는데 친구라든가 웃사람의 도움도 받게 될 것이다. 웃사람 중에서도 노부인의 원조가 있으면 길하겠다. 이사는 가족들이 찬성하면 이사를 해도 무방하나, 아파트에서 아파트로 이사하는 것이 길하겠다.

9, 10월 무슨 일을 하든지 물흐르듯 순리에 따른다. 적극적으로 추진하면 길하겠다. 건축가와 일반 노동자라면 괜찮겠다. 새로운 운에 접어들고 있다. 새로 사업을 벌여도 좋고 하던 사업을 확장해도 길하겠다. 재물로 인하여 생기는 문제는 없다. 복록이 자연히 이르게 된다. 동쪽이 유리하니 그곳에 가면 재물도 얻는다. 새 장 속의 새가 풀려나가는 격이다. 사방에 이익이 있으니 희락이 극에 이른다.

11, 12월 지금 쇠퇴해가고 있는 중이다. 사업하는 사람은 그 규모를 절대로 늘이지 말고 시일이 경과된 후 기회를 보아서 확장해나가는 것이 좋다. 또 혼사나 계약 따위도 일단 보류시키는 편이 좋다. 소원은 잠시 기다리는 것이 좋다. 방해하는 것이 있어서 될 듯 될 듯 하면서도 이루어지지 않는다. 지금의 연애는 사귀는 사람이 있기는 하나 서로 진실된 연애는 아닌 듯하다. 여자인 경우 이성에서 너무 인기가 있어서 오히려 실패하는 수가 있겠다.

주요운세

직 업

밝은 태양이 높은 하늘에서 빛나고 있으니 좋든 나쁘든 외부로부터의 영향을 송두리째 받게 된다. 그러나 순조롭게 잘 풀린다하여 오만하지는 말자. 혜택을 받은 대인관계 중에서 실력을 유감없이 발휘할 수 있으면 큰 비약도 꿈은 아니다. 인생의 진로를 예견하고 개척하는데 앞장서면 그 공덕이 쌓여 칭송이 높겠다.

건 강

장티프스 · 결핵 · 고혈압 등으로 다른 질병까지도 발병될 것이다. 건강을 점쳤을 때, 언뜻 보기에는 건강해도 몸의 컨디션이 고르지 못하다는 계시다. 컨디션이 좋다고 생각되더라도 수면 부족이나 과로는 금물이다. 건강 진단을 받는다든가 암의 예방 검진을 하는 등 병의 예방, 조기 발견에 힘써야 한다. 고혈압 등은 54 세, 57 세를 주의하고 결핵은 15 세, 18 세, 21 세에 일찍 찾아올 것이다.

금 전

금전적으로 부자유스러운 점은 없으나 수입과 지출이 팽팽하다. 노력하는 만큼 수입은 늘고 거래는 업무에 따라 또는 상대방에 따라 차이는 나지만 의외로 빨리 이루어지며 재물도 들어온다. 먼 곳과의 거래와의 교섭도 성취될 수 있으니 서두르는 것도 좋겠다. 낭비도 많지만 유혹에 넘어가면 다소의 재물을 상실할 염려도 있다.

연 애

애달픈 짝사랑. 또는 매너리즘화되어 신선미를 잃은 사랑으로도 해석
된다. 어느 편이나 현상 타개가 필요하다. 음모는 작은 편이나 검고 윤
기가 있으며 질은 표준형으로 음핵은 단단하고 돌출함이 늦으나 일단
굳어지면 장시간 적극적으로 임하는 타입. 한 번 분위기가 조성되면 대
담한 행동을 취해 상위가 될 때까지 몰고 간다.

궁 합

조금 늦어지기는 하지만 길하다. 그렇지만 여자가 성급하게 나가면 일
을 그르칠 염려가 있다. 지화명이·지뢰복괘를 만나면 사랑의 균형을
유지하여 줄 것이다. 수지비·수산진 등의 융통성이 없는 괘를 만나면
상당한 노력과 이해를 경주해야 한다. 여성은 22 세, 26 세에, 남성은
29 세, 31 세, 34 세 때에 최고의 여성 운을 만나겠다.

부부궁

성품이 고상하며 용모가 단정하고 도덕 관념이 강하여 웃사람을 존경
할 줄 아는 성격을 지녔다. 세심한 감정과 사교술이 뛰어나 아내에게
꽃 따위를 사다 주고 고급 레스토랑에 동행하는 일을 잊지 않는 등 최
고의 분위기를 만들어가는 아름다운 타입. 실내를 장식할 줄도 아는 성
실한 아내로서 남편의 직위나 사업 등을 뒷받침할 수 있는 격조 높은
아내. 첫아이는 딸. 진, 사, 유일에 낳으면 순산하겠다.

시험운

끊임 없는 노력에 의해서 목표는 반드시 달성할 수 있다. 단 최악의 경
우에는 재수, 삼수도 있을 수 있으므로 각오해서 착수할 필요가 있다.
취직 시험은 절차를 거치지 않으면 성공에 접어들 수 없는 경향이 있
다. 진학은 전문 분야를 엄격하게 선택하면 길운이다. 취직 시험도 인
연이나 연고에 의존하는 것보다도 기사와 같은 마음 가짐으로 다이내
믹하게 활동할 수 있는 장소를 고르는 것이 좋겠다.

이 사

집은 앉은 자리나 방향 또는 집의 크기나 구조에 따라 맞는 사람도 있
고 싫은 사람도 있다. 집은 다 좋은 것이 아니라 가장 편안함을 주어
집과 사람과 서로 불편함이나 거리를 느끼지 않아야 한다. 방음에 신경
을 써야 하며 차라리 지하실처럼 외부와 차단된 집이 편리함을 느낀다.
남서간. 행운의 수 6 이고 이사 길일은 6 일, 15 일, 24 일이다.

택 지 췌
澤 地 萃

못과 땅은 췌(萃)다. 이 괘는 못을 뜻하는 태괘가 위에 있고 땅을 뜻하는 곤을 하괘로 하고 있다. 땅에 못이 있는 상태다. 췌는 모인다는 뜻이다. 연못에 물이 모인다는 뜻이다. 못은 스스로 겸허한 마음으로 자신을 낮춰 낮은 곳에 위치하고 모든 대지 위에 흐르는 물을 자연스럽게 받아들여 모이게 하여 무한한 포용력과 아량을 가지고 맑은 물·흐린 물·큰 물·작은 물·산에 물·들에 물 등 모든 물을 그 넓은 아량과 포용력으로 받아 들여야 한다.

운명을 다스리는 자세

다소 느리고 겁도 많지만 결여된 개척 정신을 찾아내고 감각을 그대로 살려서 안전하고 착실하게 행동해 나간다면 커다란 가능성을 획득할 것이다. 땅 위에 소천이 있고 소천이 모여 바다를 이루는 괘니, 기쁨이 모여서 화려할 때라고 보겠다. 마치 잉어가 폭포를 치달려 올라가서 이제 막 마지막 코오스의 문턱에 도달한 상태같다. 그래서 당신의 운수를 잉어가 용문에 오르는 기상이라고 말한다. 즉 승진·승급·입학 시험·선거 등과 대길한 운수다. 어떤 공경도 이겨내는 강인한 정신력과, 한 번 추구하면 끝까지 추구하지 않고는 배기지 못하는 격렬한 정력을 비장한 인내와 추구심의 소유자다. 절벽이라도 뛰어오를 수 있는 집착력은 일단 목적이 정해져야 하며 목적이 정해지기까지는 상당한 망설임도 있다. 당신은 운세가 매우 강력하므로 모인다는 뜻이 잠재돼 있다. 그러기에 동지를 얻고 협력자를 얻을 수 있으며 모든 사업이 번창될 것이다. 영화·연극·연예 등 사람의 많은 동원을 기대하는 기획은 성공할 것이다. 항상 겸허한 마음과 정성되고 정직한 태도와 유순하고 관대하라. 그리하면 모든 일은 저절로 순조롭게 성취될 것이다. 그리고 조상의 신령과 신불에 등 감사의 제사를 올리면 더욱 길할 것이다. 지휘나 계급 승진의 시기나 상대가 있는 일이면 실력 과신하나 실수하는 일이 있으니 조심하라.

1, 2월 아직까지는 신통치 않던 사람이 그 운세를 벗어나고 앞길이 훤히 열리는 운세이다. 대길하고 대통한다. 웅장한 포부를 가지고 뛰도록 하라. 사업은 계획을 세워도 잘 되겠고 새 사업은 착수해도 잘 풀려 나가겠다. 지금의 연애는 즐겁기 그지 없어서 깨가 쏟아지는 듯한 연애이다. 서둘러라. 그리하면 결혼에까지 무사히 골인할 것이다. 이미 결혼하기로 내약이 되어 있는 사람이 뜻밖의 기쁜 일을 만난다.

3, 4월 운기가 점점 성해지면서 만사가 발전 번영한다. 웃사람의 인도로 승진되고 전근을 하더라도 영전되는 등 환경의 변화도 많겠다. 그 동안 사이가 안 좋았던 사람과 우연히 화해를 하는가 하면, 옛 친구와 해후하게도 된다. 어쩌면 옛 애인과도 우연히 다시 만나게 된다. 지금의 연애는 상당히 깊은 관계에까지 와 있다. 젊은이들이라면 결혼에 무난히 이르겠다. 출산은 순산하겠고 아들을 낳겠다.

5, 6월 이성 문제 특히 조심하라. 복잡하게 되고 구설수도 있다. 만약 이성 문제가 악화되면 다른 고통도 따르게 될 것이다. 시작만 굉장할 뿐 결과는 신통치 않다. 매사에 적극성을 띠지 말고 소극적으로 행동하라. 소원한 바는 작은 소원이면 이루어지겠으나 큰 소원은 성취되기 어렵다. 연애 상태는 젊은이들이라면 결혼까지도 무난하나, 연로한 남성과 젊은 여성이라면 빨리 청산하라. 가정 불화가 생기겠다.

7, 8월 출행은 좋지 않고 이성 문제 조심하라. 근심을 자초할 수도 있다. 도장과 문서에 조심해야 한다. 그렇지 않으면 송사가 일어날 위험이 있다. 웃사람과 언쟁할 수도 있으니 마음의 안정을 찾도록 노력하라. 지금 앓고 있는 질병은 매우 위급하니 통원하던 병원 등을 바꾸어 보라. 유행병, 급성병 등으로 심장이 악화될 염려가 있다. 건강한 사람이더라도 평소에 운동을 열심히 하여 체력 단련하라.

9, 10월 이그러진 달이 구름 사이에서 나오니 다시 운세가 회복된다. 바라던 일 성취되고 매매하면 이득이 있겠다. 지출보다도 수입이 많으니 길하겠다. 혼인의 경사가 아니면 횡재할 수 있다. 근심이 없이 한가롭다. 혼인 경사가 아니면 아들 딸 낳을 수 있다. 서북쪽에서 귀인이 나타나 도와줄 것이다. 그리고 호운을 만남에 발전할 것이다. 여행 떠나는 것이 아주 좋다. 동반자가 있으면 더욱 길하겠다.

11, 12월 재수는 아주 좋다. 상당한 행운이 찾아올 것이다. 재물에 구애받는 일 없겠고 사업에서 이익도 꽤 올린다. 지금 만나는 사람과는 상호간에 무리가 없어서 교제는 오래 계속된다. 사업은 지금 발전하고 있다. 언듯 보기에는 답보 상태인 것 같지만 그렇지가 아니하여 속으로 착실하게 발전하고 있으니 꾸준히 노력하라. 집안에 기쁜 일이 생기겠다. 소원하는 바도 순조롭게 이루어지겠다.

주요운세

직 업

바다로 물고기와 용이 모이니 활동적이고 궁극적으로 매사에 임하게 될 것이다. 하고자 하는 사업은 모두가 칭찬할 만하다. 특히 연예계 사람들을 동원해서 그들로 하여금 큰 돈을 벌어들일 수 있을 것이다. 또는 정치인도, 강한 운세를 맞았다. 솜씨가 빼어나고 예술 감각도 특출하니 일찍 연극인이나 영화 등에 손을 대도 한몫 잡을 것이다.

건 강

간장에서 오는 병이 악화되면 소화에 이르기까지 만성병으로 번진다. 예방, 투병에 가일층 노력이 필요하다. 즉 일단 병에 걸리면 시일이 오래 소요됨을 계시하고 있으며 그만큼 증상도 무겁다는 것을 나타내고 있다. 조금이라도 컨디션의 이상을 느끼면 곧 병원을 찾아라. 건강을 자부하지만 정밀 검사나 정기적인 건강진단을 게을리해서는 안 된다.

금 전

모래로 물길을 막는 형국이나, 도박성 있는 투기업에만 손을 대지 않는다면 무난하다. 사고 파는데 큰 이익은 없으나 그런 대로 처분함이 좋겠다. 사업 관계에 따른 재물을 구하려면 다소의 어려움은 따르지만 상대방의 비위를 거슬리지 않도록 거래나 교섭면에서 언어 조심하여야 한다.

연 애

성격의 차이로 고민하는 계시가 포함되고 있다. 두 사람의 취미에 너무 차이가 있는 데서 기인된다. 깊은 숲 속을 능가할 만한 음모를 자랑이라도 하듯 알몸이 되어야 잠자리를 하는 건강과 화려함의 품위가 돋보인다. 성기가 삽입될수록 오무라드는 것이 특징이며 여러 차례의 성교에도 지칠줄 모르는 정력가 타입이다.

궁 합

오래 끌다보면 무산될지도 모르니 빨리 서두르도록 하라. 아주 좋은 혼처가 생겼으나 중매자의 성의가 부족하겠다. 항상 생동감이 돌게 가정 분위기를 변화시키는 능숙한 솜씨의 소유자인 태위택·택수근·택화혁 괘에서 찾도록 하라. 사랑의 리듬이 맞지 않는 산화비·산뢰괘 등은 장애가 따른다. 남성은 26 세, 28 세, 31 세에 여성은 22 세, 27 세, 30 세가 절호의 찬스다.

부부궁

성격이 급한 데다 참을성이 적고 마음은 냉혹하고 방정한 예가 많아 조용한 환경에는 싫증을 일으키는 성품. 사람들이 호흡을 한다는 것이 당연한 일이듯 사람이 사랑을 하는 것도 지극히 자연스럽다고 생각하기 때문에 상대방을 끌어당기지도 않고 그렇다고 오해를 받을 만큼 무관심하지도 않는 타입. 사랑을 하되 조건부나 전제를 내걸고 수단을 부리지도 않는다. 순산하고 두 번째라면 딸이겠다.

시험운

굳은 의지로 착실하게 노력을 쌓았기에 훌륭한 목적을 달성한 것이다. 앞으로 학교나 회사뿐만 아니라, 인생의 삶에 커다란 자신감을 주게 될 것이다. 무엇이든 관철하겠다는 투쟁심이 빨간 불꽃이 되어 타올라 기쁨을 맞이할 시기가 왔다고 본다. 큰 뜻을 이룩하려면 보다 더 자중하지 않으면 안 된다. 지금의 인내는 앞으로 반드시 열매를 맺게 될 것이다.

이 사

비교적 값은 비싸지만 마음에 드는 가옥이 발견되겠다. 자연미가 아름답게 가꾸어진 의젓한 바위처럼 계절의 변화를 지켜보는 숲속의 집. 번화가에서 벗어난, 나무가 우거지고 화초가 잘 가꾸어져 있는 아늑하고 조용한 아파트. 겨울엔 춥지 않도록 벽도 튼튼하고 집도 굳건하며 시대적인 흔적들이 남아 추억을 남겨 주는 고풍도 살리면 더욱 좋다. 동남간. 행운의 수 4 이며 이사 길일은 4 일, 13 일, 22 일이다.

택 산 함
澤 山 咸

못과 산은 함이다. 이 택산함은 유화를 뜻하는 못, 즉 태괘가 위에 있고 강을 의미하는 산, 즉 간괘가 아래에 있다. 못이 아래 있고 산이 못 밑에 있는 형상이다. 이것은 높은 산의 마음에 겸손한 태도로 낮은 곳의 못을 존중하고 보살펴 주며 낮은 곳의 못은 산의 마음을 받들어 그를 돕고 협력하려는 마음을 가지는 상대가 이 괘이다. 이렇게 감응되어 사랑이 움트고 성립되고 협조가 이루어지는 것이다.

● 운명을 다스리는 자세

보호와 보육의 정신으로 모성애를 발휘하는 방위를 위한 투쟁력이 강력한 생활력으로 나타난다. 무엇을 하여도 민감하고 육감이 잘 움직이고 남의 공감을 얻어 순조롭게 진행된다. 의지에 사는 것보다는 정으로 사는 모성애이기 때문에 잘못이나 좌절이 있더라도 곧 위로 하고 치유하여 다시 시작하는 지혜와 계획성을 지녔다. 새로운 것으로 도전해가는 데 게으르지 않는 다산의 능력이 풍부한 상상력을 보유해서 실무의 능력으로 통하게 하는 집념으로 연결시킨다. 친구를 택하는 데도 좋은 점만을 골라 택하지 않는 순응성이 풍부하며 목적을 달성하기 위해서는 타인의 지혜나 아이디어를 모방하는 것도 서슴지 않고 융통성을 가지고 있다. 또한 자기 자신이 가정을 수호하고 풍족하게 하기 위해서 무엇이든지 저축해 놓고 비축해가는 유능한 성격이다. 당신은 현재 운수가 대통하였다. 즉 바라는 일이 뜻대로 이루어질 것이고 뜻하지 않았던 좋은 일들이 앞을 가로막는다. 친구나 선배들의 원조를 얻어 전보·전화를 이용하는 일에 열중하면 효과적일 것이다. 또 미술·음악·무용·영화·연예·기타 예술에 관계되는 일이라면 다 좋다. 그러나 분수에 넘는 짓은 삼가하여야 한다.

1, 2월 새 유행과 풍조를 따르지 말고 옛 것을 지키는 게 좋겠다. 조용히 때가 이르기를 기다려라. 귀인의 도움을 받을 수 있는 괘이다. 우물을 파더라도 한 우물을 파는 것이 좋다. 앞장 서려고 하지 말고 뒤에 서서 따라가는 것이 좋다. 여행을 하는 것은 불길하다. 이성 문제가 일어날 조짐이 있으니 일단은 보류. 건강 상태는 대수롭지 않게 여기던 질병이라 하더라도 오래가면 어렵겠다. 수족이 찬 병, 가슴이 답답한 증세, 소화불량, 치질, 성병, 월경불순 등에 조심하라.

3, 4월 웃사람의 의견을 물어서 참작하면 길하겠다. 성실하고 정직한 사람은 길조다. 은인자중하면서 꾸준히 노력하면 반드시 인정을 받게 될 것이다. 취직을 하려 하는 사람은 취직된다. 옛 직장을 지키는 것이 좋겠다. 결과도 좋겠다. 매사가 안정되는 운세이다. 쉬지 않고 노력한다면 천운을 만날 수 있는 운이다. 많은 사람으로부터 신임을 받게 되고 사랑도 받게 된다. 하는 일에는 소극성을 버리고 적극적으로, 부정적인 사고방식을 버리고 긍정적인 사고 방식으로 임하라.

5, 6월 자신이 지망하고 있는 변동 사항이 뜻대로 이루어지겠다. 모든 사태가 길하겠다. 사업은 길할 징조다. 먼저 하던 일을 버리지 말고 계속 밀고 나가라. 내부 사정을 신중하고 정확하게 파악하고 부하를 잘 다스려라. 그러하면 길할 운이다. 소원하는 바는 웃사람의 협조를 구하라. 그러면 대체적으로 빨리 이루어지겠다. 출산은 순조롭겠다. 딸을 낳겠다.

7, 8월 주변의 변화에 발맞추어 새로운 행동을 하라. 때에 따라서는 자기보다 실력이 뒤지는 사람 밑에서 일하기도 하겠지만 고집을 내세우지는 말라. 결국 실력을 인정받게 되어 영전할 것이다. 하찮은 일에 종사하고 있는 것같지만 장차 큰 업적을 이룩하겠다. 사사로운 일에는 조심하고, 공적인 일에는 과감하게 행동하라. 여행은 가까운 곳으로 떠나는 게 좋겠다.

9, 10월 소원하는 바는 순조롭게 이루어진다. 생각지도 않은 재물이 생긴다. 집안에 좋은 일이 생기겠고 잃는 것보다 얻는 것이 더 많겠다. 남의 원조가 있어 만사가 잘풀려 나갈 운수이다. 청춘이라면 연애할 운도 있겠고 노년이라면 자손궁이 있겠다. 이사는 적당한 집이 곧 발견될 것이다. 그리고 가옥을 신축하는 것도 무난하다. 입시생은 문과 계열이 좋다. 좋은 대로 택하라. 희망하는 학교에 합격할 것이다.

11, 12월 공직자에게는 스카웃의 영광이 기다리고 있으며, 정치가는 의외의 행운을 맞게 된다. 기업인에게는 행운이 따르고 회사는 번창한다. 거부가 될 괘이다. 작은 기업을 경영하는 사람도 적소성대하여 중류 기업으로 발전한다. 재물과 관운 모두 길하다. 재물의 근원이 샘물같으니 복이 들어온다. 서둘러서 일을 해결하는 것이 좋다. 여행은 떠나면 길하겠다.

주요운세

직 업

어떤 분야의 사업에서나 인간이 하는 일이므로 마음과 마음의 결합이 굳으 면 그 사업의 장래는 안정이 된다. 사적인 교제에서나 거래에서 오래오래 변치않는 좋은 교류를 할 수 있는 그 자체가 가치가 있을 것이다. 장애를 극복할 때마다 평가는 올라갈 것이다. 취직을 하려 들던 사람도 타인의 협조를 받아 원하는 직장을 구할 것이다. 정육업이나 생산 공장들을 경영함이 무난하겠다.

건 강

임신으로 인한 심장병이 따를 것이며 감기, 호흡기 계통의 질환이 자주 발생한다. 치료를 할 경우 현대의학 외에 한방 및 침술 등의 동양의학의 치료가 빠를 것으로 보인다. 또한 마음으로 요양할 것을 각오하지 않으면 안 된다. 신경질적으로 이것 저것 고민하면 몸의 컨디션을 무너뜨리는 결과가 된다.

금 전

사업가는 상대방을 면밀하게 파악하고 교섭과 거래에 응하면 큰 재물을 얻을 수 있다. 또 거래 면에서 중간에 사람을 두는 것이 좋을 것이다. 토건이나 건축업 등에서 많은 재물을 얻을 수 있는 계시니 그 분야에 노력함이 좋겠다. 작고 큰 돈을 만질 수 있는 대운으로 부동산의 처분에서도 얻어지는 게 많겠다.

연 애

마음 속으로는 사랑의 맹세를 굳히고 있어도 태도나 말로는 잘 표현할 수 없는 안타까운 사랑을 나타내고 있다. 쾌감을 즐기며 섹스에 능수능란하고 충분히 발산하여 만족도가 높은 성의 품위를 지니고 있다. 능숙한 오르가즘의 패팅을 구사하면서 남성처럼 돌발적이고 전신을 격렬하게 경련하며 횟수도 많은 편이다.

궁 합

연분을 만났지만 남자는 데릴사위로 들어가거나 양자인 경우 아주 좋은 계시다. 여성은 결정적인 남자를 만나 올해 구월 쯤에는 꼴인하겠다. 영원히 신혼 생활과 같은 즐거운 생활을 유지하고 있을 것이다. 남성은 31 세, 35 세에 여성은 23 세, 26 세, 29 세 때 좋은 인연을 만나겠다. 노지예·뇌수해괘 등은 특히 좋을 것이다.

부부궁

성품이 활달하고 개방적이며 공명정대한 위풍이 있어 남들의 앞장이 되고 정열이 있어 분위기를 리드해갈 줄 아는 성격. 젊음을 유지하는 미체를 소유하고 풍부하고 싱싱한 이야기 솜씨와 애교 넘치는 태도 등으로 늘 젊어보인다. 재치 있고 임기응변에 능하여 가정을 즐겁게, 부부간의 우애를 정답게 이끌어가는 현모양처 타입이며 초산은 딸을 낳겠고 순산하겠다.

시험운

입시생이나 취직 시험자 모두가 행운의 보석을 지녔으니 목표 이상으로 도전해도 무리가 따르지는 않는다. 취직문은 활짝 열렸다. 공무원, 국영기업체, 개인회사 등에 이미 채용된거나 다름없는 행운. 진학, 응시 다같이 희망의 달성은 높은 데 있으니 명문고, 명문대 등에 일차로 선정해도 꿈이 사라지지는 않을 것이다. 쉬지 않고 노력했기에 이같은 행운의 문이 열린 것이다.

이 사

옮겨도 좋으며 적당한 집이 곧 발견된다. 자연이 쾌적하고 풍부한 빛의 리듬을 맞춘 막힘이 없는 아담하고 고상한 주택. 약간 걷는 거리가 있어야 하며 취미와 연구를 겸한 큰 서재와 별실을 동시에 만들어서 방 안팎이 없을만큼 큰 창문을 내어 태양과 함께 살아야 한다. 동북을 향해도 좋다. 행운의 수 6 이고 이사 길일은 6 일, 15 일, 24 일이다.

택 수 곤
澤 水 困

못과 물은 곤이다. 곤은 곤란하니 위험한 상태다. 못을 뜻하는 태괘가 위에 있고 물을 의미하는 감괘가 아래에 있다. 물이 못 밑에 있다함은 못에는 물이 없음을 뜻한다. 못에 물이 없으면 그 못은 못의 기능을 잃은 것이다. 이럴 땐 못은 조용히 비가 올 때를 기다리는 수밖에 없다. '사대난괘' 중의 하나이다.

● 운명을 다스리는 자세

목숨을 걸고 고투하라. 삼년간 지옥살이 한다는 비운의 시기. 모든 일은 절망, 오해와 중상으로 몰매 맞는 국황. 결정적인 감정을 억제하는 이성과 남에게 예절을 지키는 냉정한 분별심을 가져야 할 것이다. 지금 당신은 모든 것이 뜻대로 되지 않고 마음과 몸이 번민과 피로로 지쳐 있다. 지금은 불운의 심연에 빠져 있다고 본다. 고요한 마음으로 은인자중하여 때를 기다려라. 어떤 일에도 함부로 열광하지 말고 우상이나 신에도 깊이 빠지는 일은 없어야 하고 언제나 균형을 유지하는 분별의식과 밸런스를 생활의 신조로 알아야 한다. 돈의 유무를 겉으로 나타내지 말고 차분한 성격으로 허영심이나 자존심 따위는 염두에도 두지말 것. 여기서 균형잡힌 인생관이나 처세와 생활 태도가 생겨난다. 어린 나이라도 어른스러운 행동이나 언어를 구사하는 것은 매사를 조급하게 다루지 않고 빠져들지 않으면서도 스스로 빼어났다는 숨은 의지와 자랑하고픈 조화로서 생겨난다. 크게 노하지 않고 작은 소리로 말을 하는 여유, 높은 품위를 보여 주고 지키려는 노력과 조화를 연출해 내는 미의 창조의식에서 비롯된다. 품위를 보존하는 것이 이지적인 균형의 목표이자 방법이기 때문이다.

1, 2월 선배의 도움으로 뜻밖에 성공을 하게 된다. 여러 사람이 합심하여 협동하는 일이라면 대성할 수 있겠다. 수입은 매우 좋은 편이며 예상외의 재물도 생긴다. 투기성 있는 일에 손을 대는 것도 무방하겠지만 욕심을 부리지 말고 신중하게, 그리고 서서히 하면 반드시 좋은 결과가 있을 것이다. 직장인은 웃사람의 신임을 받겠다. 큰 회사라면 의외로 좋은 자리를 얻을 수 있는 운이다.

3, 4월 모든 일에 수고스러움은 많으나 실속이 없는 때다. 위험이 따르기도 하는 시기이니 조심해야 한다. 아무리 노력을 해도 효과가 없다. 모래로 물길을 막는 형국이라고나 할까. 사업은 옛 것을 올바르게 지키면서 노력을 쌓아나간다면 머지않은 장래에 어려움에서 벗어나게 된다. 남의 신용을 얻지 못하여 사업은 부진하다. 소원도 지금은 잘 이루어지지 않는 시기이니 좀더 때를 기다려라. 귀인의 조언이 필요하다.

5, 6월 재앙이 변하여 복이 되고 구하면 반드시 이루어진다. 동쪽과 서쪽에서 형통한다. 기업인도 대길하다. 자금난 해소되고 투자하는 것도 길하겠다. 직장인은 웃사람의 신임과 사랑을 동시에 얻을 것이다. 변동수 있고 대길한 괘, 올바른 사람은 기쁜 일이 많겠다. 증권은 상승한다. 그것도 대폭적으로 상승할 기미가 있다.

7, 8월 당신이 소원하는 것에는 의외로 경쟁자가 많이 있다. 끝까지 굳은 신념으로 기도하라. 여자의 방해를 받을 수도 있겠다. 두 곳에 정을 두고 양쪽 눈치를 살피겠다. 인사 사건으로 고민도 있겠다. 움직이는 것은 좋지 않다. 건강 상태는 신통치 않다. 부종·체증·위병 또는 식중독 등에 조심하라. 여행은 떠나도 되고 안 떠나도 무난하나 수액이 따르니 조심할 것이다.

9, 10월 정신적으로 안정되지 않는다. 실패하기 쉬우니 우선 마음을 안정시켜라. 현상 유지를 하는 것이 길하다. 관재수 조심하고 구설수도 조심하라. 고충이 따르는 괘이다. 밖에 출입할 때는 도난에 주의해야 한다. 여행은 도중에 장해가 있겠다. 늘 가던 곳은 상관 없다. 불길하니 멀고 가깝고간에 출입은 삼가라. 소송은 강행하면 불리해질 뿐이니 화해하도록 하라.

11, 12월 근본적인 변동이 아닌, 즉 전업이라든가 전직이 아닌 취극 상품, 또는 거래처 등의 변동으로 길하게 된다. 기반이 튼튼하다. 사업 종류를 바꾼다든지 새 사업을 시작하는 것이 길하겠다. 얼마 후면 기회가 성숙될 것이고 영달을 이룰 수 있겠으며 안정도 되겠다. 좋은 아이디어 또는 힌트가 떠오를 때이다. 출산은 순산하는데 초산이면 아들이고 두 번째면 딸이다.

주요운세

직 업
개인 경영보다 회사 조직으로 전환하면 사대난괘는 면하게 될 것이다. 부탁한 취직은 때를 만나야겠고 직장 생활에서는 불리한 처지에 놓일 염려가 있다. 수예품이나 조각 등 미술품을 다루는 업에 종사하는 편이 무난하겠다. 머리로 구상하지 말고 실제로 수예 등에 투자하면 그 정상을 확보할 것이다.

건 강
과음과 과식에 주의하라. '병은 마음에서'이므로 일이나 취미에 열중해서 병마가 접근하지 못하도록 하는 마음가짐이 중요하고 위가 좋지 않을 경우 과음을 하지 않는다면 반갑지 않은 병은 찾아올 리가 없다. 체질적으로 큰 병은 없으나 발병해도 낫는다. 치료하면 바로 낫는다. 특히 24세, 54세, 57세만 조심하면 건강에는 이상이 없을 것이다.

금 전
웃사람과 교제를 성실히 하면 금전 운은 멀리 가지 않는다. 또 자유로운 개인 직업을 개척하는 데도 힘써야 재물과 직결된다. 일단 마음 먹은 사업은 멈추지 말고 도전하라. 그러나 한 가지 일에 치우치지 말고 각 분야에서 노력함이 현명한 것이다. 평범한 금전 운을 타고났기 때문에 마음 먹었던 사업은 차질을 가져올 염려가 없다.

연 애

멀어도 상대방의 반응이 분명치 않고 물러나면 내 몸이 적적한 애닲은 상황에 놓인다. 이제까지의 사랑에 종지부를 찍어야 할 것이다. 조용하고 은밀해야만 분위기를 조성할 수 있기 때문에 작은 방이나 밀폐된 장소라야 마음의 문이 열린다. 쾌락을 장시간 지속할 수 있는 이상 성욕으로 성생활을 연결짓는다.

궁 합

초혼은 연분이다. 망설이지 말고 서둘러 종결을 보는 편이 현명하다. 웃사람의 중매로 성립되어 좋은 결과를 보겠다. 개인이 즐거움을 존중할 줄 아는 이위화·천산둔·천지부쾌는 아주 좋은 연분이다. 싱싱한 사랑의 열매를 맺을 연령은 26세, 29세의 남성이며, 22세, 25세의 여성이 무난하다. 한 마디로 좋다.

부부궁

청렴 정직하고 거짓이 없으며 과격한 성격으로 자기 주장을 내세우려는 단점도 있다. 유혹을 받게 되면 빨려들기도 쉽게 한다. 성을 사랑하고자 하는 본능과 헌신적인 서비스 정신의 탓이다. 그러나 남편은 언제나 신혼 생활을 지켜나가고 비밀을 툭 터 놓고 젊음을 만끽한다. 부부 생활을 즐겁게 이끌어가는 솜씨가 비장하여 아름다운 부부…… 초산은 아들이나 약간 어려움이 따른다.

시험운

후회를 해도 지나간 일은 다시 돌아올 수 없으니 목표했던 것보다 한 단계 낮추고 노력하는 데서 다소의 빛을 볼 수 있다. 그러나 주위의 의사에 현혹되어 자신의 생각을 분명히 갖고 있지 않으면 회복될 수 없는 결과를 초래할 것이다. 일단 마음 먹었으면 어떻게든지 해결할 기력이 있으면 성공은 약속된다. 자신의 장래에 대해서 생각을 하자.

이 사

아직 때가 안 되었으니 옛 것을 지켜라. 사람이 어떤 집에서 어떻게 기거하느냐에 따라 후천성이 형성되기도 한다. 조화 속에 성품이 숨어 있기 때문에 스스로의 의사에 의해 꾸며진 분위기가 아닐지라도 그 분위기에서 영향을 받는다. 높거나 낮은 곳보다는 평지가 안정감을 주고 동북동이나 북북서를 향한 집이 길하다. 조용하면서도 호화스러운 치장을 잊어서는 안 된다. 행운의 수 9이며 이사 길일은 9일, 18일, 27일이다.

택풍대과
澤風大過

못과 바람은 대과다. 이 괘는 큰 것이 지나쳐서 균형을 잃고 있는 상태를 말한다. 강한 기풍을 주장하는 무리가 많으나 군주나 신하들의 막을 수 있는 힘이 약한 상태다. 그러나 중용의 도를 지켜 순종하는 형태이므로 적극적으로 밀고 나가면 크게 발전할 수 있는 괘다. 때를 기다리며 위난에 대처해 나가야 된다.

● 운명을 다스리는 자세

무리가 많은 때 희망은 일단 보류하고 무리한 중에도 노력하는 근성만이 볼품. 현재 당신의 운수는 겉보기에는 매우 화려하나 내면에 위험과 고난이 따르고 있다. 모든 일이 정도를 지나치고 있다고 보면 맞는 답일 것이다. 부풀어오른 풍선처럼 겉보기는 아름답지만 너무 팽팽하면 터지거나 머지 않아 제대로 위축되고 말 위험성이 있는 것이다. 즉 자신의 힘으로는 수습할 수 없는 일에 말려드는 상태. 사업은 설비나 투자를 지나치게 확대했기 때문에 지금은 자금난에 봉착하고 있다. 남녀 관계에 있어서도 스캔들이 많고 좋지 못한 교제인줄 알면서도 발을 빼지 못하는 상태. 건전하지 못하고 정상적이 아닌 애욕에 말려들고 있는 징조가 보인다. 이 괘를 얻은 때는 한 걸음 물러서서 짐을 가볍게 하는 방법을 생각하는 것이 무난하다. 그러나 만일 굳은 신념과 각오가 있다면 용감하게 난국에 맞서서 해결해 나가면 위험하고 벅차긴 하지만 마침내는 극복하고야 말 것이다. 당신은 수입과 지출마저 밸런스가 안 맞기 때문에 고민하고 있다. 그러니 양자 중 하나를 선택함이 노처녀 결혼하는 길일 것이다. 친구와 다투면서까지 출세하려는 소인은 아니며 행복이나 목적을 위해서라면 수년이고 기다리는 성품이기 때문에 이처럼 어려울 때 근신하면 앞으로 무한한 발전을 기약받을 것이다.

1, 2월 성실하게 사는 사람은 출세하겠다. 가정에 경사가 있다. 직장인은 변동수가 있고 변동하면 길하다. 도와 주는 귀인을 만나서 재물을 얻을 수다. 복록이 이르니 큰 부자 부러울 것이 없다. 기쁜 소식이 문 앞에 이른다. 혼인의 경사가 아니면 남의 천거로 녹을 받게 될 것이다. 가정 문제도 화합하니 집안에 웃음이 가득하도다.

3, 4월 남에게 의혹을 사는 문제가 생길것 같으니 매사 분명히 처리하라. 애정 문제로 삼각 관계 일어나겠다. 뱃심이 필요할 때다. 운영하는 일마다 방해하는 것이 있어 순조롭지 못하겠으나 지성을 드리고 용감하게 대처해 나가라. 사업은 자기 뜻대로 되지 않는다 해서 너무 초조해하지 말라. 소원은 연장자에게 또 한 번 부탁하라. 당장은 이루어지지 않겠지만 집요하게 매달리면 성취되겠다. 혹 상대방이 있는 일이라면 평화적으로 협상하는 것이 좋다.

5, 6월 이성간에 손재수 있겠다. 원행해도 손재수 따른다. 가족들의 우환에 특히 조심. 두 가지 마음을 가지고 일을 착수하면 반드시 실패한다. 뜻밖의 여색 조심하고 서쪽은 불리하니 그곳에 출행하지 말라. 가출인은 서둘러서 찾아라. 그렇지 않으면 후회하게 될 것이다. 배나 차를 타고 멀리 떠날려고 한다. 실물은 밖에서 실물한 것이라면 찾기 힘들다.

7, 8월 근심 가운데서 차츰 서광이 비쳐온다. 나아갈수록 좋은 운수이다. 중도에서 단념하는 것은 아까운 기회를 놓치고 마는 결과이니 밀고 나가라. 당장은 어려움이 따를지 모르나 반드시 좋은 결과가 있다. 소원한 바는 서두르지 말고 꾸준히 노력하면 이뤄진다. 남에게 부탁할 일이라면 가슴이 후련할 만큼 솔직하게 고백하라. 그러면 결과가 있을 것이다.

9, 10월 별로 소득이 없겠고 들어가나 나가나 불안하다. 재물이 분산될 우려가 있으니 단속을 잘하라. 직업을 바꾸지 말라. 본업을 계속해도 손해는 없다. 달이 구름 속으로 숨으니 좋은 달을 보려하나 보지 못한다. 모든 것 구하고자 하나 뜻대로 되지 않는다. 여행해야 할 일이 많이 생기겠다. 여행은 심신만 고달프겠다. 건강 상태는 오래 병석에 있던 사람은 위험한 때이다. 빨리 의사와 상의토록하라.

11, 12월 기쁜 소식이 문 앞에 이른다. 혼인의 경사가 아니면 남의 천거로 녹을 받게 될 것이다. 가정 문제도 화합하니 집안에 웃음이 가득하도다. 재운, 관운 모두 왕성하다. 상업이나 공업하는 사람이라면 재산이 쌓일 것이다. 남의 힘을 빌어서 재물을 얻는다. 집안에 경사도 있으니 반드시 귀한 일이 생기겠다. 구름이 걷히면서 달을 볼 수 있다. 재성이 몸에 따르니 가도가 창성한다.

주요운세

직 업

분명한 결단이 필요할 것이다. 이성과 함께 하는 사업이면 색난도 염려된다. 대들보는 크고 기둥은 약하다고 보나, 중용의 도를 지켜 순종하는 형태이니 남이 힘이 되어줄 것이다. 직장을 옮길 수는 있으나 희망하던 직장은 때를 기다림이 현명한 것이다. 경영주의 위치가 아니면 서비스업종 투신하여 종사하게 될 것이며 분명히 성공하여 능률을 인정받게 될 것 이다.

건 강

고통이 따르는 질병이 걸리기 쉽다. 구토, 설사, 암, 복막염 등을 조심하고 더우기 과음 과식을 삼가하자. 여성은 부인병에 조심하고 남자는 과로를 피하도록 하여야 하며 위장과 간장도 오래 앓던 병은 위험 신호에 걸려 있다. 그러나 체질적인 병일 경우 현재보다 악화되지 않는 대신 놀라울 만한 쾌유도 바라지 못할 것이다. 불치의 병들이 찾아오는 시기는 46 세, 69 세가 아주 절망적이다.

금 전

중간에 낀 사람 때문에 팔릴 수 있는 부동산이 무산되는 수가 있다. 남을 도와 주면 기분은 좋으나 친척이나 동료로 하여금 다소의 낭비가 심하다. 거래는 부분적으로 이루어지지만 계약 상에서 신중을 기하지 않으면 손해를 볼 수도 있다. 성공의 비결이란 성실한 마음 자세로 임하고 온건책을 쓰는 데서 찾는 것이다.

연 애

마주 보고 있을 때 붙잡지 않으면 안 된다. 지나간 후에 뒤쫓아가도 뒤에서 머리를 잡을 수는 없다. 이 괘는 그러한 운명의 신과 마주보고 있음을 나타내고 있다. 스쳐 지나가기 전에 재빨리 붙잡아야 한다. 성교에 들어가기 전에 주위 환경을 먼저 정리하고 신경쓰는 섬세함도 있다. 능숙한 패팅은 못 되고 소극적으로 임하거나 본능적인 욕구 해소로 끝낸다.

궁 합

반드시 결혼 상대는 아니다. 상대자와의 모든 관계가 고르지 못하다. 재혼은 그런대로 무난하나 초혼은 성격 차이가 심하다고 보면 맞을 것이다. 그러나 연령 차이가 많을 경우 올해 안에 시월, 십 일월 이루어질 가망은 있다. 아무리 훌륭한 사람일지라도 일거일동을 주시하는 성격의 소유자는 서로가 피곤하기만 하다. 여성 22 세, 29 세에 남성 27 세 때 운을 맞이하게 된다. 시기를 잃지 마라. 그러지 않으면 불길할 것이다.

부부궁

질서를 존중하고 직무상에 봉사력을 발휘하는 성격을 지녔다. 성숙한 후에도 사랑에 대한 억제심이 강하여 한눈을 팔면서까지 쾌감을 얻어내려하지 않는 정숙한 타입. 때로는 어린이처럼 멋대로 행동해 역정을 내어 분위기를 흐리거나 변덕스럽기도 해서 오히려 간지러운 느낌을 주기도 한다. 초산은 딸. 두번째라면 아들이다.

시험운

한 가지 난사가 지나고 또 한 가지의 난사가 닥쳐오는 계시다. 분명히 파악하고 있는 것 같다. 혼자서 차분하게 자기의 장래에 대해서 생각해야 할 일이다. 담임 선생이 능력 이상으로 평가를 했다고 해도 거기에 맞춰서 다시 찾을 수 없는 결과가 오는 것이다. 사회에 첫발을 내딛는 취직 시험은 다소 무리가 있으나 자격증 소지자는 가능하다.

이 사

불길. 아파트나 주택 운이란 얼마나 큰 것을 지녀야 하느냐가 아니라 어떤 분위기를 가꾸어야 하느냐가 중요한 것이다. 담이 없는 집으로서 어른 위주로 만들어져 어린이들이 자유로이 놀 수 있는 방이 없는 집이나, 부엌보다 현관이 꾸며져서 겉치레만으로 부유케 보이려는 집 등은 비위에 거슬린다. 동서쪽에 문이 있으면 무난하겠다. 행운의 수 5 이며 이사 길일은 5 일, 14 일, 23 일이다.

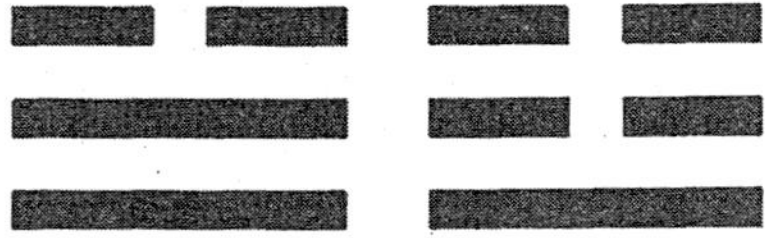

택 뢰 수
澤 雷 隨

못과 우뢰는 수다. 수괘(隨卦)는 강건한 자가 유순한 자를 따르고 있는 형태이다. 강건한 자는 겸허하게 유순한 자를 따르면 기쁘게 받아들이는 화합한 마음이므로 만사 순조롭고 형통하며 허물이 없다. 이 괘는 연못을 상징하는 태괘가 위에 있고 우뢰를 상징하는 진괘가 아래에 있다. 우뢰가 못 속에 잠겨 있는 상태를 말한다.

● 운명을 다스리는 자세

떠들지 않는 차분한 성격은 비밀과 내성력과 위대한 집중력을 지닌 탓이다. 신체적으로나 정신적으로 막강한 능력을 지녔지만 스스로 과소평가하기 쉬운 것은 충분한 사교술이나 화술의 부족 때문이다. 이것만 배제시키면 집중력을 확산하여 성장은 확실해진다. 당신은 종속적인 약간 약한 운이나 악운은 아니다. 좋은 의논 상대자가 생겨서 뜻밖의 활동이 가능할 것이다. 그러나 감언이설로 속이려는 자도 있으니 무슨 일이나 주의와 판단이 필요하다. 특히 젊은이는 색정에서 걱정이 생겨 손위 사람의 의견에 상반되는 행동을 하여 실패할 우려도 있다. 만사에 상대자에 선악을 잘 파악하도록 하고 모든 일에 남의 앞장을 서지 말고 뒤쫓아감이 무난할 것이다. 또한 직장을 그만 두는 일이 생기겠으나 그러한 움직임을 따라도 무방할 것이다. 더 좋은 일의 계기가 될 수도 있기 때문이다. 또 남성인 경우에는 매력적인 여성이 나타나서 마음을 들뜨게 만들 징조가 있다. 겉으로 우둔해 보이는 것은 표현을 피하는 성품 때문이다. 차분한 통찰력을 유지하면서 사교성이나 화술을 개방한다면 무한한 발전을 기약받을 것이다.

1, 2월 기쁜 일, 좋은 일이 오래 계속되니 오히려 권태를 느끼게 될 운기다. 순탄한 세월을 보내는 동안에 지난 일을 생각하며 방탕하거나 낭비하지 말라. 그러면 안정되고 행복한 생활을 할 수 있다. 우물쭈물 망설이다가 후회할 수도 있다. 구설수에 조심하라. 구설수가 아니면 부모, 자녀의 일로 걱정하겠다. 사업가는 금전 관리에 조심하고, 귀인이나 웃사람의 말에 따르면 길하다.

3, 4월 분주 다사하나 별로 소득은 없다. 병약자는 회복되며 매사가 서서히 풀리기 시작한다. 선배나 웃사람 등에서 좋은 협력자를 얻게 되면 크게 발전한다 사업이 잘 된다고 해서 너무 경거망동 하지 말라. 새로 구상하는 사업은 시작을 하지 않는 편이 낫다. 소송은 가까이 지내고 있는 사람의 말을 참고로 하라. 승소와 패소는 확률이 반반이다.

5, 6월 귀인이 돕는다. 횡재수가 아니면 관록이 몸에 따른다. 집안에 경사가 있고 길한 일이 생긴다. 재수도 대길할 것이다. 지금 하고 있는 사업에 열중하면서 현상을 유지하는 것이 길하다. 신규 사업을 해도 별 무리는 없다. 귀인이 도와줄 것이다. 재수는 아주 좋다. 상당한 행운이 찾아올 것이다. 재물에 구애받는 일 없겠고 사업에서 이익도 꽤 올린다. 순산 하며 딸을 낳겠다.

7, 8월 썩 좋은 운세이지만 당장에 매사가 이루어지지 않고, 서서히 복이 다가올 것이니 잡념을 버리고 노력하라. 그 동안 해결될 가능성이 없었던 일도 차츰 풀려나갈 것이다. 하루가 다르게 번창해나갈 운수이다. 이사를 함으로써 정신적 고뇌에서 해방될 수 있다. 이사하는 것도 좋으려니와 머물러 있는 것 또한 좋다. 혼자 떠나는 여행은 불리하지만 동행이 있으면 상관 없다.

9, 10월 지출보다 수입이 많으니 재물로 고생을 하지 않는다. 일이 성사되니 마음이 가볍다. 모든 근심이 사라지니 집안에 웃음이 그치지 않는다. 집안이 화락하니 재물도 그 안에 있다. 집안에 기쁜 일이 생기겠다. 소원하는 바도 순조롭게 이루어지겠다. 집안 식구가 뜻과 마음을 같이 하니 구하는 바가 여의하다. 귀인이 도우니 기쁜 일이 있겠고 계약 관계 성립된다. 계약에 신중을 기하되 계약대로 이행하면 길한 일이 있겠다.

11, 12월 근심이 떠나지 않는다. 마음을 안정시켜라. 구설수도 조심하라. 재물을 구하지만 쉽게 얻어지지 않는다. 집안에 있으면 답답하고 밖에 나가면 지출만 있다. 시비수가 있고 송사도 일어나겠다. 참고 다투지 말라. 손해는 있어도 이득이 없다. 옛 것을 지켜라. 혼담은 오고가나 인연이 아니다. 좀더 기다려라. 새 운세로 접어들면 좋은 연분을 만날 것이다.

주요운세

직 업

주위 사람의 애정이나 우정, 온정에 의해서 발전하는 사업을 나타내고 있다. 자금도 상대방에서 마련될 것이니 길한 징조라 하겠다. 그러나 내부 사정을 신중히 하면 매사 순조롭다. 바라면 바랄수록 뒤따르나 이것은 본래의 실력이 아니라 상대방에서 높이 사는 경우에서다. 공업이나 의학 계통에 종사하면 빛을 볼 것이다.

건 강

노인들은 환절기에 호흡기 질환에 조심할 일이고 여자는 월경불순 등에 오랜 세월이 흐르겠다. 양약보다도 한방 치료에 효험이 있을 것이다. 예상 이상으로 병이 악화되어 고민할 가능성이 있다. 또 눈의 질환이나 협심증·심근경색 등에도 경계해야 한다. 소화가 잘 안 될 경우가 있는데 음식에 신경을 써야 한다.

금 전

예측한 대로 재물은 들어오니 계획성 있게 밀고 나가면 투기성 있는 사업도 무난하겠다. 당신의 운기는 의외로 희망적인 상황을 맞이하고 있으므로 과감하게 박차를 가하는 데서 큰 재물은 노크할 것이다. 빌려주었던 돈이 운기의 장난으로 많은 금리가 붙어 약속 날짜보다 빨리 들어오겠다.

연 애

바람이 부는 대로, 되어가는 대로 아껴둔다는 마음으로 상대방이 나오는 태도를 기다리기만 하는 소극적인 행동을 취한다면 경사가 급한 언덕을 굴러떨어지는 돌처럼 흉으로 가는 길을 택하게 될 염려가 크다. 기교의 부족으로 조루증도 더러 있으며 마구 부딪치되 직접 느껴야 하는 피부형이기 때문에 정력 소모가 많으나 기교를 습득하여 충분한 분위기로 고조해가면 무난하게 된다.

궁 합

상대방이 호감을 가지고 있다. 빠른 시일 안에 이루어질 것이다. 재혼은 좋지만 결혼 후 융화에 힘을 기울여라. 사랑의 리듬이 엇갈릴 수도 있는 운기에서는 서로가 정성스러운 마음가짐이 중요할 것이다. 여성은 22세에 최고의 남성 운이 따르고 있고 29세, 30세의 결혼은 한 때 이별수도 있으니 조심할 일이고, 남성은 27세, 31세 때 최고의 여성 운을 맞이하게 된다.

부부궁

공명 정대한 위풍과 소박하고 쾌활한 정열이 융합한 명랑한 성품. 믿음직스런 가장이나 자신에게 충실한 나머지, 여성의 비위나 분위기 따위는 무시하여 여성으로 하여금 당혹하게 하는 경우도 때로는 느낀다. 그러나 섬세한 아내의 심리를 무관심하지 않고 아내의 미모와 건강 등에 각별한 신경을 써 주는 가정형. 두번째는 순조롭게 딸을 낳겠다.

시험운

이 괘는 특히 불운한 시기가 십 일월에서 삼월까지 시험시기와 겹치기 때문에 희망을 달성할 시기가 어렵다는 것을 뜻한다. 혼선과 지체를 가져오는 때이므로 뜻대로 되어가지 않는 일이 많을 것이다. 결과가 좋으면 그 이상 바랄 나위가 없지만 여기서 한 가지를 평가해 둘 일은 과정에 있어서 노력이라는 것은 새삼 인식할 때이다. 쉬지 않고 노력했기에 행운의 문이 열릴 것이다.

이 사

조용한 곳이 나타나니 이사는 대길 운이다. 전망이 좋은 곳에 지은 이층집이거나 집 주위를 산책할 수 있을 만큼 넓은 마당이 있는 저택을 요구하고 있다. 변화를 자유로이 구사할 수 있는 개조된 집이 아니라 새로 설계된 집이라야 하다. 정면이 북쪽이거나 서쪽을 향하면 이상적이다. 행운의 수 7 이고 이사 길일은 7 일, 16 ,일, 25 일이다.

택 화 혁 / 澤 火 革

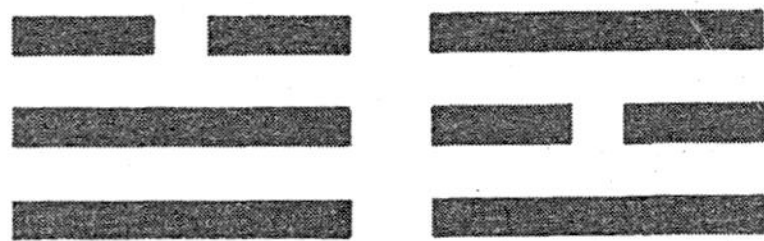

못과 물은 혁이다. 이 괘는 불과 물이 서로 함께 싸우며 두 여자가 같이 살면서 그 뜻이 서로 맞지 않는 상태이다. 이런 상극과 불신의 사회 상태를 근본적으로 뒤집어 바꿔놓는 것이 혁명이다. 이 혁명은 군주가 학정으로 민심을 잃고 천명을 잃었을 때에 꼭 혁명을 일으키지 않고는 안 될 절박한 여건이 갖추어졌을 때에야 혁명으로서의 긍정적인 가치를 발휘하게 된다는 뜻이다.

● 운명을 다스리는 자세

만사를 묵은 것은 버리고 새 것을 취한다. 거기에 개혁의 기쁨이 있다. 지금은 유쾌하지 않은 것들이 많다. 하지만 쉬지 않고 노력하면 천운이 돌아와 머지않아 많은 사람들에게 신임과 사랑을 받게 되고 점차로 호운을 얻어 입신 출세할 찬스가 올 것이다. 다만 조급히 굴지 말아야 한다. 사물의 개혁, 가옥의 개축, 이전, 직업의 전환 등 모두 길하다. 높은 지식을 추구하기에 여념이 없으면서도 한편으로는 가벼운 기지를 즐기며 노는데 몰두하기도 하는 낙천성을 지니고 있다. 균형이 잡힌 생활의 지혜를 찾는 것이 중요하다고 본다. 연구하다가 심취하기도 하고 정서에 매혹되는 감수성도 지녔다. 도리어 원초적인 행동 속에 자신을 던지기도 한다. 때문에 속도가 있고 적당한 변화와 자유로움이 있는 직장이 아니라면 싫증을 내고 곧 무력해지고 만다. 세 가지 중 어느 한 가지라도 결여되면 능력을 발휘하는데 큰 지장이 된다. 그만큼 자유 분방하고 신속한 성격의 소유자다. 소설가나 시인 등의 문필 생활이거나, 종교가나, 성직자 혹은 판사 등의 사법관도 좋고, 학술서적 출판이나, 외국 문학 번역 등도 알맞겠다. 반대로 원예, 인쇄업 등과는 거리가 멀다.

1, 2월 비록 연령이 많은 사람이라 할지라도 시행 착오를 비교적 많이 범하는 다시 말해 어린 짓을 할 만큼 혼돈을 일으키는 운이다. 그러나 얼마 안 가서 전화위복이 되어 현실로 나타난다. 웃사람이나 선배의 의견을 십분 참작하라. 그러면 차츰 모든 일이 풀어질 운수이다. 소원은 분명한 목표를 세우고 그 소망을 이루기 위해 정성껏 기원하라.

3, 4월 고목이 봄을 만나니 새싹이 나온다. 집안에서는 화평을 되찾고 나가서는 재물을 얻을 것이다. 본인의 혼사가 아니면 자손의 경사가 있겠다. 구름이 걷히고 밝은 달이 보인다. 재물 걱정이 없으니 평탄한 운수이다. 여자를 만나서 도움을 얻겠다. 작은 것으로 큰 것을 얻으니 재물에 아쉬울 것이 없다. 가정에 기쁨 웃음이 그치지 않는다.

5, 6월 운세가 대길하여 매사 막힘없이 진행되고 복록이 그득하니 행운 중 행운을 잡았다. 하늘이 보살피고 신이 도우니 더 바랄 것이 없는 운수이다. 큰 뜻, 고상한 뜻을 품고 그 뜻에 맞추어 행하면 좋은 결과가 있을 것이다. 사업은 작은 자본으로 큰 이익을 얻을 수 있다. 노력에 비하여 소득이 많다. 이상적인 연애를 하고 있다. 혼인까지도 무사히 진행될 것이다. 아직 연인이 없는 사람은 친구나 친척이 소개해 줄 것이다.

7, 8월 처음에는 물심 양면으로 소모가 심할 뿐 아니라 일이 뜻대로 되지 않으며 실망하고 좌절할는지 모른다. 그러나 조금도 낙심하지 말라. 점차로 호전되어갈 것이다. 사업은 매사를 가볍게 생각지 말고 추진하라. 남의 감언 이설에 속지 말라. 지나치게 욕심을 내지 말라. 도리어 실패한다. 부모 혹은 자손으로 근심이 있다. 구설수에 조심. 출산은 순산하겠지만 산모의 산후 몸조심이 중요하다.

9, 10월 서서히 모든 일이 풀리기 시작한다. 처음부터 비록 곤고함이 있겠으나 차츰 길해진다. 매사가 순조로움에 도리어 긴장된다. 마음을 안정시키고 사태를 직시하라. 이사수 및 직장인은 직장을 옮길 수 있다. 외국 여행 길이 길하겠다. 웃사람의 말을 따르고 색정은 조심하자. 병약자는 수술을 받을 우려가 있으니 의사의 지시를 받는 게 좋겠다.

11, 12월 공직자 경우 인사 이동을 하겠고, 정치가는 개혁의 지도자가 될 것이다. 영업 방침 등의 변경수가 따르니 움직이면 좋은 결과를 가져오겠다. 가족 중에 교통 사고가 우려되니 항시 조심하여라. 마음먹은 소원은 다른 상태로 돌아갈 염려가 있다. 택화혁괘의 이사수는 좋은 편이다.

주요운세

직 업

새로운 사업을 찾아 보려는 욕망이 다분하다. 그러나 무리하지는 말자. 꾸준히 하던 사업을 밀고 나가면 입신 출세도 가능할 수 있을 것이다. 먼저 직장을 바꿔보는 것도 바람직하다. 당신을 도와 수족이 될 사람이 머지않아 동북쪽에서 나타날 것이다. 접객업소의 경영 또는 운수업도 길할 것이다.

건 강

모든 병은 소화계통에서 발단되어갈 것이다. 소화가 잘 되지 않는 음식은 절대적으로 피하는 게 좋다. 가벼운 증세는 곧잘 낫는 체질이므로 일평생 병이 악화되어 고민하지는 않을 것이다. 그러나 몸의 컨디션을 무너뜨리는 일이나 신경 쓰는 일을 삼가하자. 지나치면 식욕이 적어 위장·대장 등을 약화 되기 마련이다. 54 세가 가장 질병이 약하다.

금 전

예측한 대로 금전운은 빗나가지 않고 있으니 사업의 확장도 시도해 볼 만하다. 저축을 하면 목표액도 달성하겠고 친지나 친구로부터 금전융통도 가능하다. 새로운 사업에 도전해서 실패할 염려가 없으니 주저하지 말고 박력 있게 적극적으로 밀고 나가라. 파란이 없는 평범한 운을 만났기에 사전 계획돼 있던 사업이라면 차질이 없을 것이다.

연 애

하룻밤의 모험을 구하여 유흥가를 방황해도 마음의 틈은 메꾸어지지 않는다. 표면에만 현혹되지 말고 마음의 무게에 눈을 돌려야 한다. 몸매가 매끈하여 감촉이 좋고 전신을 자극하고 피학적인 성욕을 즐기는 육체의 매력을 지닌 사랑을 한다. 엉덩이가 여성처럼 발달하여 여성 상위의 성교 자체를 좋아한다.

궁 합

오래 끌던 혼담은 무난히 이루어질 것이다. 재혼 또한 때를 만났다. 서둘러서 맺어지도록 분투하라. 풍뢰익·풍화가인·풍천소축괘와는 인연이 좋으나 한 가지 흠이라면 예외는 있겠으나 고집장이로 이해심이 부족할 것이다. 만사가 다 좋을 수만은 없을 것이다. 남성는 34 세, 29 세 아주 좋은 연분을 만나 행복하겠다.

부부궁

의협심이 강하며 겸양하는 미덕이 있고 남을 어려워할 줄도 알며 의리와 인정이 많은 성격을 지니고 있다 봄날에 피어나는 새싹처럼 생명력을 기본으로 한 사랑이므로 항상 싱싱하고 청순한 매력을 잃지 않는 풍부한 사랑이며 좀처럼 늙어갈 줄 모르고 끝까지 풋내나는 사랑의 샘터를 지켜가는 이지적 사랑을 연출한다. 고통은 약간 따르나 아들을 낳겠다.

시험운

연합 고사생은 담임선생과 한두 차례 의논해봄이 바람직하다. 무슨 일이든 노력을 하면 목적을 달성할 수 있는 법이지만 이 괘에서 열심히 노력해도 희망은 달성할 수 없다고 역신은 계시하고 있다. 그러나 주저하거나 꾸물거리는 경우가 있을지 모르지만 서둘지 말고 차분한 자세로 나가면 좋은 결과를 얻을 수 있다. 들뜨지 말고 배짱으로 확고한 신념을 계속 갖도록 한다.

이 사

옮기는 것은 길하다. 안전하고 영원한 행복의 보금자리로 높고 굳은 담장을 두른 요람 같은 주택을 원한다. 외관의 아름다운 변화는 개나 고양이도 드나들 수 없을만큼 단단하고 우아한 담장이 둘러져야 하고 식료품이나 그릇 등을 대량으로 저장하고 요리, 식사할 수 있는 지하실, 부엌, 식당이 있어야 하고 가족들이 마음껏 놀 수 있는 넓고 안전한 마당이 있어야 좋겠다. 동향쪽의 대문을 둠이 좋다. 행운의 수 8 이고 이사 길일은 8 일, 17 일, 26 일이다.

태는 못이다. 이 태위택괘(兌爲澤卦)는 태괘가 겹쳐서 이루어졌다. 태는 즐거움이니 즐거움이 겹쳤다는 뜻이다. 즐거운 마음으로 무엇이건 일을 하면 용기가 솟고 만족을 느끼며 일의 보람을 느껴 성의껏 노력껏 일할 수 있다. 이 괘에선 겉은 유하고 속은 강한 외유내강의 미덕을 지도자는 갖추라는 뜻이다.

● 운명을 다스리는 자세

희망에 빛나는 즐거움을 표시하고 있으나 일에 매듭이 없고 밑도 끝도 없어서 겉보기에는 화려하지만 내면으로는 괴로운 심정이다. 지금 당신은 무익한 일로 괴롭혀지고 있어서 마음이 초조하기도 하고 때로는 칭찬하는 이가 있는가 하면 헐뜯는 이도 있어서 약간 노이로제 상태에 있다. 거기다가 색정의 요구 때문에 번민이 겹쳐서 스스로 자신을 해치고 있다. 그러나 진실을 토론하여 좋은 선배, 우인에게 마음의 괴로움을 의논하는 것도 좋다. 남에게 겸손하고 성실하게 예의바르게 대하면 바르고 선한 것을 마음에 굳게 지켜 나아가면 점차로 남의 공감과 협력을 얻을 수 있을 것이다. 그러다보면 갈수록 호전하고 발전할 것이며 금전 관계에도 의외로 행운을 잡을 것이다. 자유롭고 풍족한 생활력을 넓고 많은 부족함이 없는 것을 요구하는 성격으로 형성된다. 그러므로 일상적인 생활에는 만족하지 않고 사회적인 출세에 의하거나 돈에 묻힐 정도로 충분한 만족을 요구하고 추구해간다. 겉으로는 충분한 생활을 영위하고 있는 것처럼 보이더라도 문득 자아로 돌아가 인생의 커다란 과제에 눈을 돌리지 않고는 못 배기는 천성적인 철학자다. 그러나 일단 목표가 결정되면 그것이 쾌락이건 진리이건 언행 등을 상관하지 않고 목표를 향해 화살과 같이 돌진하는 힘을 가졌다.

1, 2월 길흉이 엇갈리기는 하나 귀인의 덕으로 위험한 일은 따르지 않을 것이다. 예상보다 부족되는 일이 있겠다. 특히 일월이나 이월에는 어린이 가출에 조심하자. 방해하는 자가 있으나 매사에 몸가짐을 바로 하면 풀릴 것이다. 이따금 곧 이루어질 것도 안 이루어질 수 있으니 매사가 안정되지 못한 탓이다. 변동수가 있어 이사도 할 수 있고 여행도 떠날 수 있으나 비용도 많이 들겠다.

3, 4월 삼월 중순 구설수가 따르니 몸가짐을 올바로 하자. 특히 문서 등에 신경써야 하며 과음을 피하자. 부모는 물론 자식들까지도 건강에 유의를 요하는 달이다. 지나친 고집을 부리면 직장을 지키는 것이 힘들 것으로 본다. 현재는 충분치 못하나 차츰 들어올 것이니 기다리는 자세가 필요하다. 사월이 지나면서 단비가 만물을 촉촉히 적셔줄 것이다.

5, 6월 기업은 번창하겠으나 웃사람의 논쟁에 조심해야 한다. 공직자는 인사 이동이나 승진의 운기로 아주 좋은 때를 만났다. 오월 초순 문서나 주택 문제로 언쟁은 따르지만 웃사람의 말을 들으면 풀릴 수도 있겠다. 음식점·예능계·세일즈맨 등은 충분한 재물을 얻을 수 있다. 그러나 조급하게 서둘면 들어오던 재물도 오히려 막히고 만다.

7, 8월 병에 조심하고 손실이 많겠으니 사전에 단속하는 것이 현명할 것이다. 성실하고 정직하게 살면 이 운세가 내년까지 넘어갈 수 있으며 경거망동하면 귀인의 도움도 받기 어렵다. 회사의 일로 해외여행 길도 트이고 아니면 사랑의 도피 여행 수도 있을 것이다. 금전 융통이 원활한 달이나 지출이 많은 것이 흠이다. 이성 문제에 주의하지 않으면 가장 가까운 사람과 이별 수가 따를 것이다.

9, 10월 자금난 해결책이 당장은 막연하지만 구월이 지나면서 노력하면 성사된다. 여러 가지 모양의 사고를 조심하고 이 달에도 이성 문제로 파란이 일겠으니 슬기롭게 대처해야 하겠다. 풍선이 지나치게 팽팽해져서 급기야는 터지고 말 것이니 매사에 신중을 기하라. 앞으로 닥쳐올 역경을 이겨 내기위해 대책을 수립하는 마음가짐을 갖자.

11, 12월 직장인은 직장을 지키는 게 좋겠고, 구직자는 취직이 되겠다. 몸가짐을 바로 하면 매사가 안정되나 자손들로 인하여 근심은 따르겠다. 호흡기계 질환으로 인하여 큰 병을 자초할 수 있으니 사전 예방하여라. 이 달이 지나면 동산의 둥근달이 둥실둥실 떠오르고 모든 만물이 솟아오르는 운기로 접어든다. 마음 먹었던 소원도 차츰 이루어질 것이다.

주요운세

직 업

밀고 나가는 배짱이 유일한 무기다. 오직 미는 길밖에 없다. 미는 데에 지쳐 한숨 돌리고 있으면 곧 라이벌이 앞지른다. 자금을 몽땅 털어넣는 각오가 되어 있어야 할 것이다. 예술적 감각이 뛰어나고 사물을 관찰하는 탁월한 재능도 지녔으니 흥행 사업을 경영함도 좋겠다. 아뭏든 예술을 바탕으로 한 일이면 다 좋다. 예능이나 세일즈맨 등의 직장도 빨리 구할 수 있다.

건 강

계절의 위협을 느끼는 체질이다. 더위에는 강하지만 추위에는 약하므로 갱년기에는 특히 식욕이 적어 위장이 약화되기 쉽다. 여자는 성병·부인병·냉증·빈혈·위궤양 대장염 등이 투입될 것으로 한방 치료를 걸르지 말고 받아야 한다. 남자의 경우 중년기까지는 건강한 체질을 유지할 수 있으나 식중독을 조심하라. 빈혈 등은 어린 학생들이 많이 찾아들기 쉬우니 부모의 노력이 필요로 한다.

금 전

동업자는 쌍방이 이익을 보는 운기이다. 고로, 공동출자가 되면 큰 재물을 만지는 것은 기정 사실로 되어 있다. 일단 마음먹은 사업을 추진하면서 자금이 부족하면 서북간의 귀인을 찾아 의논하라. 누구에게나 인간미를 가지고 접촉하는 데서 구할 수도 있고 모든 사업이 이루어지니 밖에서 뛰는 것이 대성할 수 있는 길이다.

연 애

처량할 정도로 사랑의 슬픔이 깃들어 있다. 현대의 젊은이들에게서는 볼 수 없는 모습일지 모르지만 비록 비련이라 해도 모든 것을 사랑에 거는 정열은 훌륭하다 할 것이다. 항상 새롭고 낯선 만남처럼 부끄러움으로 감싼 사랑을 연장시켜간다. 청순한 사랑과 맑고 깨끗한 수줍음으로 사랑에 빠져 들어가는 애정의 표현을 감치게 해내는 타입이다.

궁 합

약간의 난처한 점은 있으나 초혼은 성취된다. 그러나 재혼인 경우는 성립되기 어렵다. 얘기는 그럴 듯하지만 진실성이 결여되어 있다. 상대는 또 다른 사람과 교제 또는 혼담을 진행 중에 있다. 일찍 냉수 마시고 마음을 돌려라. 26 세에 최고의 여성 운이 있으나 반드시 결혼 상대로 만은 오지 않을 것이다. 천지비·천산돈괘는 인연이 될 수 있다.

부부궁

명쾌한 사고력과 신속한 행동력을 발휘하는 재능을 지녔기 때문에 어떠한 위기에 처해도 해결할 수 있는 성품. 남편의 갈증을 깨끗이 씻어 주는 오아시스 같은 사랑의 샘을 만들지만 스스로의 갈증 때문에 방황하지는 않는다. 달콤한 사랑을 꿈꾸는 매력도 지녔고 유혹을 기다리는 듯한 사랑의 취미를 발휘하기도 한다. 출산은 발육일이 좀 늦으나 딸을 낳겠다.

시험운

예비 입시생은 목표를 한 단계 낮춰 지원하고 검정고시의 도전자는 다음 기회를 바라보아야 할 것이다. 모든 취직 시험에도 무리가 따르니 마음 먹었던 직장을 선택해서는 안 될 것이다. 선택할 길은 얼마든지 있으니 귀중한 에너지를 가망성이 없는 곳에 낭비하고 있으면 다음에 막대한 지장을 가져오게 된다. 운전면허 필기 시험 정도라면 행운이 열리는 계시다.

이 사

마땅한 곳이 없다. 번화한 쪽에서 안으로 들어가 있는 아파트 하층이라면 더욱 이상적이다. 실내 장식은 목각이거나 나무 마루 등 사시사철 태양과 바람이 자유롭게 드나드는 개방적으로 설계된 아파트. 자그마한 아파트라도 전망이 좋은 곳에 지은 집을 원하며 주위에 산책로 등이 있으면 아주 좋다. 동남향. 길일 7 , 이사 길일은 7 일, 16 일, 25 일이다.

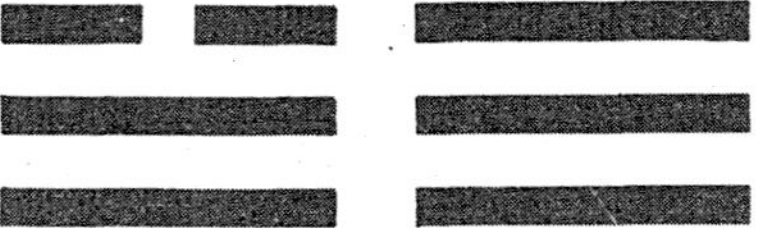

택 천 괘
澤 天 夬

못과 하늘은 괘다. 이 괘는 결단, 처결의 상태다. 못이 하늘 위에 있어 둑이 터지기만 하면 커다란 기세로 쏟아져 내려오는 형세이다. 군자는 이 괘를 보고 은덕을 베풀어 백성을 행복하게 하고 자신의 덕을 닦고 스스로를 반성해야 한다는 뜻이다.

● 운명을 다스리는 자세

웃사람을 밀치고 전진하는 상태를 보이는 강운의 시기다. 그러나 지나치게 아집이 세기 때문에 차질을 가져오는 경우가 많고 앞뒤를 생각지 않고 무모하게 나아가다가 회복할 수 없는 실패를 가져오는 일을 저지르기가 일쑤다. 당신이 높은 지위에 있다면 부하들의 하극상의 공기가 감돌고 있어 고립될 우려가 있다. 그러나 당신은 항상 한 걸음 사양하고 유화한 마음을 지니도록 함이 좋을 것이다. 순탄한 때 뜻밖에 재난이 일어날 염려도 있고 조그마한 일로 언쟁이 벌어지고 말썽도 일어나기 쉽다. 자신의 반성을 소홀히 하면 부부간에 냉전 상태, 이혼을 생각하리만큼 심각한 일이 있음을 염두해 두자. 무엇이든지 완벽하게 준비해야 마음이 놓이는 인간에게 필요한 지식이나 사물을 수집, 정리하는 전문가로서 우수하다. 이런 재능을 살리자면 조사, 분석 능력으로 보아 뉴스의 해설자, 정치 평론가, 텔레비젼 등의 편성자·언어연구가·약제사 등 다양하다. 지위나 금전을 탐내는 마음보다는 창조의 미를 사회에나 직업면에도 살려 나가는 마음을 지녔다. 친구와 동지적인 위치에 서기 때문에 열광적인 종교 계통이나 추악한 일 등의 직장은 맞지 않는다.

1, 2월 정직한 사람은 신상에 기쁜 일이 생기나 반대의 길을 걸으면 아주 흉한 운기로 갈 수도 있다. 자기만 잘 낫다고 날뛰다가는 큰 망신당하고 관재와 구설수까지 가져올 것이다. 가정에서도 불화가 있겠지만 우선 자기 반성을 먼저하고 모든 일을 웃사람의 뜻을 받들어 처리하라. 이월 말 서쪽에서 후원자가 나서니 작은 소원 성취될 것으로 보인다.

3, 4월 변동수는 있으나 단체 여행을 떠나면 실물수가 생기겠다. 이사도 무방하며 직장의 움직임도 무난하겠다. 인간은 지위가 높아지면 오만하게 되는 법이니 승진을 하더라도 겸손을 잃어서는 안 되겠다. 재물은 넉넉히 얻을 수가 있으니 금전 문제로는 구애받지 않으나 욕심을 부리면 뜻은 이루지 못할 것이다. 머지않아 여성이 후원자가 될 것이니 반갑게 받아 들여야 할 일이다.

5, 6월 억울한 일도 당하겠고 놀랄 일도 생기겠으나 친지에게 적덕한 탓으로 위험선에서는 벗어나겠다. 이치에 맞지 않는 것은 탐내지 마라. 그래야 동서쪽에서 순조로운 일이 일어날 것이다. 마음이 자꾸 동요되는 것은 갈등을 느끼기 때문이다. 억울한 일을 당했다고 흥분해서는 안 되고 부부 사이가 멀어져서도 안 될 것이다.

7, 8월 달이 구름 속으로 들어가니 사방이 캄캄하다. 하는 일마다 실마리가 없다. 그러나 정성껏 노력하면 액을 면할 것이다. 말조심하라. 무슨 일을 하든지 머리만 있고 꼬리가 없는 달이니 끝맺음을 잘하라. 재앙이 사라지고 복이 오니 비로소 평안함을 얻을 수 있는 날이 머지 않았다. 당장은 많은 어려움이 따르겠으나 장차 큰 일을 이룰 수가 있으니 끈기 있고 차분하게 밀고 나가자.

9, 10월 미혼자에게 혼담이 오가겠고 웬만한 장애도 극복할 수 있는 달이다. 그러나 더욱 용기를 내야 할 것이다. 그 장애는 약한 것이 아니고 좋은 혼담도 못 되기 때문일 것이다. 재물에 아쉽지는 않겠지만 적덕하는데 힘을 써라. 남에게 의혹을 살 수가 있는 것은 아예 하지를 말고 선으로 베푸는 자가 되어라. 나를 해칠 사람도 주변에 있으나 지성으로 기원하는 데서 액운을 물리칠 것이다.

11, 12월 돌아올 새봄을 맞이하여 묵은 것은 과감히 털어버리고 새롭게 하는 것이 길할 것이다. 두 가지 마음을 가지고 일을 착수하면 반드시 실패하고 뜻밖에 여색의 주의도 요한다. 직장인은 변동수도 있으나 변동함은 길하지 못하다. 친구와 언쟁도 있겠으나 금전 거래에 있어서 분명히 하면 피해나갈 수 있다. 처음에는 어려움이 많지만 머지 않아서 안정을 찾게 되는 달이다.

주요운세

직 업

상당한 욕구 불만에 빠져 있는데 그 돌파구가 없다. 믿었던 협력자까지 이탈되고 통솔력도 갑자기 상실되어 있다. 만족할 수 없는 직장은 하루해가 지루하기만 하다. 그러나 주어진 일에 충실하고 만족함을 갖고 이끌어나가야 할 것이다. 그러다 보면 생활의 안정을 도모하고 부러움없는 직장이 될 것이다.

건 강

각종 질병이 오래갈 조짐이 보인다. 호흡기, 구토, 변비, 두부의 외상 등이 예상된다. 사전 예방에 가일층 노력하자. 자기도 모르는 사이에 증상이 진행되고 있는 계시다. 노년기에 접어들면 호흡기계에 막대한 고생을 할 것이다. 여자는 비대해지면 강적을 만나게 된다. 싱싱한 육체의 젊음을 운동으로 유지하라.

금 전

참을성 있게 밀고 나가면 돕는 자가 나타난다. 아직 잡지도 않은 호랑이 가죽을 계산하느라고 세월을 보내는 느낌이 든다. 자금 조달을 꾀하였을 경우 금융기관에 머리를 숙여도 무리한 이야기가 될 것이니 심사숙고 처리하라. 금전에 얽힌 서먹한 감정이 친척 잃고 친구도 잃겠다.

연 애

젊은 에너지를 불태우는 사랑이라면 그다지 바람직한 상황은 아니다. 꽃은 피어야 꽃이지 봉우리인 채 시들기에는 너무나 비참하다. 남편에 의해 쾌락의 도가니에 빠지려하지 않고 스스로 도락의 연출가가 되어 지배하고 얻어내는 적극적인 섹스를 한다. 한 번 불을 당기면 온몸을 활활 태우지 않고는 미지근해서 견디지 못하는 타입이다.

궁 합

재혼은 길하나 초혼은 이르다. 그러나 현재 혼담 중인 사람은 그 상대 방이 인연이니 붙잡아라. 때로는 고독하기는 하지만 항상 청순하고 온화하여 부드러운 상대가 되어줄 것이다. 천생 연분은 아니지만 서로의 노력이 뒤따르며 행복한 가정을 누릴 것이다. 여성의 시기는 23 세, 27 세, 28 세이며, 남자는 27 세, 30 세로 화풍정, 화택규괘와 합을 이룬다.

부부궁

가끔 모순된 기분을 조성하기도 하지만 임기응변적이고 외교가적인 예술적 성품을 발휘한다. 작은 행복도 큰 기쁨으로 생각하여 웬만한 고통 정도는 당연히 이겨낼 줄 아는 온순한 타입. 뜨거운 애무가 없어도 아직 사랑만 있으면 만족하고 건실한 사랑에 속아 우는 일은 없다. 다만 성의 노예가 아니라 서비스를 연구하는 이유도 있다. 초산은 딸을 낳겠다.

시험운

후회를 해도 지나간 일은 다시 돌아올 수 없으나 한 단계 낮추는 방향으로 밀고 나가자. 취직 시험이라면 막다른 상태를 나타내고 있다. 돌파구를 찾으려해도 귀중한 시간만 낭비할 뿐 고생은 보답을 받지 못할 것이다. 칼도 부러지고 화살도 다하여 바람을 이겨낼 기력마저 상실했다. 그러나 체육, 예능계 특기자는 '폭이 좁은 강의 흐름은 빠르고 큰 강의 흐름은 느리다,고 하는데 바로 대하와 같은 당당한 힘을 간직하고 있는 운세이다.

이 사

신축해서 이사하는 것은 길하다. 움직인다면 아름답고 평화로운 조용한 분위기로 조화를 이룬 호화로운 주택을 택할 것이다. 꾸미고 사는 집안이나 집의 위치 등을 보아 성격을 짐작할 수 있다. 곧 집은 성격이 형상으로 나타난 것과 같다. 자연이 쾌적하고 풍부한 빛의 리듬을 맞춘 막힘이 없는 아담하고 고상한 주택. 항시 밝은 태양을 맛볼 수 있는 남향. 행운의 수 3이고 이사 길일은 3 일, 12 일, 21 일이다.

천 지 비
天 地 否

하늘과 땅은 비다. 이 천지비괘는 인간의 본성이 거부된 상태다. 사람들의 사이가 마음이 서로 통하지 않는다. 군자가 바른 도리를 지키려 하나 방해되어 잘 되지 않는다. 상하가 서로 화합하지 못하여 국가는 위태로우며 안의 중요한 곳엔 소인들이 차지하고 군자들은 밀려나, 소인들의 도리는 퍼지고 군자의 도리는 밀려난다.

● 운명을 다스리는 자세

투쟁력이 강해져서 앞을 보지 않고 성급히 돌진하게 되면 도중에서 파생되는 문제를 일으키기 쉽고 다른 사람의 섬세한 성격을 이해하지 못하기 때문에 도리어 큰 일에 흠이 되기도 한다. 천지비 괘는 웃사람에게 오해를 산다든가 가정 불화 혹은 이혼 문제를 비롯, 사업 면에까지도 마가 끼어 있다고 본다. 또한 당신의 정당한 의견이 통하지 아니하며 노력도 인정을 받지 못하는 상태다. 고로 어떤 비상 사태나 새로운 문제가 발생해도 거기에 대처해 나가는 독창적인 전투력을 지녀야 할 것이다. 이 시점에서 성급하게 초조하거나 신경질적인 처사를 하였다가는 더욱 더 수렁으로 빠져들고 만다. 앞으로 이 개월이나 사 개월만 꾹 참으면 지금의 노고는 뒷날 영화의 원인이 될 것이다. 용감한 성품과 새싹을 의미하는 온순함도 동시에 지녔기 때문에 두각을 나타내기 위한 향상심이 불타 기발한 전술을 개척해 내고 의연하게 문제를 해결해 나갈 것이다. 그늘에서의 희생을 싫어하며 어느 장소를 가더라도 앞자리를 차지해야 하는 성미이기 때문에 직장에서도 실력 발휘하여 인정을 받으려고 숨은 노력을 하는 타입이다. 일단 치면 울리는 선명한 개성을 소유하고 있으며 돈보다는 지배를 요구하고 지배보다는 인기를 추구하여 한없이 노력해가는 타입이다. 그러므로 창조적인 아이디어에 뛰어나 구태를 타파하고 과오 없이 성공으로 이끄는 재능이 뛰어나다.

1, 2월 겉으로는 화려하나 실속은 없다. 교통 사고에 각별히 조심하라. 라이벌을 누르고 앞서가는 기상이 있어서 발전하겠으나 이에 따르는 부작용도 많다. 스포츠맨이라면 길하겠으나 이에 따르는 부상을 각오해야 한다. 여행은 급한 것이 아니면 보류하는 것이 좋겠다. 특히 먼 곳으로 가는 여행을 하지 않는 것이 좋다. 실물수가 있겠다. 집안에서 실물한 것은 찾지 말라. 나오지 않는다.

3, 4월 우환이 있을 수이니 조심하라. 남과 더불어 하는 일은 실패하겠다. 수고는 하지만 그 댓가가 시원치 않다. 관액을 조심하라. 남과 쟁론을 벌이게 될 위험이 있다. 천리 타향에서 집안을 그리워할 운세이다. 구설수에 조심하고 혼인은 시일이 경과되나 혼사는 이루어진다. 사랑이 깊은 관계에 있는 사이라면 결혼까지 순탄하지 못하다. 현재 오가는 혼담은 인연이 아니다. 근심이 차차 사라진다. 동쪽이나 남쪽에서 귀인이 찾아와 도울 것이다.

5, 6월 웃사람의 의견을 물어서 참작하면 길하겠다. 동쪽에서 귀인이 찾아와 도울 것이니 소원하는 바도 순조롭게 진행되겠다. 정직한 사람은 신상에 기쁜 일도 생기겠고 그렇지 못한 사람은 우왕좌왕하면 갈피를 못 잡을 것이다. 여름철에 식중독 염려가 따르니 식욕부진으로 고생할 염려가 있다. 때를 기다려라. 주거 문제도 풀리고 문서도 잡을 것이다.

7, 8월 옛 직장을 지키는 것도 좋으며 취직을 하려는 사람은 취직도 된다. 매사가 안정되는 운세로 접어드나 불법적으로 강행하다가는 낭패를 볼 염려도 있다. 물가를 조심하고 고집을 부리지 않으면 귀인의 덕으로 위험한 고비에서 풀려나겠다. 웃사람과의 언쟁을 조심하고 말을 따르면 길하다. 장거리 여행은 건강과 실물수를 조심하여야 한다.

9, 10월 시비가 다투어 일어난다. 그러나 참으로 면할 수 있다. 부부간에 불화만 피하면 재물은 길가에 있으니 나가면 얻는다. 액이 사라지고 복이 오는 달이니 기회를 놓치지 말라. 설령 가난한 가정에서 자라나는 청소년이라 할지라도 머지않아 빛을 볼 것이다. 재물의 근원이 샘물같으니 복이 들어온다. 서둘러서 일을 해결하는 것이 큰 돈벌이가 될 것이다.

11, 12월 두 곳에 정을 두고 양쪽의 눈치를 살피니 인사 사건으로 다소 고민은 있지만 풀린다. 주거를 이동할 수도 있으며 좋은 집 터도 발견되겠지만 집안에 우환이 생길 염려가 있다. 화재를 조심하고 과음 과식도 하지 않으면 이 해를 큰 과오 없이 넘기겠다. 내년부터는 대길하다. 투자도 길하고 자금난도 해소되고 구직인은 직장을 얻을 수 있는 해가 올 것이다.

주요운세

직 업

레일은 깔려 있지만 어디로 통하는지 알 수 없는 불안을 품고 있다. 또 찬스를 눈 앞에 두면서 놓치는 가능성이 있는데 그것도 외부적 요인이 아니라 자기 자신의 내부에 있는 허탈감에서 오는 것이다. 직장은 조금 기다리자. 판단력이 빠르고 재주가 좋다. 경제를 다루는 공무원도 우선 순위로 치겠으나 교육자의 재질도 농후하다.

건 강

식욕 부진·혈행불순·정력 감퇴·두통·성병 등의 지병은 오래 간다. 여성은 기미가 생길 계시다. 이같은 병들을 이겨낼 수 있는 것은 우선 약보다는 마음가짐일 것이다. 영양식을 취하고 운동부족을 보완해서 스테미너를 보강하면 상쾌한 컨디션을 유지할 수 있다고 본다. 또 조용하고 분위기 있는 식사를 하도록 몸에 익히는 게 건강을 찾는 비결 중의 하나일 것이다.

금 전

상대방의 의견을 존중하는 데서 재물도 들어오고 거래나 교섭도 이루어지는 운기이니, 매사에 신중을 기하면 바랄 것이 없겠다. 금전 융통은 그런대로 슬기롭게 이루어지지만 거래와의 실수로 인해 다소의 무리가 따른다. 운기는 좋으나 재물이 들어오는 시기는 늦은 편이므로 때를 기다리면 이루어진다.

연 애

자신이 생각하는 연애가 반드시 좋다고는 할 수 없다. 쓴맛 단맛을 알고 난 두 사람이 만나서 비로소 어른다운 교제를 할 수가 있겠는가. 새롭고 낯선 만남이건만 거리낌이 없이 온갖 기교를 부리고 애교를 떠는 긴 자크형으로 성감을 고조해가는 매력적인 여자. 성교에 들어가기 전에 주위 환경을 먼저 정리하고 신경쓰는 섬세한 타입이다.

궁 합

한쪽은 마음에 있어 하지만 한쪽은 그렇지 않을 경우도 있겠으나 시일이 경과되면 이루어지기 마련이다. 특히 이 괘를 뽑은 현재 오가는 혼사는 단념하는 편이 좋다. 천지부괘와 합은 지화명이, 지수사, 지천태등의 많은 괘에 해당되는데 결혼하면 부부애로부터 사랑의 절정에 이르기까지 마음껏 행복을 누릴 수 있을 것이다.

부부궁

천사와도 사귀고 악마와도 통할 수 있는 차분하고 착실한 성품이 정립되어 있다. 미팅이나 데이트를 좋아하고 때로는 개방적이라서 대담성을 발휘해가며 사랑에 빠져들기도 한다. 아내는 분위기를 이끌어가는데 능숙하고 가정엔 신선한 기풍을 불어넣어 남편에게 새 힘을 주기도 하나 자신은 의외로 게을러서 주위를 놀라게 하는 적도 있다. 출산은 난산할 우려가 있으나 아들을 낳겠다.

시험운

지금 설정한 목표에 집착하지 말고 과감하게 철수하는 편이 현명할 것이다. 그러나 강력한 경쟁 상대자가 존재하기 때문에 힘이 생기는 법이다. 라이벌에 기가 죽지 말고 굳세게 나아갈 필요가 있다. 진학, 취직시험은 다같이 강행책으로 밀고 나가는 것이 길조이다. 진학의 경우 경제적인 고민을 안고 있어도 걱정할 필요는 없다.

이 사

내 손으로 지은 가옥으로 옮기겠다. 개성이 뚜렷하고 단독 단위로 강력한 독립이 보장된 고풍이 서린 품위 있는 한옥집. 활동해야 하는 적당한 공간과 안위를 찾을 아늑한 보금자리와 취미를 살릴 여유가 맞아야하고 조립된 구조와 치장된 색깔의 성미와 맞거나 맞지 않음에 따라위축될 수도 있고 성장해갈 수도 있다. 동남향. 행운의 수 4 이고 이사길일은 4 일, 22 일, 31 일이다.

천 산 둔
天 山 遯

이 천산둔괘는 세상을 피해서 숨어 사는 것이 좋다는 괘다. 위
에 네 개의 양효는 어진 군자를 말하며 아래 두 개의 음효는 소
인을 의미한다. 소인의 세력이 점점 강대하여지고 군자의 도
는 구축되는 상태이다. 이렇게 되면 군자는 물러나서 숨어 살
아야 한다는 뜻이다.

●운명을 다스리는 자세

희생 정신이 강하여 남의 고통을 보지 못하고 정신적으로나 물질적으
로 친절을 다해야만 마음이 편한 성격이다. 그러나 천산둔괘를 받았으
니 이미 쇠운에 기울어져 있다는 것을 의미한다. 한 걸음 물러서서 전
선을 축소하고 수비의 태세로 신중히 생각하여 처리함이 마땅할 것이
다. 지금은 노심하는 일이 많은 것이다. 남에게 시기받고 헐뜯기고 모
든 일에 실수가 많고 사면초가라는 상태다. 그렇다고 무심히 있다가는
뜻밖의 위험이 부딪칠 것이다. 아무리 정당한 일을 해보아도 나의 성
의가 남에게 통하지 않기 때문이다. 조용히 때를 기다리는 것이 상책이
다. 이 괘는 처음에는 불길하나 뒤에는 형통하는 형세가 있으므로 현재
가 곤란 역경에 있는 때라면 이 역경을 벗어나는 징조라고 보아도 좋
다. 정세의 파악을 충분히 한다는 것이 전제 조건인 것이다. 이 괘는 곤
란한 운세의 괘이나, 이미 입신 성공한 이와 접객업, 영화, 연극, 기타
예능 관계에 있는 사람은 대길한 괘다. 남의 말에 감명되기 쉽고 희생
되기 쉽기 때문에 경제적인 정확성을 요구하는 일에는 쉽게 싫증을 느
끼고 또한 만족감을 얻을 수도 없다.

1, 2월 현재의 처지에 만족하고 현상 유지하는 것이 현명하다. 변동수가 있으나 멀리 떠나는 것은 삼가하는 것이 좋다. 두 여인이 한 남자를 섬기는 달이니 여색에 주의할 일이다. 여자 문제로 언쟁이 일어나니 쉽게 갈아 앉지 않는다. 남과 등을 지는 일이 없어야 될 것이고 말다툼이 없어야 구설수와 관재수를 면할 수 있다.

3, 4월 여기 저기서 이해를 해주지 않기 때문에 고민스러운 달이다. 이같은 고민을 풀기 위해서는 정성스런 마음으로 또는 적극적으로 밀고 나가는 것이 현명할 것이다. 운기가 불길해서 모든 일이 당장은 성취되지 않지만 머지않아 뜻대로 성립될 때가 온다. 매사를 양보하고 언행 등에 모두 조심하는 마음가짐으로 임해야 하는 일이 성취된다.

5, 6월 남에게 의혹을 살 문제가 생길 것이니 분명히 처리하라. 지성을 드려 용감하게 대처해 나가면 당장은 어려움이 따르겠지만 장차 큰 일을 할 수 있다. 끈기 있고 차분하게 밀고 나가자. 연장자에게 또 한 번 부탁을 하면 재물도 구할 수 있고 소원했던 일도 성취할 수 있다. 이 달은 수입과 지출이 비슷하니 잃는 것도 없거니와 얻는 것도 없겠다.

7, 8월 변동수가 있어 동행자가 있는 여행이라면 즐거운 일이 많을 것이다. 수액을 조심하고 사업 종류를 바꾸려하는 사람은 새 사업으로 전환하는 것도 성공의 열쇠다. 얼마 후면 기회가 성숙될 것이고 영달을 이룰 수 있겠으며 안정도 되겠다. 좋은 아이디어와 힌트가 떠오를 때니 기회를 놓치지 말고 차분하게 밀고 나가자. 직업을 바꾸고 본업을 바꾸는 달이다.

9, 10월 혼인의 경사가 아니면 형제간의 불화가 있겠고 가정 문제도 화합이 어려운 것이다. 재운이나 관운은 왕성하나, 상업이나 공업을 하는 사람은 다소의 브레이크가 걸릴 염려가 있다. 아직까지는 신통치 않았던 사람이 그 운세를 벗어나고 앞길이 훤히 열리는 운세이기에 대길하고 대통하니 웅대한 포부를 가지고 뛰면 올해 안에 대사업가가 될 것이다.

11, 12월 새장 속의 새가 풀려나는 격이니 사방의 이익이 있고 희락이 극에 이른다. 지금까지 하락세에 있던 증권이나 상품도 상승하겠으니 직장인은 영전도 하겠다. 그러나 집안에 노인을 모시고 있는 사람은 노환이 악화될 염려가 있으니 의사의 진단을 받는 게 좋을 것이다. 운세가 너무 좋고 강해서 걱정일 정도이다. 그것으로 자칫 오만 불손해지면 방탕의 길을 걸을까 두렵다.

주요운세

직 업

조직의 내부가 흔들리고 있으니 규모를 좁혀 보자. 그러나 유흥업에는 번영할 것이다. 여성이라도 결코 남성에 지지 않을 정도의 재능을 지닌다. 지능은 다양하나 당신이 얻은 천산도괘는 숨어 살아야 하는 뜻을 지녔다. 아뭏든 다양한 지능과 성실을 바탕으로 건축기사·설계사·토목기사 등이 어울릴 것이다.

건 강

노인이 지병으로 고생 중인 사람은 위기를 맞기는 하나 사망은 하지 않는다. 젊음을 상징하는 계시다. 그러나 건강체라도 섭생을 게을리하거나 생활 상태가 건강치 못하면 체력의 저하를 가져온다. 정상적인 생활로 돌아서면 당초의 건강으로 되돌아가는 것은 당연하다. 예를 들어 밤의 교제를 반으로 줄여도 주량은 줄고 수면 시간은 두세 시간 길게 취할 수 있을 것이다.

금 전

무리한 욕심을 부리지 말고 하던 사업을 밀고 나가는 편이 재물을 벌어들이는 길일 것이다. 새로운 사업에 도전해서 실패할 염려도 없으니 주저하지 말고 전력 분투하라. 타인으로부터 사업 자금을 빌리는데 다소의 문제는 따르지만 머지않아 귀인의 도움을 얻는다. 팔려던 물건에 큰 이익은 없으나 다소의 궁색기가 있으니 처분하는 것이 좋겠다.

연 애

눈에 뜨이지 않으나 속이 깊고 섬세한 감정과 사교술이 뛰어나 쾌활한 가정 주도형의 애정을 소유하고 있다. 성기는 보통 크기로 포경이지만 한 번 발기하면 강경도가 높아 만족도를 높이는 데는 끝내준다. 강한 호기심이 발동하여 꾸준히 젖어드는 애틋하고 청순한 사랑의 마술사가 된다. 성생활에 대한 지식이 풍부하여 다양한 방법으로 애무를 즐긴다.

궁 합

결혼한 사람은 쓸 데 없는 정력만 소모된다. 초혼은 어렵게 이루어지나 여성은 연하의 남성를 구하라. 나이가 들어도 싱싱한 산수몽괘가 아니면 수풍정괘로 찾게 된다. 만약 결합이 되더라도 부단한 노력을 각오해야 하며 나머지 괘들은 배우자로는 선택할 수 없을 것이다. 남성은 22 세, 여성은 27 세, 30 세가 인연이라고 할까?

부부궁

정직하고 부지런하며 참을성이 있어 주위의 칭송을 받는 성품이다. 아름다운 자태에 빨리 친숙해지며 애교나 요염한 태도에 약하다. 특히 비밀스럽고 은밀한 사랑에 취미가 있으며 사랑을 받고 있다는 확신을 얻으면 보기보다는 미더운 부양자로 돌변한다. 조용한 가정을 꾸미려 들며 단둘이 안락의자에 앉아 조용한 시간을 보낼 것이다. 아들을 낳겠으나 초산은 어려움이 따른다.

시험운

취직의 문은 활짝 열려 있다. 입시생·공무원·국영기업체의 도전자는 배짱을 부려볼 만한 계시다. 즉 말단 공무원에 응시할 것이 아니고 아예 처음부터 사무관이나 서기관 시험에 도전하여도 무리는 없다. 아름다운 보석을 지니니 행운을 잡았다는 암시이기 때문에 전생애를 걸고 끝장을 보려는 태도로 임하면 대그룹의 문을 두들길 것이다.

이 사

이사의 변동수는 뚜렷하게 없다. 사람마다 저택을 희망하겠지만 그것은 욕망일 뿐이다. 모두에게 저택을 주더라도 그 집을 활용하는 범위나 방법은 전혀 다르다. 주위를 산책할 수 있을 만큼 넓은 마당이 있는 저택을 요구하고 있다. 동서쪽이 길하겠다. 행운의 수 7 이고, 이사 길일은 7 일, 16 일, 25 일이다.

천 수 송
天 水 訟

하늘과 물이 송이다. 이 괘는 하늘의 건괘요, 아래는 물의 감 괘로 되어 있다. 즉 하늘 아래 물이다. 물은 만물을 생성시키 는 근원이다. 생성되어 풍부하게 되면, 욕심이 많이 생기고 송 사가 일어난다. 소송이란 좋은 것이 아니다. 스스로를 반성하 고 항상 소송을 두려워하여 공정한 중도를 택해 나아가면 길 하나 끝까지 다투어 소송을 버티면 흉하다는 뜻이다.

●운명을 다스리는 자세

상관에게 아부를 할 줄 모르는 성품이기에 능력을 인정받기   어려운 직장은 처음부터 선택하지 말아야 할 것이다. 모든 일에 남과는 의견이 맞지 않고 마음이 통하지 않는다. 웃사람과 아랫사람이 화합하지 않고 대립 항쟁하는 상태다. 서로 자기 의견만 고집하기 때문에 싸움이 벌어 지고 소송이 일어나게 된다. 만사는 뜻대로 되지 않는다. 그렇다고 신 경질을 부리고 몸부림치면 어려운 지경에 빠지게 된다. 천명과 시운이 지금 당신에게 아직 돌아오지 않기 때문이다. 지금 당신은 쇠운에 있다 는 것을 고요히 마음에 새기면서 겸손한 생각으로 상사와 친구와 의논 하고 의견에 따라 행동하면 성공의 길로 향하게 될 것이다. 만일 자기 의 의사를 고집해 자기 지혜를 과신하여 무리한 진행을 강행하면서 남과 대립 상쟁하면 실패의 화를 면치 못한다. 아무리 정당하다고 생각 하여도 소송을 하면 패소할 것이다. 즉 결정적 증거를 제소하지 못할 것이다. 여성이라면 결혼 문제로 딜레마에 빠져 고민하게 될 것이니, 지금 같은 불운에서 구출하는 길은 당분간 고개를 숙이고 유순한 태도 로 남과 협력하는 일이 길운으로 인도할 것 이다.

1, 2월 주거 문제로 골치 아프겠으나 차차 풀린다. 남의 돈을 쓸 생각은 하지 마라. 구할 수도 없다. 새 유행과 풍조를 따르지 말고 옛 것을 지키는 것이 좋겠다. 조용히 때가 이르기를 기다리면 귀인이 도와 준다. 작은 소원은 이루어지나 큰 소원은 아직 어렵다. 올바른 생활과 굳은 마음가짐으로 일하면 무난하겠다.

3, 4월 밖에서 실물할 수도 있으니 주의하고 서북쪽은 불길하다. 약간의 재물은 들어오나 지출이 많으며 중도에 장애가 있기는 하지만 작은 소원도 이루어질 것이다. 여행 길에 이성 문제가 일어날 겨를도 보이니 계속 조심하는 게 좋겠다. 구직자는 취직은 되나 오래 근무할 곳이 못 되니 좀더 기다리는 편이 좋겠다.

5, 6월 누구와 내적으로 의견 충돌을 일으키고 있으니 이점 조심하지 않으면 곤경에 빠지는 일이 있겠다. 고집을 피우면 실패한다. 이미 쇠운에 접어들었으니 남에게 투자하는 일 억제하고 우물을 파더라도 한 우물을 파라. 연인끼리 의견 대립이 될 우려가 있어 사전에 주의를 요한다. 가정에 우환이 따를 수 있으니 사전에 대비하는 게 좋겠다.

7, 8월 정직한 사람은 신상에 기쁜 일이 생기겠고 윗사람의 의견을 물어 참작하면은 길한 일이 있겠다. 모든 일이 성사되니 마음이 가볍고 다소 재물도 들어온다. 썩 좋은 운세이지만 당장에 매사가 이루어지지는 않고 서서히 다가오니 잡념을 버리고 노력하라. 그 동안 해결될 가능성이 없었던 일도 팔월 초순이면 풀리고 하루가 다르게 번창해 나갈 것이다.

9, 10월 오래 끌던 혼담도 이루어지는 달이다. 모든 근심이 사라지니 집안에 웃음이 그치지 않는다. 매사에 잘 이루어지지만 다소의 장애가 있겠으나 동쪽 사람에게 부탁을 하면 그 동안 소원했던 일은 이루어질 것이다. 오랫동안 벌여오던 거래와 교섭이 해결되니 이미 계약된 바 다름이 없다. 그 동안 오래 끌었던 빚을 받을 수 있는 계기가 왔으니 분투 노력하라.

11, 12월 화재를 조심하라. 부하직원 단속할 것. 동쪽과 서쪽에서 도모하는 일은 쉽게 이루어는 지나 구설수가 따르니 조심하라. 남과 더불어 후회하는 일로 반드시 재물은 얻겠으나 자손으로 인해 근심이 있겠다. 변동수가 있어 해외 여행길도 좋고 승진도 할 운기이지만 아직까지는 액운이 사라지지 않고 있다. 친구간에 자칫하면 우의가 갈라질 염려가 있으니 항시 정성스런 마음으로 매사에 임하라.

주요운세

직 업

협력자가 있는 사업은 불리하다. 연속성이 있는 사업 운을 나타내고 있으니, 너무 욕심을 내지 않는다면 자손대까지 그 기초는 굳어져 있다. 그 어떤 경쟁자나 방해에도 굴함이 없이 견디어낼 수 있는 근성이 성공을 가져온다. 예술 감각이 특출하니 예능 계통에 일찍 전념하면 솜씨가 빼어난 예술가가 될 것이다. 당장 취직은 된다하더라도 오래 근무할 곳이 못 되겠다.

건 강

대수롭지 않게 여기던 질병이라 하더라도 오래가면 어렵게 된다. 소화불량·치질·월경과다 등이 침투할 수 있다. 식욕이 적고 제시간을 찾지 않으므로 위장이 약화될 염려가 있다. 치료 시기를 놓치면 간장, 심장까지 영향이 올 것이므로 빠른 시일 내에 전문의를 찾을 것. 또 성에 대한 절제와 균형은 건강의 열쇠다. 47세, 49세, 52세는 주의하고 17세, 21세는 가벼운 질병이 따를 것이다.

금 전

거래는 업무에 따라 또는 상대방에 따라 차이는 있겠지만 의외로 빨리 이루어진다. 노력하면 노력할 수록 수입은 늘 것이다. 중간에 낀 사람 때문에 팔릴 수 있는 물건이 무산되는 경우가 있으니 요주의하고 남을 도와 주면 기분은 좋으나 친구나 친척들로 하여금 낭비가 많겠다. 문화 사업이라면 이익은 적더라도 사회적으로 성공할 수 있는 기회가 될 것이다.

연 애

두 사람의 마음은 착실하게 접근하고 있다. 일정한 시기가 지나면 사랑의 축복을 꼭 얻을 수 있다. 성미가 급하여 쉽게 달아 올라 분위기를 조성할 여유도 없이 달리기 시작하여 어느 사이 고율 지점에 도달한 뒤에야 숨을 돌리는 돌발적인 형이다. 속전 속결인만큼 정상의 높이도 가까운 곳에 있다.

궁 합

혼사가 이루어지지 않을 것이니 보류하는 편이 좋겠다. 현재 혼사 말이 오가는 곳과는 신통치 못하다. 외고집인 천수송괘는 지천태괘를 만나야 언쟁도 없고 고집도 사라질 것이다. 여성은 26 세가 가장 좋은 결혼의 찬스라고 본다. 그러나 반대로 남성은 24 세를 넘기면 30 대를 지나서 상대가 나타날 것이다.

부부궁

언어와 행동이 정직하고 붙임성이 있으며 외교 수단이 좋은 편. 조용한 환경에는 싫증을 일으키는 성품. 매사에 차분한 성격으로 임할 것이며 몇 생을 두고 만나야 할 운명처럼 사랑에 승부를 걸고자 할 것이다. 사랑은 즐겁게 찾아나서는 경우가 많지만 보금자리를 파괴하지는 않는다. 순산하고 초산일 경우는 아들이다.

시험운

순조롭게 일을 진행시켜 누구나가 유망주라고 보았던 인물이 갑자기 어느 날 머리띠를 동여매고 이불을 쓰고 눕게 된다. 입시생은 한 단계 무리하면 그 결과가 가까운 장래에 치명상이 될 가능성이 따른다. 현재 품고 있는 목표는 단념할 일이나 예, 체능계 응시자는 온 세계의 찬사를 받을 것이다. 무슨 일이든 두뇌와 힘으로 처리하지 않고 덕망으로 리이드해 가면 대그룹의 중역 시험에도 도전할 수 있다.

이 사

변동수가 있으니 이사함으로서 안정을 찾겠다. 교통이 편리하고 변화와 이동이 쉬운 호화로운 아파트나 도심지의 편리한 주택 번화가의 중간쯤도 좋고 평지가 안성 맞춤이며 약간 높으면 더욱 좋다. 작은 공간의 아파트라도 조용한 곳이라면 이상이 없을 것이다. 서남간 방향. 행운의 수 5 이고 이사 길일은 5 일, 14 일, 23 일이다.

하늘과 바람은 구다. 이 괘는 많은 남성들이 한 여성을 만난 상태다. 구는 만난다는 뜻이다. 남성만의 사회에 여성이 하나라면 그 콧대는 가히 짐작이 갈 것이다. 오만하고 거세다.이런 상태의 여성은 취하지 말라 했다. 즉 소인의 세력이 나라 안에서 싹틈을 의미한다. 이럴 때는 각자의 신분을 지키고 자신을 알아 행운으로 전환할 줄 알라는 뜻이다.

● 운명을 다스리는 자세

현실보다는 더 크고 넓은 풍족함을 향해 날쌘 화살을 쏘아대는 성미로 주변을 의식하지 못하는 실례를 범하는 일도 더러 있다. 운수가 쇠운에 향하여 있기 때문에 뜻밖의 재난을 당하는 일이 있을 것이니, 크게 대비책을 강구하여야 할 것이다. 직업 여성이라면 웃사람의 특별한 호의가 있어서 딱하다. 그러나 상대방은 불순한 마음으로 있다. 결혼에는 바라지 않는 것이 좋다. 천풍구괘를 얻으면 남녀를 막론하고 결혼 운은 아예 바라지 않는 편이 현명한 처사다. 또한 모든 일도 신뢰할 만한 사람과 의논을 하여 협조를 구함이 좋다. 내 고집으로만 나가면 모든 일에 실패가 따른다. 만사를 항상 자신의 분수와 위치를 생각하면서 지나치거나 날뛰는 일이 없게 하라. 그것이 행운을 가져 오리라. 겉으로 우둔해 보이는 것은 표현을 피하는 성품 때문이다. 차분한 통찰력을 유지하면서 사교성이나 화술을 계발한다면 무한한 발전을 기약 받을 것이다.

1, 2월 규모가 작은 상점이라면 더 줄여서 건실하게 운영해 볼 일이다. 형제간의 불화로 아내는 남편을 잃을 수도 있으니 사전 대처함이 현명할 것이다. 그러나 지성을 다하면 이러한 운수들은 면할 수 있다. 잘해 보려고 애를 쓰고 있으나 칭찬받는 일은 없으니 모든 것이 인덕이 없는 탓이다. 아직은 때가 아니니 기다리면서 기회를 포착하라.

3, 4월 여러 사람이 나를 도우니 어려운 일이 물러가고 새봄에 만물이 소생하듯 재물도 얻겠다. 그러나 부정한 일은 생각지도 말고 그로 인해 매사에 지장이 생겨 관재수도 따를 염려가 있으니 잔꾀를 부리지 않아야 무난할 것이다. 집안 식구가 뜻과 마음을 같이 하니 구하는 바가 여의하며 귀인으로 기쁜 일이 있겠고 모든 계약 관계는 성립될 것이다.

5, 6월 젊은이는 이성 문제 조심하고 사업가는 동업함이 길한 달이다. 원하는 바가 성취되니 특히 재능을 인정받게 될 것이고 힘든 일도 협조자가 나타나 순조롭게 이루어지겠다. 그러나 자기 실력 이상을 발휘할 수 있어야만 꿈이 실현될 것이다. 당장은 다소의 장애가 있지만 앞으로 길하니 자신을 과신하지말고 적극적으로 밀고 나가는 태도를 가져라.

7, 8월 바르고 화순하게 살아가면 집안에 경사가 있고 부정하게 살아가면 손재수와 구설수가 따를 것이다. 집안에는 우환이 따르나 밖에 나가면 우연히 귀인을 만나 원하는 바를 성취할 것이다. 혼인의 경사가 아니면 득남하겠고 가정도 화목하겠으니 열심히 노력하라. 하던 사업을 열중하고 궤도를 바꾸지 마라.

9, 10월 귀인의 도움을 얻어서 작은 일은 성취되겠으나 앞으로 큰 사업을 하기 위해서는 윗사람의 조언을 얻어서 실천해야 이루어질 것이다. 평소에 하던 거래나 교섭도 순조롭겠지만 큰 거래나 교섭은 실리없이 이루어진다. 수입은 좋으나 필요 이상의 지출이 많을 것이니 낭비를 삼가하고 유흥업에 손대면 대성할 수다.

11, 12월 동북간에서 귀인이 나타나 소원하던 일을 성취시킬 것이며 고목이 봄을 만났으니 노총각도 꽃을 보겠다. 사업을 경영하는 자는 길한 편이나 언행에서 오는 구설수로 한동안 고전을 면치 못하겠다. 수입보다 지출이 적으니 창고에 재물은 가득하다. 의기 상합하여 결혼하는 것도 좋겠으나 너무 서둘지는 마라.

주요운세

직 업

야심이 있다면 적중되겠지만 큰 출자는 내부의 마찰이 일겠다. 물론 라이벌 쪽에서 가만히 있지는 않을 것이다. 경쟁심을 자극받았을 때 돌진하고 항상 유연한 자세로 주위의 스피드에 뒤지지 않도록 하라. 사람을 사귐에 능숙하고 인덕이 있으니 인간을 불러들이는 사업, 즉 상업이나 호텔업 · 음식점 등은 성공을 약속한다. 취직은 급히 서둘지말고 장기 계획을 세우는 것이 바람직하겠다.

건 강

식욕 부진 · 치질 · 항문병이나 섹스 과다에 의한 피로에서 오는 병이 많겠다. 현재 체력이 많이 떨어져 있는 상태나 운동과 보약으로 체력 향상이 가능하다. 양보다는 질에 중점을 둔 식사로 식욕을 잃지 말고 정력을 길러야 할 것이다. 특히 직장인이나 공무원 등은 이같은 필요로 줄이도록 하라. 36 세까지 지나친 주색을 피해라.

금 전

운명을 주저하기 전에 이제까지의 낭비를 반성하고 앞으로의 금전 철학을 재정비하자. 돈과 숨바꼭질하고 있는 상태이니 기색을 엿보면서 잠행하여 탐색하는 것이 가장 효과적인 작전이다. 착실하게 저축하는 것만이 재물을 구하는 지름길이다. 어두운 전망이 아무래도 호전되지 않고 그대로 있을 가능성이 있다.

연 애
실연을 당할 흉조냐를 묻는다면 이 괘가 나타내는 계시는 길조쪽이 약간 우세하다. 음모는 기장이 짧은 형으로 매우 풍성한 중형이고 적어도 검은 빛을 가지고 있으며 조용한 성생활을 영위한다. 분위기가 무르익어야만 꽃을 피우는 차분한 도전자이나 한 번 꽃을 피기 시작하면 밤을 세우는 강경도 높은 체질이다.

궁 합
지금은 때가 아니니 좀더 기다림이 좋다. 재혼은 길하나 많은 경비가 소요되니 이 점만 피하면 된다. 초혼자는 인내와 노력으로 반평생을 경영해야 한다. 여성은 23 세가 가장 좋은 결혼의 찬스이고 24 세, 25 세의 결혼은 불행을 예고한다. 천풍과 합을 이루는 괘는 수풍정·수지비·풍천소축의 사나이를 만나라.

부부궁
성품이 곧바르므로 불의를 보아 넘어가지 못하고 매사에 참여하되 설득력이 출중하므로 모두가 인정하고 칭찬한다. 사랑을 생각으로 하는 경향이 많아 육체적인 정력이 약해지기 쉬우며 빨리 생활 습성에 정착되고 가정을 귀중하게 지키는 부부로 자리잡게 된다. 사랑을 아름답게 감상하려는 본능이 있어 쉽게 동요하지는 않으나 조화하는데 게으르지 않다. 초산인 경우에는 수술할 일도 있겠으나 아들이겠다.

시험운
공무원이나 국영기업체 시험에는 다소 무리가 따르나 자격증 소지자로 필기 시험이 없이 면접으로 대치하는 곳이라면 가능하다. 검정고시에 도전자라면 몇 과목은 무난히 달성하겠으나 기타 과목은 다시 도전하라. 예비고사생은 현재 품고 있는 목표를 한 단계 낮춰봄이 현명할 것이다. 체육, 예능계 특기자는 그런대로 무난하다. 커다란 희망을 갖지 않은 사람은 크게 출세할 수 없다는 것을 명심해야 한다.

이 사
현재의 위치가 길하다. 청결하고 우아한 취미를 표현할 수 있는 도시와 고요를 함께 구비한 양옥집. 새롭고 청결하고 취미가 고상하므로 그런 분위기가 깃든 집이라야 한다. 행운의 빛깔인 푸른색으로 넉넉히 방을 꾸미고, 설비에 구리나 놋쇠 등을 써서 나무의 무늬를 살리며 욕실 바닥에도 예쁜 타일을 까는 게 좋다. 동남향. 행운의 수 7 이고 이사 길일은 7 일, 16 일, 25 일이다.

천 뢰 무 망
天 雷 无 妄

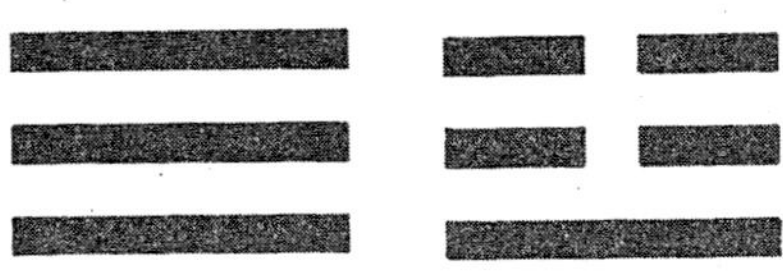

하늘과 우뢰는 무망이다. 이 천뢰무망괘는 하늘을 의미하는 건괘가 위에 있고 우뢰를 뜻하는 진괘가 아래에 있다. 우뢰가 아래에 있다. 우뢰가 하늘에서 크게 진동하고 있는 상태를 말한다.

● 운명을 다스리는 자세

폭넓은 인생관 때문에 차분하고 단순하고 책임 있는 일에는 어울리지 않고 변화가 있는 일이 좋을 것이다. 이제 모든 것이 형통하고 발전하며 번영하는 행운을 보이는 운세이니 모든 일이 되어가는 대로 두고, 그 결과를 기다릴 때 대개 호전 가능성이 뒤따른다고 본다. 진실하고 성의 있는 마음으로 시운에 순응하면서 바른 길로 나아가야 하나 자신의 재질만을 믿고, 지나치게 움직이면 떨어질 우려가 있다. 또 허세가 소문만 크고 실리가 수반되지 못하는 경향이 있다. 모든 것은 때와 여건을 바로 파악하고 착실히 하는 길밖에 없으리라 본다. 금전이나 재산보다는 명예 방면에 더 길할 것으로. 무관이나 군중을 이끄는 지휘에 군림하고 있는 사람에게는 더욱 좋은 운세가 될 것이다. 남과 협력하는 사업도 좋을 것이며 남의 도움을 받아 성공할 수도 있으나 뜻하지 아니한 일로 고초를 당하는 일도 생길 수 있으니 주변을 의식하지 못함 때문일지도 모른다. 그러나 결론으로 지금 당신은 성운 속에 있으며 앞으로 더욱 발전할 것이니 매사 적극적인 태도로 밀고 나갔으면 한다.

1, 2월 웃사람에 발탁되어 호전할 기회다. 그러나 구직자는 취직문이 아직은 멀리 있다. 귀인이 돕고 길한 달이나 이성에 조심하지 않아 손재수와 구설수가 따르지만 남에게 후히 대접하고 적선하면 이 재앙을 예방할 수 있을 것이다. 귀인이 서쪽으로부터 찾아오면 꾀하는 일이 쉽게 이루어지며 집안도 화목하다. 변동수가 있어 이사 운도 좋고 여행도 길하겠다.

3, 4월 운세는 순탄하고 몸이 건강하니 더 바랄 게 없지만 주색을 삼가하지 않으면 화근이 되어 큰 망신을 당하는 수가 있다. 집안에 우환이 따르니 평소에 적덕해서 재앙을 예방하라. 분수를 넘지않게 행동하면 대길하다. 만약 분수에 넘치는 일을 꿈꾸다가는 구렁텅이로 떨어진다. 금전 문제로 친구간에 절교하겠으니 주의를 요한다.

5, 6월 몸은 바쁘지만 보람 있는 생활을 영위한다. 그러나 지나치게 기세를 올리지 말라. 시기하는 자가 노려본다. 오래 동안 염원하는 일이 풀리기 시작하니 끈기 있게 기원하면 소원성취할 수 있다. 지금까지 시작했던 일들을 백지화시키고 새롭게 시작해야 할 때가 온 것이다. 직장인인 경우는 불안하겠지만 참고 견디면 모든 일이 수습된다.

7, 8월 사업을 경영하는 사람은 정상까지 오를 수 있는 좋은 달이기는 하지만 그 동안 갈고 닦은 실력을 유감없이 발휘하여야 할 것이다. 서서히 발전되어가는 운세이니 내실을 기하면서 꾸준히 노력하면 큰 득이 있을 것이다. 재물은 적게 나가고 크게 얻으나 건강에 유의하여야 한다. 지금까지 소원하던 일이 점차 구체적으로 실현되는 달이니 매진할 때다.

9, 10월 뜻밖에 영달하니 주변 사람의 질시를 받겠다. 언행을 조심하지 않으면 관재수로 고생한다. 문예나 종교에 종사하는 사람은 길하나 수입은 약하다. 남녀간에 이성 문제 조심하고 주거와 직장의 변동수가 따른다. 작은 소원은 이루어지겠으나 조급하게 서두르지 말고 기다려라. 신규 사업도 아직은 확장할 때가 아니니 다음 달로 미루는 것이 좋겠다.

11, 12월 소원이 차츰 이루어진다. 미혼자는 혼담이 오가고 배필도 만날 것이고, 그러나 성급하면 꼭 손재수가 따르기 마련이니 사전에 대비하자. 평범한 운세이나 재물복은 있겠으니 웃사람에게 순종하면 길한 일도 생기고 남쪽에서 온 사람으로 인해 도움을 받겠다. 혼사나 득남의 경사도 있고 해외 여행 떠날 수도 있으며 나가면 길하다.

주요운세

직 업

장사가 번창하는 길상운. 적극적으로 일보 전진하는 찬스로 증자·증산·확장·개발 모두가 대성할 계시다. 다만 큰 사업을 하기 전에 뇌신경을 정밀 검사하듯 충분한 검토를 할 것. 좋은 기회가 찾아왔다. 생각이 깊고 빨라서 상업상 능한 사교술이 있다. 어떤 장사를 해도 성공하며 큰 무역에 손댈 일이 있다면 도전해 볼 일이다. 취직도 쉽게 이루어진다.

건 강

불면증이 갑자기 발생할 수도 있으나 오래가지는 않겠다. 불필요한 의약 복용은 삼가하고, 정력제나 한방의 침술 등에서 많은 효험을 볼 것이다. 기후의 변화에 주의해서 컨디션의 이상을 느끼면, 충분한 휴양을 취하도록 하자. 자궁암 등이 계시되는 여자에게는 마음을 곧게 먹고 치료에 전념하자. 갱년기에 많이 온다. 젊은 사람은 별신경을 안써도 무방하다.

금 전

남에게 돈을 빌려 주면 친구 잃고 돈도 잃을 것이니 삼가할 일이다. 이런 운기에는 한 가지 일에 구애해도 쓸 데 없는 에너지를 소모할 뿐이지 재물은 들어오지 않는다. 거래처는 마음이 변할 수 있으니 성의를 가지고 독촉하면 다소의 재물을 거둬들일 수 있겠다. 분투하면서 미래를 위해 노력함이 좋겠다.

연 애

이쪽에서 생각하고 있는 이상으로 상대방은 사랑하고 있을 것이다. 자기 본위의 섹스를 즐기는 편으로 장소를 가리지 않고 아무데서나 발정하는 타입. 성적인 욕구 불만으로 잠자리에서 벌떡 일어나 육체를 감추지도 아니하고 밖으로 뛰쳐나가는 뜨거운 기질의 남자. 섹스에 대한 억제심이 강하면서도 타인을 의식하지 않고 불을 붙일줄 아는 아내다.

궁 합

재혼인 경우는 길한 편이다. 현재 별거 중인 사람은 합칠 수 있는 운기니 노력하라. 정당한 방법과 성실한 자세로 추진한다면 초혼도 이루어지나 썩 좋은 편은 못 된다. 두 번째 말이 난 자리는 곧 이루어질 수 있으니 서둘러 성사를 갖도록 하라. 산천대축·수화기제괘를 만나면 집착력이 강하여 한 길로 나가겠다.

부부궁

영리하고 애교가 있으며 지혜와 재치가 뛰어나 교묘한 재간을 지니고 있는 성품으로 자비심을 베푸는 듯하면서도 욕심 때문에 손해를 보지 않는 성품. 조숙하나 애교에 대한 지식도 풍부하다. 오히려 부부간에 조용하고 담담한 편이나 사랑을 구사하고 유도해가며 분위기를 고조시켜 높은 위치에 올라가는 예술가이다. 난산은 있겠으나 득남수다.

시험운

듣는 것이 많아 아는 것도 많으니 손발은 쉬지 않으나 이루기 어렵다. 입학은 무리니 좀 낮춰서 지원하라. 희망하는 학교나 회사 취업은 레벨이 상당히 높을 것 같으므로 한층 더 노력하여야 한다. 그러나 도중에서 좌절하지 말고 굳건히 나가면 그 댓가는 보답을 받게 된다. 승리를 믿고 고난을 극복하는 정신이 최후의 행운으로 이루어진다. 마음이 약해져서 자신의 이상을 낮추는 일은 삼가하라.

이 사

이사를 꼭 해야 할 경우 적극적으로 찾아나서자. 좋은 일이 있겠다. 자연미가 아름답게 가꾸어진 의젓한 바위처럼 계절의 변화를 한눈으로 즐길 수 있도록 화단이나 나무를 심어 정원을 가꾸면 더욱 좋다. 실내장식은 목각이거나 마루 등 사시사철 태양과 바람이 자유롭게 드나드는 개방적으로 설계된 아파트. 항시 밝은 태양을 맞을 수 있는 남향. 행운의 수 7 이고 이사 길일은 7 일, 16 일, 25 일이다.

천 화 동 인
天 火 同 人

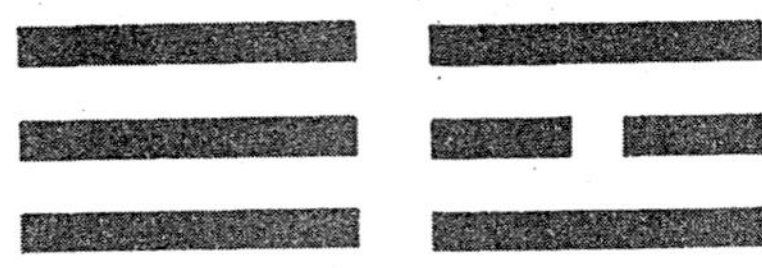

이 괘는 하늘과 불인 동인이다. 동인이란 다른 사람과 뜻을 같
이한다. 즉 동지를 구하여 함께 일을 한다는 뜻이다. 하늘도
높은 곳에 있으며 불도 피어오르면 높은 곳을 향하여 타오르
니 서로 호응한다고 보면 될 것이다.

● 운명을 다스리는 자세

많은 사람의 눈 앞에서 일하기를 좋아하지 않고 매사를 혼자의 능력으
로 노력하고 해결하려 든다. 때문에 지휘나 감독을 받지 않고 의무를
다하고 능력 발휘를 할 수 있는 타입이기 때문에 귀찮게 구는 직장은
맞지도 않을 것이다. 차분한 분석력이 경영의 안정성을 가져다 주기 때
문에 차라리 개인 사업을 경영하는 편이 빠를 것이다. 면밀한 관찰력과
고도의 비판적 식별력이 부여된 실무에 종사함도 바람직하겠다. 과거의
추억과 미래의 꿈이 조화를 이뤄 인생을 지탱한다. 과거와 미래가 직결
되어 광막한 큰 이상을 낳지만 그 반면에 수시로 변모하는 현재의 정
세에도 잘 대처해 나갈 것이다. 성격이 주도 면밀하여 불완전이나 불결
함을 증오하는 성미이며 영화를 보거나 책을 읽어도 처음부터 빼놓지
않고 보아야만 마음이 놓이는 성격의 소유자인지라 선악이나 옳고 그
름에 날카로운 비판력도 또한 가관이다. 섬세한 성미 때문에 과거의 추
억도 잊지 못하고 기억한다. 심지어는 소년 시절의 모든 물품 등을 정
리해서 남겨 놓지 않으면 안 되는 아리따움을 지닌다. 미래의 꿈도 역
시 끝이 없으며 다음에서 다음으로 새로운 꿈을 이어 항상 희망과 공
상 속에 파묻히지만 그것이 현실과의 조화로 나타나 완벽하고 주도 면
밀한 생활의 실천자가 될 것이다.

1, 2월 초순에는 머리만 있고 꼬리는 없다. 중순이 지나면 꼬리가 깊은 동굴에서 나와 숲에서 향수를 노래 부름과 같이 아름답고 뜻하는 바가 원대하여 두루 미치지 않는 바가 없으니 능히 군자의 풍모를 갖추었고 실수도 없겠다. 인간의 뜻하는 바가 하늘에 있을지라도 인간은 땅 위에서 살아야만 인간이니 비록 뜻이 높고 원대하더라도 항상 현실성을 감안하여 착안하는 습성을 길러야 할 것이다.

3, 4월 두뇌가 총명하고 마음이 정직하여 대하는 이마다 존경을 받는 달이기도 하다. 본래 마음가짐이 높아 이상향을 추구하고 뜻하는 바가 크니 모든 일은 만사형통할 것이다. 남의 어려운 일을 보면 내 일처럼 도와 주는데 어찌 인덕이 없겠는가?

5, 6월 남의 어려움을 내몸 돌보듯 도와 주는 착한 성품이니 인간마다 좋아하고 그 뜻이 사해에 미치면 칭송 또한 중천에 이르게 되어 만인의 존경을 받는 생애를 누리리라. 용맹이 숨어 있어 쉽게 내밀지 않고 정당과 순리대로 해결해나가는 정의파이니 만인이 두려워하고 존경하는 달이 되겠다.

7, 8월 작은 곳에서 얻은 자신감에 빨리 만족해 버리면 더 큰 세계로 나감에 장애가 되니 바로 자신감 때문이다. 가정에 불안이 있어 가끔 소심증을 불러 일으키거나 출세욕을 부채질하는 요인이요. 그래서 쉽게 덤비고 쉽게 포기할 수도 있으니 신중을 기해야 한다.

9, 10월 초순에 벌이는 일은 독에 쥐가 든격이나 성숙치 못한 탓이요, 부모나 가정에 근심이 있어 쾌활하지 못한 탓이나 보름이 지나면 의기가 당당하여 무리를 이끌게 되며 이름을 사해에 떨치게 되니 문무를 막론하고 크게 성취할 것이다.

11, 12월

작은 곳에서 얻은 자신감에 빨리 만족해버리면 더 큰 세계로 나감에 장애가 되니 바로 자신감 때문이다. 가정에 불안이 있어 가끔 소심증을 불러 일으키나 출세욕을 부채질하는 요인이요, 그래서 쉽게 덤비고 쉽게 포기할 수도 있으니 신중을 기하기 바란다.

주요운세

직 업

협동해서 하는 사업도 길하겠고 또 순조롭게 진행된다. 순풍에 돛단배처럼 전진하는데 친구라든가 웃사람의 도움이 따를 것이다. 직장을 구하려거든 서북쪽 방향의 선배나 친구에게 협조를 구할 것. 창조적 의식이 직업에까지 미치는 일이라야 한다. 즉 교육자적 기질이 있으니 그 계통의 직업이 적합하겠다.

건 강

오랜 동안 앓던 신병이라면 고생이 따르니 항상 상비약을 준비하는데 게을리해서는 안 된다. 전염병 등 급습하는 병마에도 강력한 저항력을 발휘하는 기능을 비장하고 있어, 겉으로는 약해 보여도 강인한 체력과 빠른 회복력을 지니고 있다. 그러나 이를 과신하여 사소한 병을 무시하다가 큰 결과를 초래할 우려도 있다.

금 전

욕심을 버려라. 꿩먹고 알먹는 식의 사고방식은 친구 잃고 돈도 잃게 될 것이다. 금전으로 인한 분쟁이 따르더라도 서둘지 마라. 상대방에서 먼저 화해를 청해온다. 정의롭게 행동하면 귀인의 도움도 받을 것이다. 돈 쓰는 솜씨가 대범하다. 그러다 보면 앙상한 나무에 가지만 있을 것이다.

연 애

남자는 미녀 호스티스를 놓고 두 남성이 대립하는 괘. 그러나 연애로
인해 결혼까지 골인되겠다. 도중에 무슨 일이 있었던 여성도 달콤한 사
랑을 속삭이게 된다. 성미가 급하여 쉽게 달아올라 분위기를 조성할 여
유도 없이 달리기 시작하여 어느 사이 고울 지점에 도달한 뒤에야 숨
을 돌리는 돌발적인 형이다.

궁 합

욕심이 많은 천화동인괘는 지혜가 있고 아름다운 동심을 지닌 감위수
괘를 만나면 아늑하고 의지가 되는 아리따운 환경을 꾸려갈 것이며 항
상 밝은 마음으로 지속해나갈 것이다. 그러나 산지박괘를 만나면 무책
임하거나 경박함을 느끼게 되고 더욱 더 생활의 변동을 싫어하게 될
것이며 풍수환괘를 만나면 경쾌한 리듬이 오히려 거짓으로 느껴져 불
행을 초래할 것이다.

부부궁

순산이며 아들이다. 그러나 진, 사일에 해산하면 딸을 낳고 순산. 사랑
은 원만하여 정분이 맞는데 간혹 떨어져 살아야 하니, 이별 수가있다.
그러니 지성으로 노력하여 가정을 꾸려가면 희생을 감수하는 덕택으로
어려움이 사라지고 다시 정분을 찾게 될 것이다.

시험운

성패가 빈번하니 시험을 치면 될 것도 같고 안 될 것도 같아 쉽게 도전
해 볼 일은 아니다. 그러나 구월달은 무난하겠다. 고, 대입생들은 재주
가 뛰어나서 무엇이든지 보고 듣기만 해도 이룰 수 있으나, 한 가지 일
에 몰두하기에는 부족함이 따른다. 막상 시험장에 도달하면 신중함이
미치지 못해 성사하기가 어려우므로 매사에 전력하는 태도를 길러야
무난히 선을 넘을 것이다.

이 사

가족들의 찬성이라면 아파트에서 아파트로 이사는 무난하겠다. 대도시
의 중심부나 초라한 벽촌에 있는 집은 곧 혼란을 일으키기 쉽다. 즉 깨
끗하게 꾸밀 수 없는 집은 미의 창조에 위배되므로 곧 마음이 서글퍼
지기도 한다. 또 방에서 정원이 보이지 않는 주택은 정신 착란을 일으
킬만큼 불안하다. 비록 작은 주택일지라도 꾸밈이 있는 창조적 미가 따
라야 할 것이다.

천택이 天澤履

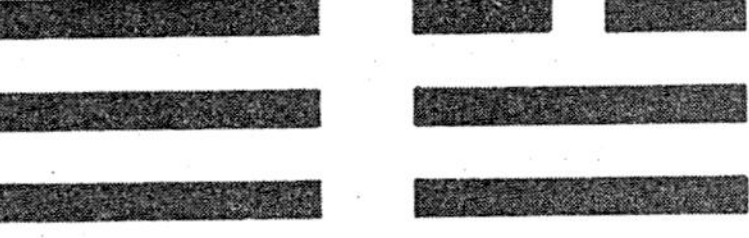

이 괘는 하늘과 못이다. 범의 꼬리를 밟아도 물지 않느니라, 만사가 다 형통한다는 뜻이다. 특히 이 괘는 양기가 다섯이요, 음기가 하나다. 온유한 음기가 양기를 바쳐 서로 호응하므로 순탄하다. 그리고 건은 하늘이 못물의 위에 있어 대자연의 법칙대로 움직이고 있다. 고로 성실과 복종과 예의를 강조한다는 뜻도 있다.

● 운명을 다스리는 자세

개척 정신을 찾아내고 감각을 그대로 살려서 안전하고 착실하게 행동해 간다면 커다란 가능성을 획득할 것이다. 만약 직업에 불만이 생기거나 의문을 가지게 되면 상관에게 먼저 의논하고 볼 일이다. 평상시의 의사표시가 정확하지 않거나 개척 정신을 발휘하지 않아 졸속하게 결단지을 염려가 따르기 때문이다. 항상 의논하여 생활을 개조한다면 별 무리가 없을 것이다. 평상시의 태도는 동심에 가까운 애교가 넘치지만 때로는 고집이 세어 흉포해지기도 하며 집안 사람들에게 과대한 행위를 요구하지 않고는 배기지 못하는 점이 있다. 그러다 보면 사생활에 있어서도 멋대로 되기 쉬운 법이다. 타인의 감정에 직접 온정을 베푸는 따뜻한 모성애적인 활동력과 자상한 배려감을 가져라. 대중을 위한 일에 희생을 감수할지라도 그것이 어떤 개인만을 위한 일이 아니라면 곧 보람을 느끼게 되는 것이다. 그 역량을 통하여 자기뿐만이 아니라 대중의 정신적·물질적 생활을 풍족하게 하는데 공헌한다면 자신은 물론 대중을 위한 보람된 일일 것이다.

1, 2월 조급하지 말고 사이를 넓혀 미래의 초석을 다지는데 노력해야 할 것이다. 자신감에 만족해버리면 만인의 존경을 받는 명예를 누리지 못하게 된다. 스스로 자신을 돌보고 스스로의 언약을 지켜나가므로 남들이 신망하게 된다. 모든 일에 서둘지 말아야 성공의 첩경이라 하겠다.

3, 4월 스스로 자신을 돌보지 않고 언약마저 지키지 않으면 남들로부터 신망을 받을 수 없다. 순간적으로 폭발하는 성미는 불같아 타인과 협상이 어려우므로 마침내 기회를 잃게 되니 대인 관계에 더 한층 노력하라. 병·정 일에는 숨은 웅지가 일찍 기회를 얻게 되어 불 같은 성미도 곧 풀어지며 대인 관계나 금전 융통에 길하겠다.

5, 6월 남들이 신망하고 스스로 자신감을 갖게 되면서 웅지가 도사려도 결코 떠들어대지 않다가 꾸준히 준비하여 홀연히 일어서니, 하는 일마다 성공과 연결짓는 달이다. 남들이 시기, 질투하고 미워할 정도로 머리 회전이 빠르고 언행이 신속하니 경박하다거나 거만하다는 소리를 들을 때도 있다.

7, 8월 이 달은 봄비에 꽃이 피고 영화가 따르니 가정도 화목하고 갖은 액도 사라질 것이다. 팔월 초순이 지나면 운수가 대통하여 하고자 하는 일이 손 쉽게 이루어지니, 즉 고목 나무가 물을 만난 듯이 활기에 차겠다. 그러나 모든 일에 굽히거나 지지 않으려들므로 거만하다거나, 잘난 체한다는 말을 듣기 쉬우니 이 점 조심하라.

9, 10월 생명이 위태로운 경우도 생기지만 하늘의 보호를 받고 있다. 시기하는 자들의 모함으로 한때 곤궁에 빠지는 일도 있을지 모르나 용맹이 숨어 있어 쉽게 말리지는 않는다. 한번 틀어졌다고 벼락 같은 호령으로 대하는데 명을 재촉하는 짓이니, 인내하며 현명한 처사로 살아가는 것이 바람직할 것이다.

11, 12월 남에게 뜻을 굽히지 않는 성품 때문에 대인 관계에서 손해보는 일이 많겠다. 그러나 어려운 일에 처할지라도 변통술이 교묘하여 능히 처리하고 하나를 얻어 둘로 나누어 쓰는 재치가 있으니, 활량이요. 곤하게 재물을 벌어서 만인의 어려움을 구제하는 아리따운 마음을 겸비하고 있어 매사가 길할 것이다.

주요운세

직 업

자신의 힘만 믿고 경거망동하면 큰 화를 자초하니 웃사람의 협조를 구하라. 모든 계약 관계에 신중을 기하면 당장은 크게 돋보이지 않으나 차츰 성공한다. 선배나 웃사람에게 부탁하면 뜻을 이루나 경쟁자가 많다. 음식물을 대상으로 하는 사업이라면 순탄하고 막힘이 없겠다.

건 강

대체적으로 건강한 편이다. 그러나 활발한 운동력이 호흡기를 바쁘게 하고 의욕을 충족시키기 위해 간장에 저장된 영양이 소비됨으로 해서 신체가 피로하고 여위기 쉽다. 호흡기의 장애로 감기나 폐렴 등이 오기 쉬운데 모두 과로가 원인임을 알아야 한다. 늑막이나 폐결핵을 불러들이는 것도 피로에서 시작된다고 본다.

금 전

이익에만 치우쳐서 예의를 잃게 되면 금전 융통에 부자유스러운 면이 있겠다. 신속한 회전력과 유창한 표현력을 살려 쉬지 않고 시작하며 참고 견딜줄 아는 인내로 지켜간다면 금전 운은 반드시 문을 두드릴 것이다. 또한 분명한 일에 도전해가면 승산이 빠르다.

연 애

젊은 여성이 유부남과 연애하는 괘. 그러나 일시적인 바람끼로 매듭. 아름다운 자태에 빨리 친숙해지며 애교나 요염한 태도에 약하다. 정을 직접적으로 표시하며 냉정한 이성을 동원하여 생각하고 판단하는 등의 수고스러움을 빌리지 않고 시작하면 처음부터 끝까지 반복하여 정상에 올라야 직성이 풀릴 것이다.

궁 합

리더쉽이 없는 천택이괘는 격렬한 외침으로 삶을 활기차게 부르짖고 싶은 심리가 있는 지화명이괘나 산천대축괘 등이 음양의 조화를 이루게 될 것이며 같은 천택이괘를 만나면 인생의 쾌감을 느끼게 되는 좋은 상대라고 보겠다. 무책임한 수지비괘는 절벽을 만난 것 같은 고집 때문에 답답한 생활을 피하지 못할 것이다.

부부궁

초산은 난산이다. 그밖에는 순산하겠고 득녀하겠다. 천하에서 가장 행복한 금실을 맞이하여 꽃을 피울 때마다 열매를 따고 크고 좋은 꽃을 피우게 된다. 그러나 흠이라면 사랑하는 마음이 번개처럼 뜨겁고 짧은 것이라고 보겠다. 애지중지 아끼는 마음이 하늘에 닿았으니 이웃이 칭송할 만큼 금실이 좋고 흠잡을 데가 없다.

시험운

개인 회사와 공무원 시험은 순조롭겠으나 경쟁자가 많다는 점만 알고 임하면 된다. 고, 대입에 응시생은 자신의 힘만 믿고 태만하면 큰 화를 불러일으킬 염려가 있다. 성격상 생존을 위한 투쟁을 모르니 외부의 손길을 부르는 나약함이 있다.

이 사

때를 기다리는 것이 바람직하다. 언덕이건 산골이건간에 약간 낮은 지대가 적합하며 동남쪽을 향한 주택. 주택의 치장은 목재가 좋겠고 변화가의 입구쪽도 좋으나 가옥 정면이 서북쪽으로 향하면 불길할 것이다. 가정의 행복을 지키기 위해 단단하게 담장을 두른 주택이 좋다.

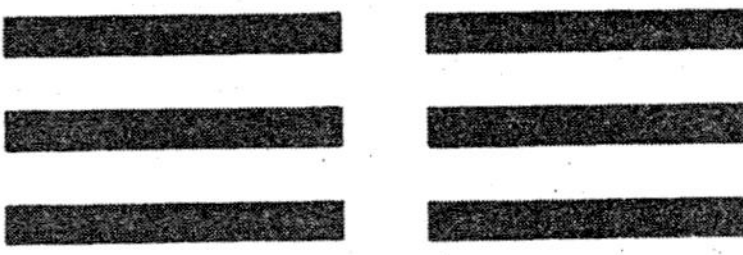

건의 법칙은 크게 형통하는 것을 상징하는 괘다. 즉 건은 하늘의 법칙이다. 그러므로 건위천이란 이름을 붙였으며 모든 만물이 나타나고 자라고 하는 천지창조를 맡아 다스린다는 뜻이다.

● 운명을 다스리는 자세

아무것에나 손을 대지말고 전문적으로 진출하여 그 직분으로부터 새롭고 확실함을 얻어내어 개혁과 창조와 창시를 위해봄이 마땅하다고 본다. 끊임 없는 생의 고민일지라도 피하지 않고 헤쳐나가는 창조의 여신을 자기 것이라고 믿어 즐거움으로 탈바꿈시키는 것도 창조와 예술성일 것이다. 성직자처럼 자비 정신을 발휘하는 희생 정신으로 예술에 도취해 보면 한다. 현실 쪽에 서서 관능적인 즐거움을 목표로 삼아 열심히 하기도 하고 다른 한편으로는 예술에의 신비에 도취하여 지상에 재현한다면, 이같은 특성을 살려 소설가·시인 등 문인이 되는 길이 빠르지 않을까? 본다. 남의 말에 감명되기 쉽고 희생되기 쉽기 때문에 경제적인 정확성을 요구하는 일에는 쉽게 싫증을 느끼고 또한 만족을 얻을 수도 없을 것이다. 그러나 오직 자유 분방하고 창조적인 능력 발휘의 기회를 만나야만 하는 일에 보람을 느껴 계속적으로 연결시킬 수 있을 것이다.

1, 2월 모든 일에 서둘지 않았으면. 자립 정신이 내부에 정립되었으니 성공을 도모하고 일찍 그 문을 여는 행운을 맞이할 것이다. 눈을 감고 있어도 복이 굴러옴은 아니다. 평탄한 것은 그만큼 쉬지 않은 탓이다. 교묘한 생각은 강물에 던지고 오직 한 가지 일에만 열중하여야 하는 달이다.

3, 4월 가는 곳마다 권리가 있고 어려움도 없겠다. 큰 무리와 우두머리가 되려거든 만족으로부터 탈피를 시도해야 할 것이다. 모든 일에 성숙치 못한 탓으로 다된 밥에 재뿌리는 격이다. 어려운 사람 또는 친족에게 아끼지말고 적선하면 이같은 재앙은 사라지고 만다.

5, 6월 기본 노선을 개선하여 값지고 보람찬 삶을 잡기 바란다. 이 달의 흠이라면 돈 많은 게 흠이라 하겠다. 도중 탈락자는 있을 수 없고 예상했던 목표를 향해 드디어 골인점에 이를 것이다. 용모가 빼어나고 단정하여 항상 귀티가 흐르니 주위로부터 많은 존경을 받는 달이다.

7, 8월 금전과 관록이 눈 앞에 보인다고 하면 아무런 하자는 없을 것이다. 달리던 마라톤 선수가 새로운 각성에 의해 예상을 뒤엎고 선두에 서거나 뒤질 수가 있듯이 인생 또한 도중에서 얼마든지 개조될 수 있음을 염두해 두자. 귀해지고 재물이 왕성하니 귀인이 된 격이다.

9, 10월 초순에 신병이 따를 것이다. 대수롭지는 않을 것이다. 중순이 지나자 신수가 훤히 피고 신세가 열려 가히 부러울 바가 없다. 깊은 골에 봄이 오니 평생을 함께 할 귀인도 만날 것이다. 성실한 마음으로 예의를 지켜며 바른 길로 매진하는 것이 성공의 열쇠다. 즉 죽은 호랑이 꼬리를 밟아도 두려워하는 마음가짐이라면 마침내 뜻을 이루고 만 것이다.

11, 12월 손윗 사람과 금전 거래는 피하는 것이 좋겠고 화재 등에 조심할 달이다. 분수에 맞지 않는 일도 거들떠 볼 때가 아니며 이익에만 치우쳐서 예의를 잃게 되면 금전 융통에 부자연스러울 수가 있다. 초순에는 모든 일이 풀리지 않아도 차차 어둠에서 벗어나니 보름달과 같도다.

주요운세

직 업

매사를 이제부터 시작한다는 형상이며 모든 사업의 기획은 순조롭다. 물질보다는 정신면에서 크게 이름을 떨치겠다. 소심하지 않고 마음이 넓으니 상업을 하거나 경영주가 되면 하는 일마다 대성을 얻게 된다. 만약 상업이 아니라면 육체를 단련하여 무예를 닦아 체육인이나 군인이 된다면 출세 가도가 빠를 것이다.

건 강

두뇌 부위의 질환과 신경통 등에 주의가 요하나 서북쪽에 가서 문의하면 완치될 수 있다. 상당한 지구력과 인내력을 부여받은 체질이므로 한 두 끼 굶는 것 정도로는 체력의 변화를 느끼지 않으면서도 먹을 때는 많이 먹게 되므로 음식을 조절할 필요도 있다. 특히 신경과민, 수면부족 등에 대한 면에서 주의를 요한다.

금 전

윗사람과 동업으로 하는 일에 상부상조한다면 금전 운은 따 놓은 것이다. 행운은 먼 곳에 있는 것이 아니라 항상 자기 주변에, 그리고 자기 신변에 있기 때문이다. 흥행성이나 도박성에 도전해도 사교술만 겸비한다면 승산이 있다.

연 애

서로 성격이 비슷해서 고집을 부리거나 바쁘다는 이유로 무드가 잡히지 않는다. 고로 연애의 달콤한 감정은 맛볼 수 없다. 열렬한 사랑에 도취되어도 깊이 빠져 버리지 않으며 굶주려도 초조하지 않는 성격에 소유자다. 또 육체적인 불장난을 할지라도 위험 수위를 넘지는 않으며 성생활은 전신을 자극하고 피학적인 성욕을 이겨야만 만족할 것이다.

궁 합

성격이 쾌활한 건위천괘는 역시 추구력이 강한 곤위지괘를 만나는 게 낙천적인 삶을 누리게 될 것이다. 적극성이 부족한 산수몽괘를 만나면 쾌활함이 도리어 천박해 보이고 광기로 느껴져서 분노하거나 이별을 생각하게 될 것이다. 뇌풍항괘를 만나면 엄격한 분위기 때문에 속박감에 휩싸이게 되어 행복과는 거리가 멀다.

부부궁

불안정하나 두 번째라면 득남. 사랑은 깊어 금실이 하늘에 이르는데 자식 운이 좋지 않다. 금실이 화락하면 반대로 자식에게 악이 있고 둘다 가지려들면 이별 수도 있겠다. 남편은 조급한 마음을 달래 여유를 찾고 아내는 지혜롭게 대처해야 하니, 사랑과 안락을 동시에 이룩하려면 항상 적선하는 마음가짐이 있어야겠다.

시험운

공무원 시험이라면 일월, 이월, 칠월, 팔월, 그러나 경쟁자가 많으니 방심은 금물. 사회에 첫출발하는 자는 합격률이 칠십 프로로 저조한 편이니 욕심을 부리지 말 것. 고, 대입에 응시생은 경쟁자가 많기는 하나 천하를 편력할 지혜와 용기의 바퀴를 지녔으니 그 위용이 미치지 않는 데가 없다.

이 사

이사는 잡아놓은 날로부터 오일 후 날짜를 잡으나 썩 좋은 편은 못 된다. 호화롭고 훌륭하기보다는 독립이 보장된 주택. 대로변에서 떨어지고 상록수 등에 둘러싸여 두드러지게 나타나지 않는 아늑하고 독보적인 주택. 불보다는 물 이용에 편리하도록 부엌이나, 욕실이 있는 주택이 이상적이다.

■ 편저 문 왕 준 ■

□전주교육대학교 평생교육원 명리학 전담교수

주역 (64괘) 현대적 해설   정가 16,000원

2025年 4月 10日 4版 印刷
2025年 4月 15日 4版 發行

편　　　저 : 문 왕 준
발 행 인 : 김 현 호
발 행 처 : 법문 북스
공 급 처 : 법률미디어

１５２－０５０
서울 구로구 구로동 636-62
TEL : 2636-2911~3, FAX : 2636~3012
등록 : 1979년 8월 27일 제5-22호
Home : www.lawb.co.kr

┃ ISBN　978-89-7535-255-3　03140
┃ 파본은 교환해 드립니다.